普通高等教育"十三五"规划教材

"十三五"江苏省高等学校重点教材
（编号：2018-2-042）

新材料经济与管理

魏 伟 主编 方必军 赵东安 副主编

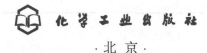

化学工业出版社

·北京·

内容简介

《新材料经济与管理》主要涉及材料学、经济学、管理学、技术经济学、技术创新和知识创新,是一本新兴学科、交叉学科教材。主要内容包括新材料产业发展概况、新材料产业发展重点、经济学概论、管理概述、生产管理与质量管理、材料技术经济学基础、项目可行性研究、技术改造和设备更新、材料技术创新与产品开发等。本书科学系统地归纳了新材料与经济管理的相互联系与发展规律,有利于培养学生的学习能力、实践能力和创新创业能力。

本书可作为普通高等院校材料类专业本科生教学用书或材料类创新创业人才培训教材,也可作为材料类从业人员、相关工程技术人员的参考用书。

图书在版编目(CIP)数据

新材料经济与管理/魏伟主编. —北京:化学工业出版社,2020.8(2024.8重印)
普通高等教育"十三五"规划教材 "十三五"江苏省高等学校重点教材
ISBN 978-7-122-37036-5

Ⅰ. ①新… Ⅱ. ①魏… Ⅲ. ①材料工业-工业经济-经济管理-高等学校-教材 Ⅳ. ①F4

中国版本图书馆CIP数据核字(2020)第084013号

责任编辑:杨 菁 闫 敏 　　　　　　装帧设计:张 辉
责任校对:王鹏飞

出版发行:化学工业出版社(北京市东城区青年湖南街13号 邮政编码100011)
印　　装:涿州市般润文化传播有限公司
787mm×1092mm 1/16 印张12¾ 字数314千字 2024年8月北京第1版第5次印刷

购书咨询:010-64518888　　　　　　　　　　售后服务:010-64518899
网　　址:http://www.cip.com.cn
凡购买本书,如有缺损质量问题,本社销售中心负责调换。

定　价:49.80元　　　　　　　　　　　　　　　　版权所有　违者必究

前　言

当前，普通高等院校材料类专业的课程内容虽然涵盖面较宽，但受制于传统工程教育的框架约束，在经济、管理、技术经济、技术知识创新等方面与材料专业的融合普遍薄弱，制约了创新创业型人才的能力培养。

"项目管理"是中国工程教育专业认证的十二条毕业要求之一，要求学生能够"理解并掌握工程管理原理与经济决策方法，并能在多学科环境中应用"。因此，新材料经济与管理是一门重要的专业基础课程。通过本课程的学习，可以为学生未来从事材料行业相关研究开发和企业工作奠定基础。这本《新材料经济与管理》将新材料与经济学、管理学、技术经济学、技术创新和知识创新内容相结合，作为材料类专业的能力素养提高课程用书，是对现有材料类专业课程体系的有益补充和新探索。

《新材料经济与管理》主要涉及材料学、经济学、管理学、技术经济学、技术创新和知识创新，是一本新兴学科、交叉学科教材；体现了新材料产业发展概况、新材料产业发展重点、经济学概论、管理概述、生产管理与质量管理、材料技术经济学基础、项目可行性研究、技术改造和设备更新、材料技术创新与产品开发等内容的有机融合。本书的主要特色如下：

（1）科学系统地归纳了新材料与经济管理的相互联系与发展规律。

（2）符合人才培养目标，将新材料与经济学、管理学、技术经济学、技术创新和知识创新内容有机结合，有利于培养学生的学习能力、实践能力和创新创业能力。

（3）反映了材料专业新知识，内容创新、富有特色，是解决教学急需、填补学科专业空白的教材。

本书编写团队由材料、经济、管理专业人员组成，均具有博士学位，4人具有企业工作和管理经验，保障了教材编写的知识结构、逻辑条理，并兼顾新材料知识与应用、技术与创新的时代特色。同时，由于不可能在有限篇幅内对新材料、经济与管理、技术与创新这一综合性、交叉学科进行系统全面的阐述，因此本书力求简明扼要、突出重点，并注意理论与实践的紧密结合。

本书由魏伟担任主编，方必军、赵东安担任副主编，王艳宾、王世颖、张帅、杜庆柏参加编写。方必军编写第1章1.1~1.3节、第6章6.3节和第7章7.2节，魏伟编写第1章1.4~1.6节、第2章、第3章和第4章4.4节，魏伟、杜庆柏编写第7章7.1节，赵东安编写第4章4.1~4.3节、第5章、第6章6.1、6.2节和第7章7.3节，王艳宾编写第8章，王世颖编写第9章，张帅编写第10章。全书由魏伟统稿，方必军和赵东安协助统稿，王世颖对书稿中的图、表等进行了整理和编排。

限于编者水平，疏漏之处在所难免，恳请读者批评指正。

编　者

目 录

第1章 绪论 / 1

1.1 材料的历史与发展 …………………………………………… 1
1.2 材料科学与工程的形成与内涵 ……………………………… 5
1.3 新材料概述 …………………………………………………… 5
    1.3.1 新材料的界定和特征 …………………………………… 5
    1.3.2 新材料的分类 …………………………………………… 6
    1.3.3 新材料的主要特点 ……………………………………… 7
    1.3.4 新材料的发展趋势 ……………………………………… 7
1.4 新材料经济与管理的特点 …………………………………… 9
1.5 新材料经济与管理的内容 …………………………………… 9
1.6 学习新材料经济与管理课程的目的和方法 ………………… 10

第2章 新材料产业发展概况 / 11

2.1 新材料——产业发展的基础 ………………………………… 11
2.2 新材料发展和应用 …………………………………………… 11
2.3 新材料的国家战略地位 ……………………………………… 13
2.4 新材料对我国工业发展的制约作用 ………………………… 14
2.5 我国对新材料产业的政策支持 ……………………………… 15

第3章 新材料产业发展重点 / 17

3.1 新材料产业及相关技术发展现状与趋势 …………………… 17
    3.1.1 电子信息材料 …………………………………………… 17
    3.1.2 高性能纤维材料 ………………………………………… 20
    3.1.3 功能陶瓷材料 …………………………………………… 22
    3.1.4 高性能金属材料 ………………………………………… 23
    3.1.5 新型高分子材料 ………………………………………… 24
    3.1.6 高性能复合材料 ………………………………………… 27
    3.1.7 特种新材料 ……………………………………………… 29
3.2 国家新材料重大工程 ………………………………………… 33

第4章 经济学概论 / 37

4.1 计划经济与市场经济 ………………………………………… 37
    4.1.1 计划经济的含义 ………………………………………… 37
    4.1.2 计划经济的基本特征 …………………………………… 37
    4.1.3 市场经济的特征 ………………………………………… 39

    4.1.4 市场经济的基本模式 …………………………………………… 39
    4.1.5 计划经济与市场经济的区别 …………………………………… 40
  4.2 需求与供给分析 ……………………………………………………………… 40
    4.2.1 需求及其影响因素 ……………………………………………… 40
    4.2.2 供给及其影响因素 ……………………………………………… 43
    4.2.3 均衡价格的形成 ………………………………………………… 45
  4.3 生产与成本 …………………………………………………………………… 45
    4.3.1 生产理论 ………………………………………………………… 45
    4.3.2 成本理论 ………………………………………………………… 46
    4.3.3 市场结构 ………………………………………………………… 48
  4.4 材料经济性原则 ……………………………………………………………… 50

第5章 管理概述 / 51

  5.1 管理的概念及性质 …………………………………………………………… 51
    5.1.1 管理的概念 ……………………………………………………… 51
    5.1.2 管理的性质 ……………………………………………………… 51
  5.2 管理职能与管理环境 ………………………………………………………… 52
    5.2.1 管理职能 ………………………………………………………… 52
    5.2.2 管理环境 ………………………………………………………… 52
  5.3 管理者的角色与管理技能 …………………………………………………… 53
    5.3.1 管理者的角色 …………………………………………………… 53
    5.3.2 管理技能 ………………………………………………………… 54
  5.4 管理主要思想及其演变 ……………………………………………………… 55
    5.4.1 管理主要思想 …………………………………………………… 55
    5.4.2 管理主要思想演变 ……………………………………………… 58
  5.5 管理中的道德及社会功能 …………………………………………………… 61
    5.5.1 道德 ……………………………………………………………… 61
    5.5.2 道德的社会功能 ………………………………………………… 61

第6章 生产管理与质量管理 / 62

  6.1 生产管理 ……………………………………………………………………… 62
    6.1.1 生产管理概念及其发展 ………………………………………… 62
    6.1.2 库存管理 ………………………………………………………… 63
    6.1.3 现代生产管理方法 ……………………………………………… 63
    6.1.4 生产管理的发展趋势 …………………………………………… 64
  6.2 质量管理 ……………………………………………………………………… 65
    6.2.1 产品质量与质量管理的概念 …………………………………… 65
    6.2.2 全面质量管理的概念及思想 …………………………………… 66
    6.2.3 统计质量控制 …………………………………………………… 66

    6.2.4 ISO 9000 简介 ………………………………………………… 66
    6.2.5 质量管理的发展趋势 …………………………………………… 68
  6.3 材料企业日常管理 ……………………………………………………… 68
    6.3.1 材料企业生产管理的任务与内容 ……………………………… 68
    6.3.2 材料生产过程的组织 …………………………………………… 70
    6.3.3 材料生产计划 …………………………………………………… 79
    6.3.4 企业物资管理 …………………………………………………… 86
    6.3.5 企业设备管理 …………………………………………………… 106
    6.3.6 生产过程管理 …………………………………………………… 115
    6.3.7 生产安全管理 …………………………………………………… 117

第 7 章 材料技术经济学基础 / 122

  7.1 材料技术经济学基本原理 ……………………………………………… 122
    7.1.1 材料、科学、技术与经济的关系 ……………………………… 123
    7.1.2 技术经济学的理论基础 ………………………………………… 126
    7.1.3 技术经济分析的基本要素 ……………………………………… 131
  7.2 现金流量与等值计算 …………………………………………………… 142
    7.2.1 现金流量及其构成 ……………………………………………… 142
    7.2.2 资金时间价值 …………………………………………………… 144
    7.2.3 资金等值计算 …………………………………………………… 145
  7.3 经济效果评价 …………………………………………………………… 147
    7.3.1 经济效果评价指标 ……………………………………………… 147
    7.3.2 经济效果评价方法 ……………………………………………… 148

第 8 章 项目可行性研究 / 149

  8.1 可行性研究概述 ………………………………………………………… 149
    8.1.1 可行性研究的产生和发展 ……………………………………… 149
    8.1.2 可行性研究的作用 ……………………………………………… 150
    8.1.3 可行性研究的内容与步骤 ……………………………………… 151
  8.2 市场需求和生产规模 …………………………………………………… 153
    8.2.1 影响市场需求的主要因素 ……………………………………… 154
    8.2.2 研究市场需求的主要方法 ……………………………………… 154
    8.2.3 生产规模的确定 ………………………………………………… 155
  8.3 原料路线和工艺技术的选择 …………………………………………… 157
    8.3.1 原料路线的选择 ………………………………………………… 157
    8.3.2 工艺技术的选择 ………………………………………………… 158
  8.4 厂址选择 ………………………………………………………………… 159
    8.4.1 厂址选择的概念和重要性 ……………………………………… 159
    8.4.2 厂址选择的原则及影响因素 …………………………………… 159

  8.4.3　厂址选择的步骤 ………………………………………………… 159
 8.5　投资估算和资金筹措 …………………………………………………… 160
  8.5.1　投资估算 …………………………………………………………… 160
  8.5.2　资金筹措 …………………………………………………………… 160
 8.6　项目的财务评价 ………………………………………………………… 161
  8.6.1　财务评价的概念与特点 …………………………………………… 161
  8.6.2　财务评价的任务与作用 …………………………………………… 162
  8.6.3　财务评价的内容及评价指标体系 ………………………………… 163
  8.6.4　财务评价的步骤 …………………………………………………… 164
 8.7　项目的环境影响经济评价 ……………………………………………… 164
  8.7.1　环境影响经济评价的产生和发展 ………………………………… 164
  8.7.2　环境影响经济评价的必要性 ……………………………………… 165
  8.7.3　环境影响经济评价的基本要素 …………………………………… 166
  8.7.4　环境影响经济评价的基本原则 …………………………………… 166
  8.7.5　环境影响经济评价的影响因素 …………………………………… 167
  8.7.6　环境影响经济评价的操作程序 …………………………………… 167

第9章　技术改造和设备更新 / 169

 9.1　技术改造概述 …………………………………………………………… 169
  9.1.1　技术改造的概念 …………………………………………………… 169
  9.1.2　技术改造的目的和特点 …………………………………………… 169
  9.1.3　技术改造的分类 …………………………………………………… 170
  9.1.4　技术改造的内容 …………………………………………………… 170
  9.1.5　技术改造的基本原则 ……………………………………………… 171
 9.2　技术改造项目的经济评价 ……………………………………………… 171
  9.2.1　技术改造的可行性分析概述 ……………………………………… 171
  9.2.2　技术改造的企业经济评价指标及计算 …………………………… 172
  9.2.3　技术改造的社会经济效益 ………………………………………… 174
 9.3　设备磨损与设备的寿命 ………………………………………………… 175
  9.3.1　设备磨损 …………………………………………………………… 175
  9.3.2　设备磨损的补偿 …………………………………………………… 178
  9.3.3　设备的寿命 ………………………………………………………… 179
 9.4　设备更新的经济分析 …………………………………………………… 182
  9.4.1　设备更新的基本概念 ……………………………………………… 182
  9.4.2　设备更新的经济评价 ……………………………………………… 182
 9.5　设备现代化改装的经济分析 …………………………………………… 184
  9.5.1　设备现代化改装的基本概念 ……………………………………… 184
  9.5.2　设备现代化改装的经济评价 ……………………………………… 185
 9.6　设备租赁的经济分析 …………………………………………………… 185
  9.6.1　设备租赁的基本概念 ……………………………………………… 185

9.6.2　设备租赁的经济评价 …………………………………………… 186

第10章　材料技术创新与产品开发 / 187

10.1　技术创新 ………………………………………………………………… 187
　　10.1.1　技术创新的概念 ………………………………………………… 187
　　10.1.2　技术创新的作用和意义 ………………………………………… 187
　　10.1.3　技术创新的分类和模式 ………………………………………… 188
　　10.1.4　技术创新能力的评价 …………………………………………… 190
10.2　产品创新——新产品开发 ……………………………………………… 192
　　10.2.1　创新管理与新产品开发 ………………………………………… 192
　　10.2.2　制定新产品开发战略要考虑的因素 …………………………… 192
　　10.2.3　作为成长战略的新产品开发 …………………………………… 193

参考文献 / 194

第1章
绪　论

材料是指"经过人类劳动取得的劳动对象",是人类社会可接受的、能为人类经济地制造有用器件(物品、构件、机器或其他产品)的物质(天然或人工合成)。在人类发展的历史长河中,材料起着举足轻重的作用,是人类赖以生存和发展的物质基础。传统材料是发展新材料和高技术的基础,新材料又能推动传统材料的进一步发展。

材料是社会进步的物质基础,标志着社会生产力的发展水平和人类文明进步的程度。材料是人类技术进步的标志。20世纪70年代,材料、能源、信息被认为是国民经济的三大支柱。20世纪80年代,新材料技术、信息技术和生物技术被列为新技术革命的重要标志。从世界科技发展史看,重大技术革新往往起始于材料革新,从石器、青铜器、铁器的制作和使用到硅芯片、超级合金、精密陶瓷、复合材料等的兴起和广泛利用,极大地改变了人类的生产和生活方式,推动了社会进步。

材料的发展创新已成为高新技术领域发展的突破口,新材料的进步在很大程度上决定了新兴产业的进程。新材料的特点是具有特殊的性能,其制备、生产与新技术、新工艺紧密相关,更新换代快。新材料的发展与材料科学理论密切相关。当前世界各国对材料科学技术的发展日趋重视,新材料作为新技术革命的先导,对经济、科技、国防以及综合国力的增强都具有重要作用。

1.1　材料的历史与发展

材料是人类社会进步程度的里程碑,人类社会的历史就是一部制造材料和使用材料的历史。从远古石器时代的石器工具、商代的彩陶和原始瓷器,到唐、宋、元、明、清的精美瓷器;从商周青铜器的鼎盛时期,到后来的铁器时代,再到17世纪兴起钢时代;从19世纪70年代开始的电气化工业技术革命、20世纪中叶的硅时代,到20世纪90年代的新材料时代:一部人类文明史,从某种意义上可以称为世界材料发展史。

在旧石器时代,史前人类只会使用天然的原材料,如皮毛、骨骼、石材等,经过简单的加工,制造粗糙的骨器、石器等,如图1.1所示。

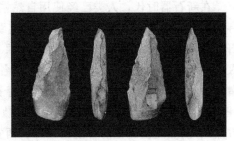

图1.1　旧石器时代的石制刮削器

进入新石器时代后，人类开采石材，通过对石材选择、切削、磨制、钻孔等，制备了精致的器皿和锋利的磨制石器（图1.2）。新石器时代晚期，人类对火的应用达到了相当的高度，可以用黏土做原料烧制陶器，这是人类创造的较早的无机非金属材料器物。陶器食用器的出现，使得人类彻底脱离了茹毛饮血的时代，促进了人类更好发展；陶器装饰品的出现，促进了人类精神文明的发展；陶俑等殉葬品的出现，使人类摒弃了以人殉葬的野蛮陋习；见图1.3。陶器是人类第一次创造发明的自然界没有的具有全新性能的"新"材料器物，使得人类进入自主创造新材料的时代。因此，制陶被恩格斯称为人类从低级阶段向文明阶段发展的开端。

图1.2 新石器时代石制工具

半坡人面网纹陶盆

良渚文化黑陶高柄盖罐

马家窑文化彩陶涡纹壶

东汉吹箫陶俑

唐陶彩绘骑马俑

图1.3 不同历史时期的陶器

在新石器时代，人类已经使用自然铜和天然金，但由于数量少、分布稀，对人类社会没有产生重要影响。人类在烧制陶瓷的实践中，熟练地掌握了高温加工技术，并用于冶炼矿石。公元前6000年，创造了冶金术，西亚出现了铜制品。公元前3000年，出现了青铜，是人类最早大规模使用的金属材料。世界各地开始青铜时代的时间各不相同。中国经历夏商周秦汉2000余年的发展，青铜工具和青铜礼器广泛使用，创造了鼎盛的"青铜器时代"（图1.4）。河南安阳出土的司母戊大方鼎（2011年中国国家博物馆新馆开馆更名为后母戊大方鼎）、湖北随县出土的曾侯乙编钟、西安出土的秦始皇陵铜车马等，充分反映了当时中国冶金技术水平和制造工艺的高超。

西周德方鼎

西周鲁侯尊

西周散氏盘

战国镶嵌云纹敦

图 1.4　青铜器

青铜的另一个重要用途是制造武器。青铜的硬度比纯铜高，与石制武器、纯铜武器相比，青铜武器的威力使得军队战斗力极大提升。

公元前 1500 年，人类发明了用木炭还原铁矿石生产铁的方法。公元前 9 世纪，我国发明了生铁冶炼技术，用铁水浇铸农具、工具，使得铁器的使用量超过了青铜器，开创了铁器时代。铁在地球上储量比铜更加丰富，铁的价格便宜，铁碳合金的硬度大于铜合金、耐磨性能优于青铜，但是铁的冶炼温度比铜高。随着人类对火的使用和控制经验的积累及生产技术的进步，铁制农具迅速占领了生产材料市场，得到广泛使用，促使农业生产力空前提高。铁制盔甲比铜制盔甲轻，铁制兵器比铜制兵器锋利、耐用，铁制武器的装备大大提高了军队的战斗力。铁制品如图 1.5 所示。

战国凹形铁锄

铁质武器

山西晋祠铁人

图 1.5　铁制品

欧洲中世纪出现高炉。17世纪，炼铁生产趋向大型化。18世纪，燃料由木炭逐渐发展为煤炭、焦炭；瓦特发明了蒸汽机，促进了钢铁工业的发展，成为工业革命的重要基础。19世纪中叶，现代平炉和转炉炼钢技术的发明使得世界钢产量从1850年的6万吨突增到1890年的2800万吨，推动了机械制造、铁路交通、纺织工业的飞速发展。钢铁的使用标志着人类社会由农业经济社会进入到工业经济社会，使得人类进入了钢铁时代。与此同时，铜、铅、锌等得到大量应用，铝、镁、钛等相继出现，整个20世纪金属材料占据了结构材料的主导地位。

伴随着钢铁工业的发展，电子技术迅速发展。20世纪初发明了二极管、三极管，开创了电子管时代。20世纪中叶以后，人工合成高分子材料、陶瓷材料、先进复合材料迅速发展，仅半个世纪，高分子材料已与金属材料并驾齐驱。随着合成化工原料和陶瓷制备工艺的发展，陶瓷材料向先进陶瓷转变，形成新型功能陶瓷产业链。20世纪50年代，以硅、锗单晶材料为基础的半导体器件和集成电路技术的突破，人类进入了硅时代（图1.6）。20世纪90年代，人类进入了新材料时代，以纳米材料、生物医用材料、环境友好材料、光电子材料、微电子材料和新型平板显示材料等为代表的新材料，在信息、海洋开发、能源、生物、航空航天等高科技领域获得广泛的应用，同时也是整个科学技术进步的突破口。图1.7是提拉法生长的单晶硅及切割后太阳能光伏组件用硅片。

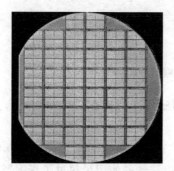

图1.6　半导体芯片

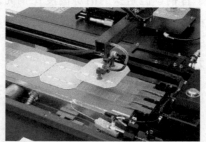

图1.7　单晶硅及硅片

材料始终是世界经济的基础和支柱。随着科技的进步，新材料正在不断替代传统材料。材料既古老又年轻，说"古老"，是因为它的历史和人类社会的历史同样悠久；说"年轻"，是因为时至今日，材料发展依然保持着蓬勃的生机。材料既普通又深奥，说"普通"，是因为它与每一个人的衣食住行息息相关；说"深奥"，是因为其中饱含着未解之谜。毋庸置疑，材料在人类社会发展中具有不可替代的作用和地位，材料在过去、现在和未来，都是一切科学技术的先导和支柱。

1.2 材料科学与工程的形成与内涵

20世纪60年代，材料科学作为一门独立的学科出现。1957年苏联人造卫星首先发射成功，美国为之震惊，剖析自己落后的原因之一是先进材料的落后。因此，一些大学相继成立材料研究中心，标志着材料科学的形成。材料科学作为研究材料共性规律的一门学科，是科学技术发展的必然结果。

材料科学着重研究不同尺度下的材料结构对性能的影响，研究组织、结构和性能的关系，属于基础研究。然而，材料科学是一门应用科学，研究和发展材料的目的在于通过合理的工艺流程制备出具有使用价值的材料，为经济建设服务。在"材料科学"名称出现不久，就提出了"材料科学与工程"的名称。美国麻省理工学院编写的《材料科学与工程百科全书》对材料科学与工程定义如下：材料科学与工程是研究有关材料组成与结构、材料的合成与加工、材料性能和用途的关系及其知识的产生与运用的科学。因而，将组成与结构、合成与制备、性能及使用效能作为材料科学与工程的四个基本要素。图1.8给出四个基本要素构成的四面体，从中可以看出四要素和材料科学与工程之间相互影响的关系。

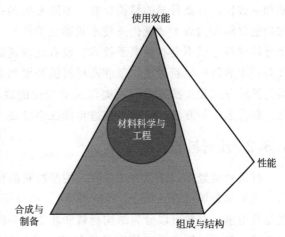

图1.8 四要素和材料科学与工程之间的关系

综上所述，材料科学与工程包括基础研究和应用研究两个方面，材料科学呈现三个重要属性：多学科交叉性、与实践密切结合的科学、发展中的科学。21世纪，材料科学在许多学科交叉的基础上发展成为跨学科的领域，利用多学科的成就制备具有最佳性能的材料，满足人类不断增长的物质文化需求，同时达到提高性能与节约资源、减少污染、降低成本和谐发展的最佳状态。

1.3 新材料概述

1.3.1 新材料的界定和特征

20世纪之前，人类对材料的认识和理解不够深入，对材料科学的发展缺乏指导。19世纪X射线和电子的发现、20世纪初相对论和量子力学的诞生、20世纪后半叶科学技术上的一系列重大突破，都使得人类认识世界、改造世界的能力和推动社会发展的力量提高到一个崭新的水平，也促进了新材料的诞生。21世纪科技发展的主要方向之一就是新材料的研制和应用，新材料的研究反映了人类对物质世界认识的深入。

新材料是使用新的制造技术或商业化技术，得到新的性能，产生一定的社会价值或用途，并对科学技术进步、国民经济发展和综合国力提高起到重大推动作用的最新发展或正在发展的材料。国务院《关于加快培育和发展战略性新兴产业的决定》将新材料产业确定为国民经济的基础和先导产业。新材料具有以下特征：具有传统材料不具备的优异性能；是高技术发展所需要的具有特殊性能的材料；由于采用新技术（工艺、装备），使得新材料性能明显提高或出现新功能。

新材料研发及产业化水平已成为衡量国家经济发展、科技进步和国防实力的重要标志。与传统材料相比，新材料具有优异的性能或特定的功能，是发展信息、电子、生物、能源、海洋开发、航空航天等高技术的重要物质基础。新材料是现代工业和现代农业发展的基础。例如原子能工业、电子工业等，对材料提出了更新、更高的要求；农业的电气化、机械化、水利化、工厂化等，都离不开新材料的支持。新材料是国防现代化的保证，无论是常规武器还是核武器，都需要性能优异的新材料。世界各国都把新材料作为国防高技术发展的物质基础和突破口，日新月异的结构材料、不断发展的高温材料、一物多用的复合材料、巧妙神奇的功能材料等构成了"现代高技术武器试验场"。新材料是科技进步的关键，没有高纯度的半导体材料，就不会有微电子技术；没有低损耗的光导纤维，便不会出现光通信技术……现代高技术的每一项新进展，都和新材料的开发和应用密切相关。材料科学的发展也改变了人类的思维方式和实践方式，人类以运动变化的观点和辩证逻辑思维形式发展材料科学新概念、新构思、新方法，推动科技进步和社会发展。

1.3.2 新材料的分类

材料种类繁多，分类方法各异。按照材料的化学组成和结构特点，材料可以分为金属材料、无机非金属材料（陶瓷、半导体等）、高分子材料和复合材料四大类。按照材料的使用性能及用途，材料可以分为结构材料和功能材料两大类。结构材料主要利用材料的力学和理化性能，在不同环境下工作时承受载荷；功能材料主要利用材料的电学、热学、声学、光学、磁学、化学、生物医学等性能和效应，用于非结构目的的高新技术领域。

材料也可分为传统材料和新材料。传统材料是指已经成形且在工业中批量生产并大量应用的材料，如钢铁、水泥、玻璃、塑料等。这类材料由于用量大、产值高、涉及面广，是国民经济支柱产业的物质基础，所以又称为基础材料。传统材料有以下特点：量大面广，资源消耗大，制备过程中污染严重。资源的大量消耗和环境污染都不利于社会的可持续发展，因此，传统材料仍然有很多值得探索的科学技术问题。

新材料具有传统材料不可比拟的优异性能或独特性能，是高技术发展的先导和基础，能够衡量一个国家国力的强弱、科学技术的发展程度和人民生活水平的高低。新材料与传统材料之间没有明显的界限，它们之间相互依存、相互促进、相互转化、相互替代。传统材料通过采用新技术、新工艺，提高性能、产生新功能，可以变成新材料；新材料在经过长期生产与应用之后会变为传统材料。传统材料是发展新材料和高技术的基础，而新材料往往能推动传统材料的进一步发展。

新材料应用范围广泛，分类方法多样。新材料一般可以分为新型化工材料、电子信息材料、高性能纤维材料、功能陶瓷材料、新能源材料、高性能金属材料、高性能复合材料、生物医用材料、绿色建筑材料几大类。

2016年7月国务院颁布《"十三五"国家科技创新规划》，在"科技创新2030——重大项目"专栏将"重点新材料研发及应用"作为九个重大工程之一，重点研制碳纤维及其复合材料、高温合金、先进半导体材料、新型显示及其材料、高端装备用特种合金、稀土新材料、军用新材料等。在"新材料技术"专栏将重点发展的新材料分为六类：

① 重点基础材料。着力解决基础材料产品同质化、低值化、环境负荷重、能源效率低、资源瓶颈制约等重大共性问题，突破基础材料的设计开发、制造流程、工艺优化及智能化绿色化改造等关键技术和国产化装备，开展先进生产示范。

② 先进电子材料。以第三代半导体材料与半导体照明、新型显示为核心，以大功率激光材料与器件、高端光电子与微电子材料为重点，推动跨界技术整合，抢占先进电子材料技术的制高点。

③ 材料基因工程。构建高通量计算、高通量实验和专用数据库三大平台，研发多层次跨尺度设计、高通量制备、高通量表征与服役评价、材料大数据四大关键技术，实现新材料研发由传统的"经验指导实验"模式向"理论预测、实验验证"新模式转变，在五类典型新材料的应用示范上取得突破，实现新材料研发周期缩短一半、研发成本降低一半的目标。

④ 纳米材料与器件。研发新型纳米功能材料、纳米光电器件及集成系统、纳米生物医用材料、纳米药物、纳米能源材料与器件、纳米环境材料、纳米安全与检测技术等，突破纳米材料宏量制备及器件加工的关键技术与标准，加强示范应用。

⑤ 先进结构材料。以高性能纤维及复合材料、高温合金为核心，以轻质高强材料、金属基和陶瓷基复合材料、材料表面工程、3D打印材料为重点，解决材料设计与结构调控的重大科学问题，突破结构与复合材料制备及应用的关键共性技术，提升先进结构材料的保障能力和国际竞争力。

⑥ 先进功能材料。以稀土功能材料、先进能源材料、高性能膜材料、功能陶瓷、特种玻璃等战略新材料为重点，大力提升功能材料在重大工程中的保障能力；以石墨烯、高端碳纤维为代表的先进碳材料、超导材料、智能/仿生/超材料、极端环境材料等前沿新材料为突破口，抢占材料前沿制高点。

1.3.3 新材料的主要特点

新材料一般具有以下主要特点：

① 具有优异性能或特定功能。如超高强度、超高硬度、超塑性等力学性能，超导性、磁致伸缩、压电性能、能量转换、形状记忆等特殊物理或化学性能。

② 新材料的发展与材料科学理论的关系比传统材料更为密切。相对传统材料而言，新材料的开发，更多地是在理论指导下进行的。

③ 新材料的制备和生产往往与新技术、新工艺密切相关。例如分子束外延技术可以精确控制薄膜生长几个原子的厚度，为原子、分子设计提供了有效手段。

④ 新材料是多种学科互相交叉和互相渗透的结果，种类多、更新快。如手机电池所采用的能源材料，在比较短的时间内便经历了Ni-Cd、Ni-H、锂电池材料的变化。

⑤ 新材料大多是知识密集、技术密集、附加值高的一类高技术材料，而传统材料通常为资源性或劳动集约型材料。

1.3.4 新材料的发展趋势

高技术的发展不仅需要多品种、多规格、性能特殊的新材料，而且对新材料提出了苛刻的要求：第一，材料的结构与功能要结合起来，做到多功能应用。第二，开发智能材料，智能材料必须具备对外界反应能力达到定量的水平。第三，要求材料本身及生产过程污染少，能够再生。第四，要求制造材料的能耗少，能够创造新能源或能够充分利用能源。

随着金属材料、无机非金属材料、高分子材料等多种材料的迅速发展，已经形成了一个完整的材料体系，材料科学已成为一门新兴的综合性学科。材料的研究与开发，往往是高新技术发展成败的关键。因此，高新技术发展对材料研究提出了新的要求：第一，要重视材料科学的发展，强调基础研究在工艺中的重要性，最终能够进行材料设计，包括材料组成设计和材料显微结构设计。第二，要研究材料组成、材料显微结构与材料性能之间的关系。第三，要研究材料的相的关系。第四，要研究材料的缺陷和损坏机制。第五，要研究材料的无损检测和寿命预测。

当前，材料科学技术与新材料的研究发展趋势如下。

① 材料制备工艺与技术的研发。任何一种新材料从发现到应用，都需要合适的制备工艺才能变成工程材料。极端条件（例如空间失重条件、强磁场、超高压、超高真空等）、分子束外延技术、快冷技术等成为新材料制备的有效手段。材料制备工艺的重点是工艺流程的智能化和实现原子、分子加工。

② 研究多相复合材料。包括多相复合陶瓷材料、多相复合金属材料、多相复合高分子材料、有机-无机复合材料、金属-陶瓷复合材料、金属-有机复合材料，其中梯度功能材料、复合工艺和界面研究尤其值得关注。

③ 开发先进材料，发展高新技术产业。先进材料包括以下几个方面。

信息功能材料：Si、GaAs、InP 等半导体单晶材料向着大尺寸、高均质、晶格高完整性方向发展；加速发展第三代半导体材料——宽禁带半导体材料 SiC、GaN、ZnSe、金刚石材料和采用 SiGe/Si 等新型硅基材料，大幅度提高原有硅集成电路的性能；基于量子阱、量子线、量子点的器件设计、制造和集成技术；敏感材料的多功能化、灵敏度和稳定性；新型电子元器件用材料的小型化、片式化。

先进结构材料：高温结构材料；高比强度、高比刚度、耐腐蚀等高性能特种金属材料；稀土及稀有金属功能材料；先进结构陶瓷进一步提高韧性、降低成本；高分子材料的分子设计；超高温复合材料（碳/碳复合材料等）的抗氧化。

高性能纤维材料：高性能碳纤维；高性能玻璃纤维；新型人造纤维；新型高性能高分子纤维材料。

功能陶瓷材料：电子陶瓷及其工业化，拓展其在电路基板、芯片封装外壳、电光陶瓷、集成电路衬底、高比容电容器、微波、毫米波介质谐振器等方面的用途。

光电子功能材料：激光晶体材料向大尺寸、高功率、多功能应用方向发展；大面积高均匀性 HgCdTe 外延薄膜及大尺寸 ZnCdTe 衬底材料仍是红外探测器所用的主要材料；液晶材料，研究发展超扭曲向列型（STN）和薄膜晶体管型（TFT）显示器所用混合液晶；拓宽发光波段，开发蓝光 GaN 基、ZnSe 基外延材料；光纤材料向扩展通信容量，降低损耗，增加传输距离，提高带宽及高灵敏度传感方向发展。

能源材料：多晶硅产业化技术，实现低能耗清洁生产多晶硅；开发光-电转换效率高、价廉、寿命长的新材料；光热发电材料尤其是高温选择吸收膜材料；多元醇类、高分子类和层状钙钛矿等有机相变储热材料；磷酸铁锂材料产业化技术；铅酸-超级电容复合电池、液流电池、钠硫电池、锂离子电池等储能技术和材料；可控热核聚变材料。

新型高分子材料：新型工程塑料；"环保、节能、健康"的合成树脂（含涂料）；无卤阻燃材料的改性生产；新型高分子泡沫材料；功能高分子材料；高分子材料稳定性、抗老化性、阻燃性的改善。

生物医用材料：用于人工器官、外科修复、理疗康复、治疗疾患，且对人体组织无不良影响的材料；医疗器械（植入器械、体外循环系统等）生物医学材料；医用植入体、人工器官等高端生物植入制品材料；整形外科、软组织修复、牙科用生物医用材料；感觉神经系统（人工晶状体、神经导管、中耳修复体、经皮导线等）用生物医学材料；药物和生物活性物质控释载体；生物医用高分子材料。

纳米材料：纳米材料制备装置；纳米材料的表征、团聚的消除、纳米复合微粒和粉体的制备；制备纳米结构组装体系的方法；纳米基础理论、纳米合成、纳米装置精密加工、纳米生物技术的研究；纳米电子学、纳米医学用材料。

④ 检测装置、科学仪器和计算机应用。科学技术的发展依赖于科学仪器的发明和性能的提高。检测是控制工艺流程及产品质量的主要手段，工业产品质量的改善取决于检测装置精度的提高。高性能的分析检测装置只有与高性能计算机相结合，才能准确、快速、直接地解决材料分析中的问题。研制高精度、高灵敏度、高稳定性，并且能够在各种恶劣环境使用的检测仪器将会有力推动材料科学技术的进步和发展。

1.4 新材料经济与管理的特点

理工科学生一般都比较缺乏经济意识和管理能力，特别是将专业知识与经济、管理和技术创新相结合的能力和素养。中国工程教育专业认证的12条毕业要求中对"项目管理"提出"理解并掌握工程管理原理与经济决策方法，并能在多学科环境中应用"。因此，在本科专业通识教育中，新材料经济与管理是一门重要的支撑课程。

新材料经济与管理主要涉及材料学、经济学、管理学、技术经济学、技术创新和知识创新，是一门新兴学科、交叉学科，其主要特点：

① 科学系统地归纳了新材料与经济管理知识的相互联系与发展规律。
② 将新材料与经济学、管理学、技术经济学、技术创新和知识创新的内容有机结合，有利于培养学生的学习能力、实践能力和创新创业能力。
③ 兼顾新材料知识与应用、技术与创新的时代特色。

1.5 新材料经济与管理的内容

《新材料经济与管理》教材主要涉及材料学、经济学、管理学、技术经济学、技术创新和知识创新，是新兴学科、交叉学科教材。主要包括新材料产业发展概况、新材料产业发展重点、经济学概论、管理概述、生产管理与质量管理、材料技术经济学基础、项目可行性研究、技术改造和设备更新、材料技术创新与产品开发等内容。

1.6 学习新材料经济与管理课程的目的和方法

目前,工科专业的课程设置尽管专业知识涵盖面宽、通识课程基础厚,但是受制于传统工程教育的框架约束,与经济、管理、技术经济、技术创新和知识创新的融合普遍薄弱,制约了创新创业型人才的能力培养。

本教材将新材料与经济学、管理学、技术经济学、技术创新和知识创新内容相结合,作为材料类专业的能力素养提高课程用书,是对现有材料类专业课程体系的新突破和有益探索。

(1) 坚持理论联系实际

新材料经济与管理是一门理论与实践紧密结合的学科,要求做到理论与工程实际紧密结合,尤其是将经济、管理、技术经济、技术创新和知识创新规律与新材料紧密结合,灵活运用所学知识。

(2) 善于学习和发现

新材料应用于生产、生活的各个方面,我们享受和体验着新材料带来的便捷和日新月异的变化。因此,应主动关心国内外的经济信息、社会生活的热点问题,关心国家的各项方针政策,从中发现与新材料相关的问题,推动知识创新和技术创新。

(3) 综合性和系统性的思维训练

一种新材料的研发或一个新材料产业的发展,离不开社会、经济、管理、环境、伦理和法律等组成的大系统。要能从社会全局进行综合研判,系统思考,明确项目在全局中的地位和作用。通过综合性、系统性的思维训练,就可以将新材料与经济学、管理学、技术经济学、技术创新和知识创新的规律融会贯通。

第2章 新材料产业发展概况

新材料涉及领域广泛，主要包括电子信息材料、高性能金属材料、高性能纤维材料、功能陶瓷材料、新型高分子材料、高性能复合材料、新型功能材料等，具有应用领域宽广、知识与技术密集度高、与其他产业关联度强等特点，其范围随着经济发展、科技进步、产业升级不断发生变化。新材料产业是国民经济和国防现代化的重要支撑，是现代高新技术产业的基础。新材料产业的研发水平及产业化规模正成为衡量一个国家经济社会发展、科技进步和国防实力的重要标志，在发展高技术、改造和提升传统产业、增强综合国力和国防实力方面起着重要的作用。

2.1 新材料——产业发展的基础

材料工业是国民经济的基础产业，新材料是材料工业发展的先导，新材料产业是重要的战略性新兴产业。任何一种高新技术的突破都必须以该领域的新材料技术突破为前提。材料方面的突破将有可能引发新的产业性革命。据保守估算，现今世界上各种新材料规模每年已超过 8000 多亿美元，与新材料技术相关的产业部门年营业额突破了 2 万亿美元。新材料产业是 21 世纪初叶发展最快的高新技术产业之一。

新材料产业已成为电子信息、生物技术、航空航天等高技术产业发展的基础和先导，推动着机械、能源、化工、轻纺、建筑等传统产业的技术改造和产业提升，对国民经济的发展具有重要的支撑作用。新材料在优化产业结构、推进产业升级以及创造新的经济增长点等方面的战略价值凸显。按照《新材料产业"十三五"发展规划》预期发展目标，我国新材料产业总产值要达到 2 万亿元，年均增长率超过 25%。加快培育和发展新材料产业，对于引领材料工业升级换代、支撑战略性新兴产业发展、保障国家重大工程建设、促进传统产业转型升级、构建国际竞争新优势具有重要的战略意义。

2.2 新材料发展和应用

20 世纪 90 年代以来，纳米材料、生物医用材料、环境友好材料、光电子材料、微电子材料和新型平板显示材料等蓬勃发展，各类新型化工新材料等层出不穷，为经济发展和社会文明进步提供了不竭动力。新材料技术与纳米技术、生物技术、信息技术相互融合，结构功能一体化、功能材料智能化趋势明显，材料的低碳、绿色、可再生循环等环境友好特性备受关注。

从全球来看，新材料的发展趋势可归纳如下。

第一，新材料与其他新技术深度融合，形成跨学科、跨领域、跨部门的发展态势。如高纯硅半导体材料，是目前太阳能光伏材料和电子信息技术的核心材料。以半导体芯片技术为基础的数字化技术已融入现代技术的各个领域和部门，如生物芯片、半导体照明、仿生、通信、遥控、数字化制造、节能等。

第二，新材料上、下游产业结合更加紧密。新材料具有跨学科、领域、部门的特征，与信息、能源、医疗、交通、建筑等产业结合越来越紧密，新材料产业呈横向扩散和互相包容趋势。新材料与器件制造一体化，上下游产业纵向联合，产业链向下游应用延伸。产品高性能化、功能化和多功能化，开发和应用联系更加紧密。如半导体照明，从上游的芯片材料到中游的各种产品开发到下游的应用，必须形成完整产业链，以提高效率，降低资源消耗。又如新型动力电池，也是从上游正、负极材料到中游电池产品到下游的各种应用必须有完整的产业链，以满足各种应用要求。

第三，新材料更加注重可持续发展。发展绿色、高效、低能耗、可回收利用的新材料以及发展先进的数字化制造技术是新材料发展的主要方向，对实现可持续发展非常重要。未来新材料的发展将加强与资源、能源、环境协调发展，注重资源再生利用，发展低耗、高效、无污染或少污染制造技术，提高产品人性化、环保化。以绿色建材为例，未来新材料在建材领域的目标是抗菌、防霉、隔热、阻燃、调温、调湿、消磁、防射线、抗静电等。

第四，经济需求成为主要发展动力。当前的世界，谁能在新技术及产品上发展更快，谁就能占领未来经济新增长的主动权。

我国《新材料产业"十三五"发展规划》涉及的新材料主要包括以下六大领域：

① 特种金属功能材料。具有独特的声、光、电、热、磁等性能的金属材料。

② 高端金属结构材料。较传统金属结构材料具有更高的强度、韧性和耐高温、抗腐蚀等性能的金属材料。

③ 先进高分子材料。具有相对独特物理化学性能、适宜在特殊领域或特定环境下应用的人工合成高分子新材料。

④ 新型无机非金属材料。在传统无机非金属材料基础上新出现的具有耐磨、耐腐蚀、光电等特殊性能的材料。

⑤ 高性能复合材料。由两种或两种以上异质、异型、异性材料（一种作为基体，其他作为增强体）复合而成的具有特殊功能和结构的新型材料。

⑥ 前沿新材料。当前以基础研究为主，未来市场前景广阔，代表新材料科技发展方向，具有重要引领作用的材料。

"十三五"期间，国家集中力量计划组织实施一批重大工程和重点项目，突出解决一批应用领域广泛的共性关键材料品种，提高新材料产业创新能力，加快创新成果产业化和示范应用，扩大产业规模，带动新材料产业快速发展。这些重大工程包括稀土及稀有金属功能材料、碳纤维低成本化与高端创新、高强轻型合金材料、高性能钢铁材料、高性能膜材料、先进电池材料、新型节能环保建材、电子信息功能材料、生物医用材料以及新材料创新能力建设专项工程等。

2.3 新材料的国家战略地位

新材料产业对国民经济的发展具有举足轻重的作用，成为各个国家抢占未来经济发展制高点的重要领域。发达国家高度重视新材料产业的培育和发展，具有完善的技术开发和风险投资机制，大型跨国公司以其技术研发、资金、人才和专利等优势，在高技术含量、高附加值的新材料产品中占据主导地位，对我国新材料产业发展构成较大压力。

美国于1991年在《国家关键技术》报告中，列举了六大关键技术领域共22项关键技术项目，而新材料技术位居六大关键技术之首，并且把新材料研究的重点放在军事高技术领域。美国把新材料提高到重要的战略位置，每年用于材料方面的研究费用高达千亿美元。金融危机后美国极力推行再工业化，新材料产业成为战略扶持重点，提出将纳米材料、生物材料、光电子材料、微电子材料、极端环境材料以及材料计算科学列为主要前沿研究领域，支撑生命科学、信息技术、环境科学和纳米技术的发展，以满足国防、能源、电子信息等重要部门和领域需求。美国制定了一系列与新材料相关的计划，主要包括：国家纳米技术计划、未来工业材料计划、光电子计划、光伏计划、下一代照明光源计划、先进汽车材料计划、化石能源材料研究计划、建筑材料计划、合金材料与工艺过程计划等，其战略目标是保持全球领先地位。

日本把发展新材料作为"技术立国"的基础，把开发新材料列为国家高新技术的第二大目标。2008年日本出台了《低碳社会行动计划》，提出大力发展高科技，重点发展太阳能和核能等低碳能源，日本是世界上太阳能开发利用第一大国，也是太阳能应用技术强国。日本是新材料生产的主要国家。日本政府高度重视新材料技术的发展，注重实用性、先进性及资源、环境的协调发展。认为新材料是推动21世纪创新和社会繁荣的力量，提出以新材料为基础，促进其他高新技术产业发展，从而巩固其经济大国的地位。日本将纳米技术与纳米材料列为四大重点发展领域之一，对新材料的研发与传统材料的改进采取了并进的策略，注重于已有材料的性能提高、合理利用及回收再生，并在这些方面领先于世界。制定的发展规划主要包括：科学技术基本计划、纳米材料计划、21世纪之光计划、超级钢铁材料开发计划等。在21世纪新材料发展规划中主要考虑环境、资源与能源问题，将研究开发资源与环境协调性的材料以及减轻环境污染且有利于再生利用的材料等作为主要考核指标。在日本新的5年"科学技术基本计划"中，重点发展的材料技术包括：分析和控制微粒、分子、原子、电子等微观结构技术；高纯化和功能组合技术；功能性结构材料技术；使材料具有特殊功能的表面处理技术；应用计算机设计和制造材料的技术等。

欧盟于2007年通过了一揽子能源计划，到2020年大幅度提高新能源、可再生能源和生物燃料的使用。2008年欧盟提出的《欧盟能源技术战略计划》，鼓励推广风能、太阳能、生物能源等"低碳能源"技术，以促进欧盟未来建立能源可持续利用机制。欧盟新材料科技战略目标是保持在航空航天材料等某些领域的竞争领先优势。欧盟科研总公司提出了欧盟准备大力发展的十大材料领域：催化剂、光学材料和光电材料、有机电子学和光电学、磁性材料、仿生学、纳米生物技术、超导体、复合材料、生物医学材料以及智能纺织原料。欧盟制定了多个与新材料相关的计划，主要包括六个框架计划（7项优先主题中有4项与材料有关)、欧盟纳米计划、COST 计划（欧洲科学和技术研究领域合作计划）、尤里卡计划、欧洲新材料研究规划等。

欧盟各成员国也都有自己的新材料相关发展规划。德国在 9 大重点发展领域均将新材料列在首位，通过开发新材料以保持资源和环境可持续发展；德国还将纳米技术列为科研创新的战略领域。德国在化学与新材料领域共确定了 109 个可望在 2025 年前实现的技术，并按照其在扩展人类知识、促进经济发展、带动社会进步、解决生态问题、创造就业机会 5 个方面的重要程度进行打分排序，选出关键技术。德国的目标是加强材料技术领域在国际上的先导性的、可持续的技术地位，并将材料技术创新作为国际上重要的技术领域，促进成果转化为实际应用。

英国确定了材料领域的 80 项重要技术。材料技术所涉及的子领域有传统陶瓷、先进陶瓷、生物材料、合成材料、半导体与光电材料、轻金属、材料设计模拟、纳米技术、粉末冶金、木材、包装材料、表面工程等。

俄罗斯为了提高国家经济竞争力，新材料与化学工艺成为 9 个优先发展方向之一，并列出发展新材料的关键技术，包括陶瓷和玻璃材料、膜技术、特种性能的金属和合金、重要战略原料、综合开采和深加工技术、聚合材料和复合材料、超硬合成材料、超导技术、微型冶金生产技术等。

2.4 新材料对我国工业发展的制约作用

中国许多基础原材料以及工业产品的产量位居世界前列，但是高性能材料、核心部件和重大装备严重依赖于进口，关键技术受制于人。新材料产业重点领域和环节几乎都被跨国公司等大型企业所垄断，西方跨国公司正在通过专利布局控制我国新材料产业战略制高点。

上海科学院对半导体照明产品技术路线的研究表明，近年来，以美国通用电气、荷兰飞利浦、德国欧司朗 3 大照明巨头为代表的跨国公司纷纷与上游半导体公司合作成立半导体照明企业，并在我国抢占专利制高点，构筑起"专利包围圈"。以上海为例，目前国内企业在半导体照明行业所占的专利比例不到 5%，来自海外的半导体照明专利"大鳄"正对上海乃至全中国的半导体照明企业形成合围。

有机硅材料则由美国道康宁、美国通用、德国瓦克（Wacker）等少数公司控制了全球市场；有机氟材料由美国 3M 公司、法国阿托化学公司（ATO）和英国帝国化学工业集团（ICI）等 7 大公司占据了全球 90% 的生产能力。世界上大型的化工新材料生产企业主要集中在美国、欧洲和日本，其掌握着化工新材料 90% 的市场份额，并垄断了先进的产品生产技术。

我国稀土资源占世界总储量的 80%～90%，产量占世界总产量的 70%，但其中的 2/3 以资源或初级产品的方式出口国外。国内稀土新材料厂商主要生产、供应和出口低端材料产品。稀土产业链下游高附加值的磁性材料产业的核心技术却掌握在日本等发达国家手中。以钕铁硼永磁材料为例，我国的磁性材料企业只有在缴纳巨额专利费后才能生产。

多晶硅生产工艺中的核心技术为日本德山公司（Tokuyama）、美国海穆劳克集团公司（Hemlock）、德国瓦克（Wacker）等几家国际大公司所垄断，一直对中国实行技术封锁。我国光伏产业目前依然处于关键原料（导电银浆、封装材料等）、关键技术设备、市场需求

"三头在外"现象的三重制约中,我国光伏产业发展严重依赖国际市场,一旦国际市场出现大的波动,就会影响整个产业链的健康发展。

我国新材料总体发展水平仍与发达国家有较大差距,新材料产业发展面临一些亟待解决的问题,主要表现在:

第一,新材料自主开发能力薄弱。关键新材料保障能力不足,许多关键产品还依赖进口,受到国外制约,如高铁的轮毂材料、第三代锂电正极材料、半导体上游材料等。产品仿制多,技术落后,核心技术没有自主知识产权。

第二,产业发展缺乏科学统筹规划和政策引导,产业规模小,产业结构和布局不甚合理,低水平重复建设较多,上下游没有形成优化的产业链,经常造成国内同行恶性竞争,削弱了企业在国际市场上的竞争优势。

第三,大型材料企业创新动力不足,研发投入少,关键新材料保障能力弱;产学研用相互脱节,产业链条不完整,新材料推广应用困难。

第四,新材料产业总体仍处在高投入、高消耗、低效益的粗放型管理阶段。新材料的高产值以高能耗来换取,万元GDP能耗为世界平均水平的3倍,是日本的7.2倍。

我国是材料大国,但不是材料强国,新材料产业还未从根本上实现由资源密集型向技术密集型、由劳动密集型向高效经济型的转变。据财富软件数据显示,我国的新材料产业发展起步较晚,目前大约10%的领域处于国际领先水平,60%~70%处于追赶状态,还有20%~30%与国外同行存在相当的差距。为了缩小我国新材料产业与国际先进水平的差距,增强企业发展实力,参与国际竞争,加速产业转型是有效的途径之一。

2.5 我国对新材料产业的政策支持

我国新材料产业从无到有,不断发展壮大,在体系建设、产业规模、技术进步等方面取得明显成就,为国民经济和国防建设做出了重大贡献,具备了良好发展基础。这主要表现在以下几个方面:

第一,新材料产业体系初步形成。我国新材料研发和应用发端于国防科技工业领域,经过多年发展,新材料在国民经济各领域的应用不断扩大,初步形成了包括研发、设计、生产和应用,品种门类较为齐全的产业体系。

第二,新材料产业规模不断壮大。稀土功能材料、先进储能材料、光伏材料、有机硅、超硬材料、特种不锈钢、玻璃纤维及其复合材料等产能居世界前列。产业集群发展,区域特色明显,形成了长三角、珠三角、环渤海三个新材料产业集群区,全国新材料企业超12000家。

第三,部分关键技术取得重大突破。我国自主开发的钽铌铍合金、非晶合金、高磁感取向硅钢、二苯基甲烷二异氰酸酯(MDI)、超硬材料(金刚石等)、间位芳纶和超导材料等生产技术已达到或接近国际水平。新材料品种不断增加,高端金属结构材料、新型无机非金属材料和高性能复合材料保障能力明显增强,先进高分子材料和特种金属功能材料自给水平逐步提高。

我国对新材料的发展先后发起了"863计划""973计划"等一系列旨在发展高科技、实现产业化的科技计划,以适应国民经济建设、国防建设和高新技术发展对新材料日益增长的需要。我国的"高技术研究发展计划"（863 计划）中，把新材料领域列为八个重点研究发展领域之一。2010 年国务院颁布的《国务院关于加快培育和发展战略性新兴产业的决定》，确定了节能环保、新一代信息技术、生物、高端装备制造、新能源、新材料和新能源汽车七个战略性新兴产业发展的重点方向。除中长期高技术计划外，我国新材料的研究发展工作还有国家攻关计划、攀登计划、火炬计划、星火计划等。这不仅是应对后金融危机时代、加快转型升级的重大举措，而且是顺应绿色经济发展趋势、着眼长远、抢占世界经济技术竞争制高点、实现我国经济社会可持续发展的战略决策。

我国政府十分重视新材料技术的发展和产业化进程，在各项国家计划中给予了重点支持。"九五"期间，国家级"火炬"计划共立项 3759 项，新材料及应用占了 26.79%，为新材料的产业化打下了坚实的基础。"十五"期间，我国明显加大了对新材料产业的政策支持力度，确定有选择地加快信息技术、生物工程和新材料三个高新技术产业发展，新材料列为最重要的发展领域之一。"十一五"期间，国家对新材料产业的政策支持力度进一步加大，将新材料作为高技术产业工程重大专项，重点发展特种功能材料、高性能结构材料、纳米材料、复合材料、环保节能材料等新材料产业群。"十二五""十三五"期间，重点发展特种金属功能材料、高端金属结构材料、先进高分子材料、新型无机非金属材料、高性能复合材料和前沿新材料。

我国《新材料产业"十三五"发展规划》提出，到 2020 年，建立起具备较强自主创新能力和可持续发展能力、产学研用紧密结合的新材料产业体系，新材料产业成为国民经济的先导产业，主要品种能够满足国民经济和国防建设的需要，部分新材料达到世界领先水平，材料工业升级换代取得显著成效，初步实现材料大国向材料强国的战略转变。具体如下：

① 在产业规模方面，新材料产业总产值达到 2 万亿元，年均增长率超过 25%。

② 在创新能力方面，研发投入明显增加，重点新材料企业研发投入占销售收入比重达到 5%。建成一批新材料工程技术研发和公共服务平台。

③ 在产业结构方面，打造 10 个创新能力强、具有核心竞争力、新材料销售收入超 150 亿元的综合性龙头企业，培育 20 个新材料销售收入超过 50 亿元的专业性骨干企业，建成若干主业突出、产业配套齐全、年产值超过 300 亿元的新材料产业基地和产业集群。

④ 在保障能力方面，新材料产品综合保障能力提高到 70%，关键新材料保障能力达到 50%，实现碳纤维、钛合金、耐蚀钢、先进储能材料、半导体材料、膜材料、丁基橡胶、聚碳酸酯等关键品种产业化、规模化。

⑤ 在材料换代方面，推广 30 个重点新材料品种，实施若干示范推广应用工程。

围绕重点基础产业、战略性新兴产业和国防建设对新材料的重大需求，加快新材料技术突破和应用。具体如下：

① 发展先进结构材料技术。重点是高温合金、高品质特殊钢、先进轻合金、特种工程塑料、高性能纤维及复合材料、特种玻璃与陶瓷等技术及应用。

② 发展先进功能材料技术。重点是第三代半导体材料、纳米材料、新能源材料、印刷显示与激光显示材料、智能/仿生/超材料、高温超导材料、稀土新材料、膜分离材料、新型生物医用材料、生态环境材料等技术及应用。

③ 发展变革性的材料研发与绿色制造新技术。重点是材料基因工程关键技术与支撑平台，以短流程、近终形、高能效、低排放为特征的材料绿色制造技术及工程应用。

第3章
新材料产业发展重点

3.1 新材料产业及相关技术发展现状与趋势

3.1.1 电子信息材料

电子信息材料是指在微电子、光电子技术和新型元器件基础产品领域中所用的材料,主要包括:单晶硅为代表的半导体微电子材料;激光晶体为代表的光电子材料;介质陶瓷和热敏陶瓷为代表的电子陶瓷材料;钕铁硼(NdFeB)永磁材料为代表的磁性材料;光纤通信材料;磁存储和光盘存储为主的数据存储材料;压电晶体与薄膜材料;贮氢材料和锂离子嵌入材料为代表的绿色电池材料等。这些基础材料及其产品支撑着通信、计算机、信息家电与网络技术等现代信息产业的发展。

电子信息材料的总体发展趋势是向着大尺寸、高均匀性、高完整性以及薄膜化、多功能化和集成化方向发展。当前的研究热点和技术前沿包括柔性晶体管,光子晶体,以 SiC、GaN、ZnSe 等宽禁带半导体材料为代表的第三代半导体材料,有机显示材料以及各种纳米电子材料等。以集成电路为主的电子和微电子技术仍然在目前信息技术中占相当大的比重,以硅材料为主体、化合物半导体材料及新一代高温半导体材料共同发展的局面在 21 世纪仍将成为集成电路产业发展的主流。

(1) 半导体材料

半导体材料,是指电阻率在 $10^{-3} \sim 10^{9} \Omega \cdot cm$、介于金属和绝缘体之间的材料。半导体材料是制作晶体管、集成电路、电力电子器件、光电子器件的重要基础材料,支撑着通信、计算机、信息家电与网络技术等电子信息产业的发展。在半导体产业的发展中,一般将硅、锗称为第一代半导体材料;将砷化镓、磷化铟、磷化镓、砷化铟、砷化铝及其合金等称为第二代半导体材料;将宽禁带($E_g > 2.3eV$)的氮化镓、碳化硅、硒化锌和金刚石等称为第三代半导体材料。

我国半导体工程加工辅助材料也有着不同程度的变化发展,包括靶材、光刻胶、超净高纯化学试剂、IC 光掩膜及其合成石英玻璃基板、碳化硅磨料、半导体级石英坩埚、电子级碳-石墨材料等。其国产化配套率在近几年发展迅速。其中,超净高纯化学试剂、半导体工程用等静压高纯石墨在生产规模上也发生了跨越;我国有机树脂 IC 封装基板及其材料在近几年实现了"零突破",已开始工业化规模生产与应用。

在我国半导体材料领域中,许多产品产量发生了从小到大的巨变。我国已成为直拉硅单晶炉,定向结晶炉,多线切方、切片机世界上数量最多的国家。

(2) LED 相关材料

受全球主要国家政策推动、LED 发光效率显著提升、照明灯具整体设计趋向成熟等因素的影响，LED 照明渗透率持续提升。从低功率住宅用的取代型 LED 灯源，到高功率商用和工业用的全套 LED 照明设备，各类 LED 照明应用需求正急剧攀升。

亚洲已成为 LED 的主要生产基地，日本、韩国与中国的总体市场占有率达到 81.3%。亚洲国家中韩国成长速度最快，2009 年创造出 LED 背光源液晶电视市场。日本凭借较强的品质及技术开发能力，稳居全球 LED 产业的领导地位。预计在韩国与中国大陆持续增长的背景下，亚洲仍将处于全球 LED 产业领导地位。

欧洲整体照明市场相对较成熟，但其高昂的电价以及特殊的光文化，使得商用照明与户外建筑情境照明对 LED 的应用需求持续不减。同时，受欧盟全面禁售白炽灯泡政策影响，2015 年欧洲 LED 照明产业达 100 亿美元，成为继日本后下一个快速成长的成熟 LED 照明市场。

LED 厂商一直致力于提升产品技术、降低元件与制造成本。一方面，通过增强技术研发实力，提高元件发光效率，可带动每千流明价格持续下滑。冷白光 LED 在 2010 年底已发展至 134lm/W，每千流明价格 13 美元；暖白光 LED 在 2010 年底发光效率提升至 96lm/W，每千流明价格 18 美元。另一方面，通过制造过程或材料的改良，提升产品质量，并降低整体制造成本。上游元件技术提升和成本下降将带动下游照明产品性价比快速提升，LED 产业正向着合理、稳定的方向前行。

白炽灯泡是全球最普遍的照明光源，市场占有率高达 70%，但其发光效率仅为 8～20lm/W，整体照明系统效率为 50lm/W。考虑到节能，各国纷纷提出规划，逐步淘汰白炽灯泡。我国在 2012 年禁止进口及销售 100W 以上白炽灯泡，2014 年和 2016 年 10 月分别禁止 60W 及 15W 以上白炽灯泡进口与销售。LED 灯泡在价格下降、质量提升的趋势下，依靠其寿命长、光效高、功耗低的特质，成为取代白炽灯的最佳替代光源。

随着 LED 走向照明应用，更多的 LED 上游厂商期望走向垂直整合，并直接接触终端通路与消费者。截然不同的思维将是 LED 厂商面临的挑战，而通路布局经验的缺乏也成为 LED 照明产品走向终端的一个瓶颈。目前，国际照明大厂在通路布局上较具优势。品牌历史发展已久的国际照明大厂，在通路经营上较不费力，仅需将主打商品从传统光源转向推广新兴 LED。依靠品牌优势和销售通路优势，国际知名 LED 企业将加速并购步伐，在产业进入传统淡季时加快全产业链布局，进一步提升企业竞争力。

(3) 光电功能材料

光电功能材料是电子信息产业的关键材料。其中，光电子产业包括与光电子技术有关的六类产业：光电子材料和组件、光电显示器、光输出入、光存储、光通信、激光及其他光电应用形式。面对光电子产业迅猛的发展趋势和广阔的发展前景，美国、德国、日本、英国、法国等竞相将光电子产业技术引入国家发展计划，不惜投入巨大的人力、物力、财力，采取有力措施，抢占世界高新技术产业这一战略制高点，形成了全方位的竞争格局。其中，美国是世界最大的光电子产品消费市场，在核心技术、标准、品牌方面占据绝对优势，主导着产业技术发展的方向；日本和欧盟国家在光电显示、光存储和光学传输设备领域处于世界高端；韩国、新加坡和中国台湾地区基本处于以生产技术为主的产业价值链的中端；中国大陆及其他众多发展中国家和地区的光电子产业以加工组装为主，是世界光电子信息产品的重要生产基地。

我国光电产业近年来呈现出迅猛发展的态势，每年以20％以上的速度增长。2008年光电材料在我国大放异彩，奥运会的成功举办为LED液晶等光电材料做了无形的巨大宣传。国家节能减排、生态环保的经济发展理念也有力推动了光电材料在新能源等多个领域的应用。在光通信和激光领域，某些技术和产品已经达到或接近国际先进水平，初步具备同国外大公司竞争的能力；光显示、光存储、数字影像等领域已经形成了较大的产业规模，然而以加工贸易和组装为主，关键技术和产业链的高端大多被外资企业所控制。

为了推进光电子领域关键技术的研发进程，我国建立了11个国家级光电子技术重点实验室和5个教育部所属的光电子重点实验室、5个激光光电子国家级研究中心、4个激光光电子国家工程技术中心，培养了一批高水平的光电子技术研究开发骨干队伍，形成了比较完整的配套研发体系。目前，全国从事光电生产、研究的企业有12000多家，从业人员逾百万人。

随着光电子产业市场的不断开拓，我国广东、浙江、江苏、北京、上海、重庆、武汉、长春、西安等数十个省市和地区纷纷提出并投巨资建设"光谷"、光电园区等不同层次和级别的光电子产业密集区，形成了光电子产业加速发展的热潮。

(4) 平板显示材料

平板显示产业是电子信息领域的"核心支柱产业"之一，是年产值超过千亿美元的战略性新兴产业，融合了光电子、微电子、化学、制造装备、半导体工程和材料等多个学科，具有产业链长、多领域交叉的特点，对上下游产业的拉动作用明显。平板显示技术是指以TFT-LCD（薄膜晶体管液晶显示）为代表的显示技术，还包含PDP（等离子体显示）、OLED（有机发光显示）、FED（场发射显示）以及E-PAPER（电子纸显示）及其他新型显示技术。平板显示技术总体趋势将朝着高画质高临场感、互动式多功能一体化、节能降耗和健康环保的方向发展。

全球平板显示产业主要集中在日本、韩国和中国，近年来保持了较快的发展势头。从出货面积来看，非晶硅TFT-LCD占据98％的平板显示市场份额，成为主流。专注于中小尺寸应用的低温多晶硅（LTPS）技术年出货面积已达到240万平方米以上。随着苹果新一代平板电脑进入市场，采用金属氧化物技术的产品进入量产阶段，并参与市场竞争。金属氧化物技术由于具有高分辨率、低功耗等竞争优势，预计未来该技术将与低温多晶硅技术共同快速增长。

平板电脑市场快速增长，使平板显示产业发生了深刻的变化。为了满足平板电脑面板市场需求，越来越多的面板厂商将平板电脑面板的生产转移到更高世代线。夏普与LGD都已经在8代线上生产平板电脑面板。

(5) 光纤光缆材料

中国仍是全球最大的光纤光缆需求国。2016年全球的光缆需求量达到2.42亿芯公里，5年内年均增长率在3％左右。2016年中国光缆需求占全球市场的43％，需求超过1亿芯公里。

在FTTH（光纤到户）实施、三网融合试点、西部村村通工程、"光进铜退"等多重利好驱动下，中国光纤光缆行业发展势头较好，我国成为了全球最主要的光纤光缆市场和全球最大的光纤光缆制造国，并取得了引人瞩目的成就。我国已经拥有世界上最大的固话通信网络、最大的移动用户网和最大的互联网用户群。

光纤光缆产业链主要分三个环节，分别为预制棒、光纤拉丝、光缆。国内产业在2010

年之前主要分布在光纤拉丝和光缆领域，预制棒国内除长飞光纤光缆公司以外，主要依赖从日本和欧美进口。2010年以来，国内启动了预制棒项目，产业链趋于完善。

随着我国FTTH及FTTC（光纤到路边）系统的采用、三网融合等的持续，市场对光纤光缆的需求量依然很大，为我国光纤光缆行业发展提供了强劲动力，行业前景大好。

3.1.2 高性能纤维材料

高性能纤维是指对外部的力、热、光、电等物理作用以及酸、碱、氧化剂等化学作用具有特殊耐受能力的一种材料，它具有比普通纤维更高的机械强度和弹性模量，以及更好的热稳定性和耐酸碱性。高性能纤维是高分子纤维材料领域发展迅速的一类特种纤维，被称为继第一代锦纶、涤纶和腈纶，以及第二代改性纤维（包括差别化纤维）之后的第三代合成纤维。高性能纤维在国防军事和工业领域应用十分广泛，尤其是在具有特殊要求的工业和技术领域，比如宇宙开发、海洋开发、情报信息、能源交通、土木建筑、军事装备、化工和机械等诸多方面，都起着不可缺少的作用。

（1）碳纤维

碳纤维（Carbonfiber）不仅具有碳材料的固有本征特性，又兼具纺织纤维的柔软可加工性，是新一代增强纤维。碳纤维是由聚丙烯腈纤维、沥青纤维或黏胶纤维等经氧化、碳化等过程所制得的含碳量为90%以上的一种高性能纤维。根据原料及生产方式的不同，碳纤维主要分为聚丙烯腈（PAN）基碳纤维、沥青基碳纤维和黏胶基碳纤维三种。碳纤维与传统的玻璃纤维（GF）相比，杨氏模量是其3倍多；与凯芙拉纤维（KF-49）相比，杨氏模量是其2倍左右。碳纤维由于具有高强度、高模量、耐高温、耐腐蚀、导电和导热等性能，因而成为一种兼具碳材料强抗拉力和纤维柔软可加工性两大特征的化工新材料。碳纤维主要应用在航空、风能、船艇及建筑等领域。

日本和美国是碳纤维的主要生产国家，其产能分别占世界产能的75%和14%。其中，日本在小丝束碳纤维生产方面占绝对优势，美国在具有发展前景的大丝束碳纤维生产方面优势较为明显。日本利用其碳纤维和纳米碳纤维在全球的领先地位，大力推进其碳纤维复合材料产业的发展。德国拜耳（BAYER）材料科学公司现正着手建设世界最大的多层碳纳米管（MWCNT）的生产装置，规模为200t/年，商品名为"BAYTUBES"，其纯度超过95%，而且可以稳定再现。

我国T300通用级产业化已取得突破性进展，百吨级和千吨级碳纤维已投入生产；T700级正在进行中试放大，T800级正在实验室研制。从总体形势来看，我国当前处于由T300通用级向高性能的T700和T800发展的过渡期。

我国碳纤维研发历史从20世纪60年代开始，但多年来关键技术未能突破，国内碳纤维产能和技术与国外存在一定的差距，阻碍着国家尖端武器的更新换代，对高附加值的国民经济支柱产业的发展也影响极大。制约我国碳纤维发展的主要因素有两个方面，一是碳纤维原丝质量问题。国产原丝在纯度、强度以及均质化方面与国外相比存在较大差距，大大制约了国产碳纤维的产品质量。二是耐高温材料及大型高温炉。国产碳化炉采用仅能允许在1400℃以下温度使用的碳化硅作为发热体，高温环境下碳化硅抗负荷强度低，不能制作大尺寸工业规模碳化炉，无法实现1500℃的最佳工艺。国外采用高纯石墨材料1800℃以上的高温碳化炉，严格限制对我国的出口，中等规模的高温碳化炉进口价格高，导致国产碳纤维装置的建设成本过高，无法与进口纤维竞争。

尽管我国碳纤维生产发展较为缓慢，而消费量却一直呈逐年增加的趋势，中国航空航天技术的快速发展急需高性能碳纤维及其复合材料，汽车行业、体育休闲用品及压力容器等领域对碳纤维的需求也迅速增长。

(2) 玻璃纤维

玻璃纤维是一种综合性能优异的无机非金属材料，通常作为复合材料增强材料、电绝缘材料、耐热绝热材料、光导材料、耐蚀材料和过滤材料等，广泛应用于国民经济各个领域。玻璃纤维作为增强材料，是树脂基复合材料的绝对主体，占应用量的98%以上。生产玻璃纤维的基本原料是石英砂、蜡石、石灰石和白云石等。为了熔化以上物质，还要加入硼酸和萤石做助熔剂。玻璃纤维按所含 Na_2O 成分的多少分三类：无碱玻璃纤维、中碱玻璃纤维、高碱玻璃纤维。

玻璃纤维复合材料是目前树脂基复合材料中产量最大、应用最多的品种。2015年全球玻璃纤维复合材料市场价值突破84亿美元，复合年均增长率达6.3%。全球玻璃纤维（以下也简称玻纤）行业一直是寡头垄断格局。美国欧文斯科宁公司已全面推广无硼无氟、高耐酸性的AdvantexR，用于顶替E玻璃纤维。最近，又开始以规模化生产平台一步法生产S玻纤SHIELDSTRAND和XSTRAND纱。在生产技术上，提高生产效率、节约能源、趋零排放、减少资源消耗、降低生产成本、营造玻纤绿色经济是发展方向。

我国玻璃纤维复合材料品种也得到较快发展，无碱玻璃纤维纱品种增多，短切毡、复合毡、经编土工格栅、三维经编织物等已经广泛应用到风力发电、航空航天、节能建筑和电子电器等领域。国产通用玻纤品质较好，无捻粗纱、细纱、膨体纱、短切原丝毡、缝编复合毡等通用玻纤的质量和国外厂商已处于同类水平，有些产品甚至优于国外厂商，如附加值最高的增强材料短切原丝毡。我国玻璃纤维行业的出口仍然保持较强的出口创汇能力，出口量位居世界第一。

目前全球有六大玻璃纤维供应商，其中中国就占了3个。预计在今后几年内，国内将重点研究利用玻璃纤维成分的可设计性，开发满足耐热、耐腐蚀性、光电性能及特殊性能（如耐辐射）要求的功能性玻璃纤维；利用玻璃纤维制品形态的多样性，发展玻璃纤维制品深加工技术、性能改性技术、应用技术，赋予玻璃纤维新型应用形态、应用性能，扩大应用领域；开展玻璃纤维制品应用后的回收利用技术，实现可持续发展。

(3) 人造纤维

人造纤维是用某些天然高分子化合物或其衍生物做原料，经溶解后制成纺织溶液，然后喷丝纺制成纤维状的材料。主要是以竹子、木材、甘蔗渣、棉籽绒等自然植物而制造出的纤维原料。根据人造纤维的形状和用途，分为人造丝、人造棉和人造毛三种。重要品种有高湿模量黏胶纤维、醋酯纤维、铜氨纤维等。

高湿模量黏胶纤维是指具有较高的聚合度、强力和湿模量的黏胶纤维，具有较高的干燥度和湿强度、高湿度模量、最佳纯度、缩减保水量、可缩减膨胀、提高碱的稳定性、良好的染料亲和力及非原纤状结构等特点。

醋酯纤维具有蚕丝的优良性质，分有光和无光两种，纤维截面呈不规则多瓣形，无皮芯结构，模量较低，易变形，低伸长下的弹性恢复性极好，织物柔软，富有弹性，不易起皱，悬垂性好，主要用做女用内衣和府绸面料的原料。目前全球醋酯纤维的总产量约为80万吨，其中烟用丝束约60万吨，纺织用醋酯纤维21万～25万吨，共有十几个品种。

铜氨纤维是将棉短绒等天然纤维素原料溶解在氢氧化铜或碱性铜盐的浓氨溶液内，配成纺丝液，在凝固浴中铜氨纤维素分子化学分解再生出纤维素，生成的水合纤维素经后加工即得到铜氨纤维。目前，日本垄断着铜氨纤维生产技术，其产量占世界总产量的90%以上，其中95%以上是日本旭化成纺织有限公司生产。

我国的醋酯纤维工业起步较晚，20世纪50年代末期才开始，目前醋纤烟用丝束的产能为15万吨/年，每年尚缺6万吨需依靠进口解决，而纺织用醋酯长丝基本全部依赖进口，每年进口约2万吨。

另外，再生竹纤维和再生麻纤维由于原料来源很丰富，具有一定的成本优势，结合我国的农业、林业产业特色，这两种纤维具有良好的开发和应用前景。

(4) 氨纶纤维

氨纶纤维是聚氨基甲酸酯纤维的简称，商品名称有莱卡（Lycra）、尼奥纶（Neolon）、多拉斯坦（Dorlastan）等。氨纶纤维首先由德国 Bayer 公司于1937年研究成功，美国杜邦公司于1959年开始工业化生产。氨纶是一种合成纤维，组成物质含有85%以上组分的聚氨基甲酸酯。

20世纪90年代末开始，由于市场需求迅速增加，使氨纶生产进入了快速发展阶段，平均年增长率超过10%。

我国氨纶生产工艺技术和装置主要从美国、日本、韩国及德国引进。中国氨纶技术与发达国家之间还有很大差距，生产的产品质量与国外产品仍存在明显差距。中国是全球最大氨纶生产国，中国大陆现有生产能力35万吨左右。全球近60%的产能在中国，而中国57%的氨纶工厂、54%的氨纶产能集中在浙江。

3.1.3 功能陶瓷材料

陶瓷是陶器和瓷器的总称。陶瓷材料大多是氧化物、氮化物、硼化物和碳化物等。常见的陶瓷材料有黏土、氧化铝、高岭土等。陶瓷材料一般硬度较高，但可塑性较差。除了在食器、装饰上的使用外，在科学、技术的发展中亦扮演着重要角色。

根据陶瓷用途，通常分为日用陶瓷、艺术（工艺）陶瓷、工业陶瓷。工业陶瓷指应用于各种工业的陶瓷制品，又分为：①建筑-卫生陶瓷，如用于砖瓦、排水管、面砖、外墙砖、卫生洁具的材料等；②化工（化学）陶瓷，用于各种化学工业的耐酸容器、管道、塔、泵、阀以及搪瓷反应锅的材料等；③电瓷，用于电力工业高低压输电线路上的绝缘子、电机用套管、支柱绝缘子、低压电器和照明用绝缘子以及电讯用绝缘子、无线电用绝缘子、压电陶瓷的材料等；④特种陶瓷，用于各种现代工业和尖端科学技术的特种陶瓷制品，有高铝氧质瓷、镁石质瓷、钛镁石质瓷、锆英石质瓷、锂质瓷以及磁性瓷等。

我国是陶瓷产业大国，日用陶瓷、艺术陶瓷、建筑陶瓷比重很大，生产地主要集中在广东、山东和江西等地。近年来电子陶瓷和特种陶瓷发展很快，其中电子陶瓷、陶瓷工具、高性能玻璃，市场前景广阔。

电子陶瓷一般是指在电子设备中用于安装、固定、支撑、保护、绝缘、隔离及连接各种无线电元件及器件的陶瓷材料，具体形式有电路基板、芯片封装外壳等，具体材质有氧化物、氮化物、碳化物以及硼化物等。从使用功能分类，电子陶瓷的主要种类包括绝缘陶瓷、介质陶瓷、微波陶瓷、铁电与压电陶瓷、热释电陶瓷、电光陶瓷、电致伸缩陶瓷、敏感陶瓷、高导热陶瓷、导电陶瓷、超导陶瓷等。绝缘陶瓷主要用于集成电路（IC）衬底、微波大功率器件散热支撑件、多芯片组装（MCM）用基板及封装件等；介质陶瓷主要用于高比容电容器、射频高功率电容器、抗电磁干扰滤波器等；微波陶瓷主要用于微波、毫米波介质谐振器（DRO），微波电路基片，介质波导及微波天线等。

我国是世界电子陶瓷元器件的生产大国之一。但我国大部分电子陶瓷公司脱胎于20世纪50年代建设起来的电子材料厂，存在技术落后、规模小和产品品种单一等问题，只能占据电子陶瓷的低端市场，获取微薄的利润。近年来，国外生产电子陶瓷元器件的企业纷纷到国内投资建厂或增资扩建。

总体来看，电子陶瓷上游粉料产业的研究聚焦于超细纳米粉体技术。尽管我国目前已经有几十条纳米级粉体生产线正在生产 Al_2O_3、SiO_2、AlN 等粉体，但是这些企业普遍面临着稳定性、烧结技术、环保、价格等一系列问题，特别是一些新型粉体的非球磨制备方法，如共沉淀法、溶胶-凝胶法、气相沉淀法、水热合成法等使用之后，工艺的稳定性不佳导致产品各批号之间一致性问题难以解决。因此，粉体材料的新制备技术并没有改变这个行业基本被日本、美国、德国等的企业垄断的局面，而且国外龙头企业也在新制备技术的研发中处于领先位置。

特种陶瓷是陶瓷中的新兴产业，如陶瓷刀具、生物陶瓷、陶瓷分离膜等近年来发展较快。虽然我国陶瓷刀具的研究水平不比国外差，但实际应用发展较慢。目前国内陶瓷刀具占总刀具使用量的比例不超过1%。氮化硅陶瓷刀具是近年来才在生产中推广使用的一种新型刀具。因此，不论在刀具的几何参数、切削用量以及使用技术方面，均缺乏成熟的经验。

3.1.4 高性能金属材料

高性能金属材料是能适应特殊使用条件的金属及合金材料，主要指具有高强度、高韧性、耐高温高压、耐腐蚀、耐磨损或高比强度等性能的特种金属材料，包括高性能钢铁（如核电用钢、超超临界火电用钢、高品质不锈钢、高性能汽车钢等）、耐蚀合金、先进高温合金和金属间化合物、有色合金材料（如镁、铝、钛合金）、新型模具材料、稀土及稀有金属功能材料、硬质合金等。高性能金属材料作为结构材料和功能材料在电子信息、航空航天、生物医学、新能源等高技术领域中应用，有明显的性能价格比优势和广阔的市场前景。

钢铁一直是经济建设中最重要的结构材料，因此，世界上所有工业大国均把钢铁产业视为与粮食和能源具有同等重要地位的产业。随着国际铁矿石和原油大幅涨价以及由此而带来的成本的增加，钢铁企业普遍面临成本上升的巨大压力，国际钢铁企业都在积极调整产品结构与产品质量。生产高附加价值产品、提升钢材产品的科技含量当前成为国际各大钢铁企业的首要任务。世界钢铁行业的发展态势正在产生新的变化：

① 全球范围内的企业兼并重组或战略联盟已成为必然趋势。通过增强相互持股，加强采购、销售、产品研发等合作，深化战略联盟，都将使跨国钢铁公司对国内、国际市场的控制力和影响力加强。

② 钢铁行业将更加专注高端产品开发以求差异化发展。面对普通钢材供应过剩，国际钢铁行业将在扩大规模的同时继续坚持高端产品和技术研发战略，避开低档次同质化竞争。

③ 钢铁产业战略转移趋势明显。一是世界钢铁生产向经济活力旺盛地区转移的步伐加快，由经济发达地区向次发达地区和潜在发达地区转移的特征十分明显。二是钢铁产业向能源、资源丰富地区以及目标消费地区转移的速度加快。三是钢铁产业向沿海和内河丰富地区转移趋势明显。四是技术和资金的同步转移。目前，国际上大型钢铁企业投入大量资金在生产原料丰富的地区建设包括高炉冶炼设备在内的钢铁联合生产工厂已成为新的趋势。

近年来，我国钢铁产品结构优化取得了明显进步，钢材品种不断增加，产品质量显著提高，开发出了一批高强建筑用钢板、高性能管线钢、大型水电站用钢、高磁感取向硅钢、高速铁路用钢轨、高强度汽车板、高等级帘线钢、航天器用合金材料、抗震建筑用高强螺纹钢筋等高性能钢铁材料，有力支撑了国民经济相关领域的发展。但应当看到，我国高性能钢铁材料的使用比例较低，一批关键钢铁新材料不得不依赖进口，企业自主创新能力还不够强，在一定程度上制约了我国钢铁工业的持续、健康、快速发展。

高性能钢铁材料的发展在开发、生产和应用环节与国外还存在一定的差距：

① 在开发方面，高性能钢铁材料使用比例较低。400MPa级以上的高强度螺纹钢筋使用比例仅40％；高性能的轴承钢、模具钢、弹簧钢、齿轮钢等特殊钢寿命低、稳定性差；第三代汽车用高强度钢板尚处于试生产阶段；部分高牌号取向硅钢等高性能钢材还依赖进口。

② 在生产方面，钢铁企业的技术创新能力不强，投入严重不足。企业进行高端材料研制生产时缺乏合作，尚未建立与下游行业协同创新开发新品种的机制。钢铁企业产品标准大多数滞后下游产业需求，部分企业为满足下游产业所需，都是按照企业标准生产供应。钢铁企业长期以建设生产为中心，没有转移到满足下游企业个性化发展需求上来，钢铁生产企业缺乏下游用户需求牵引。

③ 在应用方面，由于钢铁产品档次不高，性能控制范围较宽，下游行业使用钢材的设计规范要求降低，钢材使用量大。部分行业快速发展，主要依靠引进或国际合作发展，其产品设计使用的钢材主要依靠国外的钢材标准，下游行业不得不进口国外的钢材，增加了国产高性能钢铁材料推广难度。

美国，欧盟国家，中国、印度等一些经济快速增长的发展中国家是有色金属需求增长的主要动力，使世界有色金属消费稳步增长，有色金属材料产业呈现以下发展趋势：

① 联合重组加快，产业集中度高。国外大企业近年来普遍加快了收购、兼并、联合步伐，组建更大规模的跨国公司。美国铝业公司兼并了阿鲁玛克斯公司，收购了雷诺兹金属公司。加拿大铝业公司并购了瑞士铝业公司和法国普基铝业公司。

② 初级产品向资源丰富国家转移。有色金属初级产品生产向资源、能源条件好的国家和地区转移。未来铝的增长主要集中在非洲、南美、中国及南亚等地。

③ 依靠科技进步，降低生产成本。湿法炼铜、拜耳法、大型预焙槽、惰性阳极和可湿润阴极铝电解槽技术的改进和应用，使冶炼铜、氧化铝、电解铝生产成本不断降低。新型有色合金材料的制备、加工与应用技术成为有色金属产业发展的强大牵引力。

我国是世界上最大的有色金属生产和消费国。相对于钢铁、汽车、石化等产业，有色金属产业工业增加值并不是很高，对GDP贡献率也不太大，但有色金属是重要基础原材料，产品种类多、关联度广、增值性强，仍是现代高新技术产业发展的关键支撑材料。

通过引进技术及装备并经过消化吸收与再创新，铝板带箔、大型工业铝型材、精密铜管箔、钛棒、镁压铸件等产品实物质量接近或达到了国际先进水平，但是航空航天用铝厚板、集成电路用高纯金属仍主要依靠进口，新型合金开发方面基本是跟踪仿制国外，关键有色金属新材料开发滞后于战略性新兴产业发展需求。

3.1.5 新型高分子材料

(1) 工程塑料

目前世界工程塑料年消费量约为1500万吨，并以每年4.5％左右的速度递增。聚合物改性材料在发达国家早已形成了一个规模庞大的高新技术产业，并成为衡量一个国家工业发达程度的重要标志。

工程塑料生产技术复杂，投资高，建设装置须考虑市场和有一定规模，因此目前工程塑料生产仍主要集中在发达国家，其中最著名的生产厂家是美国的 DuPont、GE 塑料、Ticona，德国的 BASF、BAYER，日本的宝理塑料公司等。

聚酰胺（PA）是五大通用工程塑料中消费量最大的产品，亚太地区除日本以外的国家，所需 PA6 多从日本进口，而 PA66、PA11、PA12、PA46 和 PA610 等则多从欧美进口。聚碳酸酯（PC）生产主要集中在美国、西欧和日本，约占全球生产能力的 80%；美国 GE 公司是世界上最大的生产者，共有 6 套生产装置分布在美国、西欧和日本，总生产能力为 8313 万吨/年；BAYER 公司分别在美国、德国、比利时、意大利和泰国建有 5 套生产装置，总生产能力 4615 万吨/年。聚甲醛（POM）自问世以来发展一直较快，亚洲地区生产能力最大，占全球生产能力的 44%。改性聚苯醚（MPPE）在全球只有 5 家公司的 7 个工厂生产。聚苯硫醚（PPS）主要从日、美等国进口树脂或混配料。当前，世界聚酰亚胺（PI）树脂总生产能力为 5 万吨以上。全世界液晶聚合物（LCP）生产能力约 3 万吨/年。

目前，我国聚酰胺树脂整体聚合能力为 140 万吨/年，但真正用于工程塑料的专用树脂不超过 15 万吨/年，缺口明显。目前国内 PBT 树脂生产能力 20 万吨/年，PBT 树脂用量虽然逐年上升，但聚合装置开工率一直不高。国内 PBT 树脂改性企业的生产能力远远大于聚合能力。由于过去市场开拓不够充分，短期内还不能很好解决国产改性聚苯醚（MPPO）直接进入市场的问题。

近年来随着经济、技术的快速发展，特种工程塑料的应用进入了高速发展时期。需求量不断增加，用途越来越广泛。特别是在高新技术产业中，特种工程塑料发挥着极其重要且不可替代的作用。但目前这个行业开发投资不够、工业化低。

(2) 合成树脂（以下主要指涂料）

目前世界范围内涂料制造商超过 10000 家，其中，绝大多数为雇佣 30 人左右的小型地方型企业，这些小企业仅占有世界涂料市场份额的 40%，而为首的 10 多家公司却占有近 60% 的市场份额。

随着全球环境问题越来越突出，涂料产业也面临环境保护问题的考验。"环保、节能、健康"是涂料产品必然的发展方向。而工业涂料因其在涂料产业中的重要位置以及其对生活领域的渗透性，注定其要承担起更重要的环保责任。从目前的发展形势来说，节能环保、低污染的水性涂料被普遍认为将最终取代溶剂型涂料。此外高固体分涂料、粉末涂料、无溶剂涂料和辐射固化涂料也属于环保型涂料。据有关数据显示，目前环保型工业涂料已经占世界工业涂料的 20% 左右。而在欧洲发达地区，这一比例目前已经达到 30% 的水平。

中国的涂料油漆生产集中于珠江三角区、长江三角区和渤海三角区。从省份而言，五大涂料生产省份是广东、江苏、浙江、山东和上海。

由于工业涂料主要应用在家具、汽车、纺织品、鞋类和食品包装等方面，再加之现代民众对涂料环保的意识日益加深，涂料市场的需求预计将从溶剂型转向水性涂料。这还将导致在某些应用领域中，水性技术代替传统技术。不过，水性涂料巨大的潜在增长力在全球市场上目前表现还不佳。

(3) 无卤阻燃材料

阻燃高分子材料中，塑料约占 80%，纺织品约占 5%，橡胶约占 10%，涂料约占 3%，纸张及木材约占 2%。阻燃材料的最大用户是电子电气、精密机械、建材、运输（包括飞机、高速机车以及汽车等）、家具、纺织等行业。目前全球塑料总产量的 6%～7%，即超过 1500 万吨/年，被阻燃。其中电子电气工业用塑料有超过 12% 被阻燃。目前，市面上无卤阻燃剂主要由瑞士科莱恩公司、德国欧宝公司、英国普塞夫公司、美国科聚亚公司等提供。

最新研究报告显示，未来几年全球阻燃剂市场需求将以年均约 4.7% 的速度增长。亚太地区将以年均 7% 以上的速度引领全球阻燃剂市场需求增长。我国的无卤阻燃改性材料生产厂家有近 3000 多家，广东省最多，浙江省第二，其余依次为上海、江苏、北京和天津。

(4) 电线电缆材料

近年来，世界电缆产品呈持续增长状态。发展最快的是美洲，北美国家的电缆产品产量约为世界总产量的 26%。世界电缆生产总量中的最大份额是低压电缆和电缆行业用电线，约占总量的 36%。随后分别是高压电缆，约占总量的 28%；线包线约占总量的 20%；户外敷设用铜芯通信电缆，约占 9%；计算机用电缆以及其他类型的建筑内部的通信电缆，约占总量的 7%。计算机用电缆、户外敷设用铜芯通信电缆及电力电缆保持着小幅稳步增长的态势。

中国电线电缆处于高速发展状态。我国电线电缆行业在大量技术引进、消化吸收以及自主研发的基础上，已经形成巨大的生产能力，产品品种满足率和国内市场占有率均超过 90%。生产企业主要集中在沿海区域、华东、华南、中南、华北；从省份来看，江苏、河北、浙江、广东最多。

电线电缆行业国际竞争日益加剧，国际线缆企业利用企业间的并购重组、对外扩展及转移生产基地等多种方式来占领市场，在国际市场的占有份额较大。目前，全球最大的三个电缆制造商为 Prysmann（意大利普瑞斯曼电缆系统公司）、Nexans（法国耐克森公司）、Sumitomo Division Cables（日本住友公司）。法国耐克森、意大利普瑞斯曼公司、英国 BICC 等公司都在产品研发方面有大量投入。近年来，亚洲一些国家的经济增长较快，世界电线电缆的生产重心向亚洲转移，带动了中国、越南、菲律宾和中东地区的埃及等国家电线电缆产业的快速发展。

世界排名前列的电线电缆制造商耐克森、住友电工等均已在我国建立了合资、独资企业，这些外商的投资多侧重在技术壁垒较高、利润率较高的市场，主要分布于电力、通信和电气装备用线等领域，占据了技术水平要求较高的高端特种线缆市场。随着近年来外资电线电缆企业的进入，进一步加剧了国内电线电缆行业的市场竞争。

(5) 高分子泡沫材料

瑞士阿瑞克斯（AIREX）公司成立于 1956 年，隶属于加拿大铝业（Alcan）集团，是结构泡沫心材的专业生产厂家。阿瑞克斯是世界上最大的结构泡沫心材的供应商之一，其两大产品体系：巴萨（BALSA）木心材和结构泡沫心材在世界上占有重要地位。阿瑞克斯公司的结构泡沫心材有多种形式：按照原材料划分，产品种类包括聚氯乙烯（PVC）结构泡沫心材、PEI 阻燃泡沫心材等；按照产品结构划分，产品种类有线型和交联两种形式；产品厚度从 30mm 到 70mm，有轮廓板和平板两种形式。

瑞典戴铂（DIAB）公司是夹心复合材料行业的领导者，世界上最大的结构泡沫心材制造商之一，涵盖了造船、风能、交通、航空等领域。2005 年 9 月，戴铂公司中国昆山工厂正式成立，成为在亚洲地区的生产中心。

由于结构泡沫心材的高端市场定位，加之结构泡沫心材行业的高投入和高技术含量，使目前全球结构泡沫心材市场被少数公司垄断经营。20世纪80年代，中国模压塑料软质发泡材料行业开始起步，主要是日本、中国台湾等地的企业在中国大陆设立的独资或合资企业生产。20世纪90年代，中国大陆的企业逐渐掌握了塑料模压发泡技术，开始大规模生产，行业进入高速发展阶段。进入21世纪，塑料软质发泡材料的应用面日益扩展，需求量急剧上升，新产品不断涌现，发泡技术逐渐成熟，产品性能逐步改进，产品应用范围不断扩大，目前已经广泛应用于体育用品、家电、电子、汽车、保暖材料等很多领域，市场需求规模迅速增加。

橡胶软质发泡产品具有较强的弹力、拉伸强度，有减震、隔热、防护等作用，在各行业的应用收到很好效果。其良好的保温性、密封性、防震性、吸音性、隔热性、低透水性、耐油及耐候性等，可满足特殊环境的要求。目前，橡胶软质发泡产品广泛用于汽车、摩托车、机器设备、体育用品、运动玩具、冰柜、家用空调、鞋材等诸多方面。

(6) 摩擦密封材料

随着我国国民经济的快速发展，汽车、摩托车、机械、船舶、铁路、航空、石油、化工、矿山、冶金等诸多领域对摩擦密封材料提出了更高的要求。铁路运输不断提速；城市轨道交通大量发展；汽车产量和保有量迅速增加；以及社会对环保的要求越来越严格；有力地推动了摩擦密封材料行业的发展。

汽车工业近几年来迅猛增长，同时随着国外市场需求的大幅增加，摩擦材料行业也得到了快速的发展。近五年来，我国摩擦材料行业的产值、产量年平均增长速度超过20%。从事密封垫板、垫片、盘根生产的企业大约100多家。我国摩擦密封材料行业整体生产技术水平有了大幅提升，部分领军企业已经达到国际先进水平。

世界摩擦材料行业结构合理，产能集中度较高，跨国和跨地区经营进一步发展，产品生产逐步转移到劳动力便宜的发展中国家和地区进行，尤其注重向中国市场的转移。生产设备自动化控制和精密度较高，生产效率比较高；原材料生产企业普遍具有相当规模且质量稳定，并能够根据用户需要对所供产品进行精加工和新的开发。以新型摩擦材料配料设备、摩擦材料用制粒系统等为代表的生产设备和精密的测试设备已经开始推广应用。环保、少金属、树脂含量少、多采用第二黏结剂和多孔性结构原料的摩擦材料成为了新一代摩擦材料的特征。

3.1.6 高性能复合材料

高性能复合材料主要以高性能纤维为增强体的复合材料为主。基体树脂作为高性能复合材料的重要组成部分，其性能及成本对高性能复合材料的设计、制备、性能、加工具有重要意义。复合材料的性能取决于组分材料的种类、性能、含量和分布，以及复合材料的复合工艺和界面的结合程度。近年来全球高性能复合材料产业蓬勃发展，整个行业的总产值已超过3000亿美元，并保持每年5%～8%的强劲增长，正成为支撑全球经济快速发展的战略中坚力量。

(1) 碳纤维复合材料

碳纤维多作为增强材料加入到树脂、金属、陶瓷、混凝土等材料中，构成复合材料。碳纤维和环氧树脂结合而成的复合材料，具有高强度（是钢铁的 5 倍）、出色的耐热性（可以耐受 2000℃ 以上的高温）、出色的抗热冲击性、低热胀系数（变形量小）、热容量小（节能）、密度小（钢的 1/5）、优秀的抗腐蚀与辐射性能，成为一种先进的航空航天材料。因为航天飞行器的质量每减少 1kg，就可使运载火箭减轻 500kg。所以，在航空航天工业中争相采用先进复合材料。据报道，美国航天飞机上 3 只火箭推进器的关键部件以及先进的 MX 导弹发射管等，都是用先进的碳纤维复合材料制成的。

现在的 F1（世界一级方程锦标赛）赛车，车身大部分结构都用碳纤维材料。顶级跑车的一大卖点也是周身使用碳纤维，用以提高气动性和结构强度。

碳纤维复合材料不仅广泛应用在航空航天、军事工业，而且在机动船、工业机器人、汽车板簧和驱动轴、风力发电叶片、体育用品、碳纤维复合芯电缆以及建筑补强材料等方面也存在巨大应用空间。碳纤维复合材料的使用被认为是解决汽车轻量化的有效途径。但除了碳纤维的成本因素，高产能、低成本的复合材料工艺也成为下游厂商面临的障碍，同时，如何充分发挥碳纤维复合材料的高性能，也是重大的挑战。

我国碳纤维及其复合材料产业存在原丝质量差、生产规模小、质量低、价格高、应用基础研究薄弱等问题。目前我国正大规模发展风能，但迄今为止仍采用玻璃纤维复合材料，今后随着叶片的大型化，势必要发展混杂的复合材料制品，即叶片的加强筋及其圆柱形翼根采用碳纤维复合材料，其他部位采用玻璃纤维复合材料，特大型叶片会考虑采用全碳纤维复合材料。此外，我国现正研制大型飞机，这对国内碳纤维复合材料市场将是巨大的推动力。另外，电缆的碳纤维复合材料加强心材也将是我国的大市场，因为高压输电电缆将不断延伸至边远地区。到 2020 年我国势必将成为碳纤维复合材料制品的生产大国。

(2) 芳纶纤维复合材料

20 世纪 80 年代初，荷兰、日本、苏联先后开展了芳纶纤维的研制开发工作。芳纶纤维比强度、比模量较高，因此被广泛应用于航空航天领域的高性能复合材料零部件（如火箭发动机壳体、飞机发动机舱、整流罩、方向舵等）、舰船（如航空母舰、核潜艇、游艇、救生艇等）、汽车（如轮胎帘子线、高压软管、摩擦材料、高压气瓶等）以及耐热运输带、体育运动器材等。

我国芳纶纤维下游市场集中于光缆补强和防弹材料，橡胶制品和复合材料方面的应用则较少。一方面，芳纶纤维凭借其优异的力学性能、耐高温性能和阻燃性能，在防护领域和高温过滤除尘领域有大规模的应用，可以根据不同的防护需要开发不同种类的产品。对位芳纶的种类较多，包括杂环芳纶（芳纶Ⅱ和芳纶Ⅲ）和芳砜纶。杂环芳纶最初由俄罗斯研发，其力学性能和阻燃性能均优于普通对位芳纶。我国已开发出国产高性能杂环芳纶纤维，但是只在航空航天及军事领域有所应用。芳砜纶纤维拥有更优异的耐热性和尺寸稳定性。芳砜纶纤维耐高温，长期使用温度为 250℃，瞬时使用温度可达 300℃；热收缩稳定，沸水中的热收缩率为 0.5%～1.0%，在 300℃ 空气里热收缩率为 2%；还具有难燃的特点，可广泛用于防护织品、过滤材料、电绝缘材料、摩擦材料等。虽然高性能的芳纶生产已在我国实现产业化，但普遍存在生产成本高、性能不稳定等因素，难以大规模应用。

另一方面，和碳纤维一样，树脂基复合材料仍是芳纶纤维最主要的发展方向。但目前国内芳纶复合材料的设计与应用研究还较少，多数生产芳纶的企业处于产业化初期，生产成本高，没有完全打通芳纶纤维的上下游产业链，芳纶纤维的大规模生产应联合轮胎、光缆、树脂基复合材料等领域共同进行研发。

(3) 玻璃纤维复合材料

复合材料是玻璃纤维的最大应用领域，占到玻璃纤维总量的55%～60%，其中无捻粗纱占50%，短切原丝占30%，短切原丝毡占10%，方格布占5%，其他占5%。其中交通运输的玻璃纤维用量占到玻璃纤维总量的25%，而汽车工业占这部分总量的80%；电子/电力的玻璃纤维用量占到玻璃纤维总量的20%，玻璃纤维布占全世界印刷线路板增强材料的55%；另外建筑市场的玻璃纤维用量占到玻璃纤维总量的35%。全世界增强用玻璃纤维高度集中在顶尖的三大厂商——美国欧文斯科宁公司、法国维托特克斯国际公司和美国PPG工业公司。其共占市场的80%左右。

热塑性复合材料相对于热固性复合材料具有冲击韧性好、生产是物理过程、无污染、较易于回收循环再利用的特点，因此是玻璃钢/复合材料的发展方向之一。目前，在非结构件制品上，特别是交通运输工具用复合材料上成为热塑性复合材料推广应用的重点。据预测，在未来10～15年内，热固性复合材料和热塑性复合材料的应用比率将趋于相等。目前，发达国家热塑性复合材料占到整个聚合物复合材料用量的30%以上，而美国比例高达50%。因此，热塑性复合材料的应用开发应是我们关注的重点之一。

我国玻璃钢/复合材料工业起步于1958年。历经几十年的发展，特别是改革开放以来，通过国内外玻璃钢/复合材料同行的交流、合作以及设备、技术的引进、消化、吸收，我国玻璃钢/复合材料的原辅材料生产能力、技术水平、装备制造技术和成形工艺技术得到了长足发展，形成了较完整的研发体系及工业化生产体系。

目前，我国玻璃钢/复合材料生产总量居世界前列，玻璃钢/复合材料已被广泛地应用于建筑工程、石油化工、交通运输、能源工业、机械制造、船艇、航空航天等领域。

3.1.7 特种新材料

(1) 纳米材料

纳米材料是指三维空间尺度至少有一维处于纳米量级（1～100nm）的材料，它是由尺寸介于原子、分子和宏观体系之间的纳米粒子所组成的新一代材料。在纳米材料中，由于其组成单元的尺度小，界面占用相当大的成分，界面原子占极大比例，由纳米微粒构成的体系具有不同于通常大块宏观材料体系的许多特殊性质，具有五个特殊效应即表面效应、介电限域、量子尺寸效应、小尺寸效应及宏观量子隧道效应。

美国在纳米基础理论、纳米合成、纳米装置精密加工、纳米生物技术等方面居世界前列。早在2001年美国通过了"国家纳米技术启动计划"。在硅谷建立了世界上第一条纳米芯生产线。欧洲在涂层和新仪器应用方面居世界前列，早在"尤里卡计划"中就将纳米技术研究纳入其中。日本在纳米设备和强化纳米结构领域居世界前列，把纳米技术列入国家科技发展战略四大重点领域之一，制定了"纳米技术发展计划"。

我国在20世纪80年代已将纳米科技列入"863计划"并取得一系列成果：研制了气体蒸发、磁控溅射、激光诱导CVD、等离子加热气相合成等纳米材料制备装置；发展了化学共沉淀、溶胶-凝胶、微乳液水热、非水溶剂合成和超临界液相合成等纳米材料制备方法，制备出金属与合金氧化物、氮化物、碳化物等化合物纳米粉体；在纳米材料的表征、团聚体的起因和消除、表面吸附和脱附、纳米复合微粒和粉体的制备以及巨磁电阻效应、磁光效应和自旋波共振等方面取得创新性进展；成功研制出致密度高、形状复杂、性能优越的纳米陶瓷；发现全致密纳米合金中的反常霍尔-佩奇（Hall-Petch）效应；大面积定向碳管阵列合成、超长碳纳米管制备、氮化镓纳米棒制备、纳米丝和纳米电缆的合成、用苯热法制备纳米氮化锌微晶、用催化热解法制成纳米金刚石；建立了制备纳米结构组装体系的多种方法如自组装与分子自组装、模板合成、碳热还原、液滴外延生长等，成功制备多种纳米材料和纳米组装体系，为进一步研究纳米材料奠定了基础。

近年来，我国在纳米材料领域投入大量资金，支持纳米材料的研发和产业化工作。整体来讲，我国在纳米材料的制备方面已经处于国际前沿水平，但在纳米材料的应用领域，尚未形成很好的产业体系。

(2) 石墨烯

石墨烯是碳原子紧密堆积成单层二维蜂窝状晶格结构的一种碳质新材料。2004年，Novoselov等人第一次用微机械分离法（Micromechanical cleavage）获得石墨烯薄片层，制备出可在外界环境中稳定存在的单层石墨烯。2007年，Meyer等人报道单层石墨烯片层可以在真空或空气中自由地附着在微型金属支架上，这些片层只有一个碳原子层厚度（0.35nm）。自由态的石墨烯在室温下在真空或空气中可稳定存在，这一发现推翻了历来被公认的"完美二维晶体结构无法在非绝对零度下稳定存在"的这一观点，震惊了科学界并成为碳基纳米材料研究的新热点。完美的石墨烯具有理想的二维晶体结构，由六边形晶格组成，理论比表面积高达 $2.6\times10^3 m^2/g$。石墨烯具有优异的导热性能和力学性能。此外，石墨烯稳定的正六边形晶格结构使其具有优良的导电性，室温下的电子迁移率高达 $1.5\times10^4 cm/(V\cdot s)$。

石墨烯的制备方法主要有机械法和化学法两种。机械法包括微机械分离法、取向附生法和加热碳化硅法，化学法包括化学还原法与化学解理法等。微机械分离法是直接将石墨烯薄片从较大的晶体上剪裁下来，可获得高品质石墨烯，且成本低，但缺点是石墨烯薄片尺寸不易控制，无法可靠地制造出长度足够应用的石墨烯薄片样本，不适合量产。取向附生法是利用生长基质原子结构"种"出石墨烯，石墨烯性能令人满意，但往往厚度不均匀。加热碳化硅法能可控地制备出单层或多层石墨烯，但制备大面积具有单一厚度的石墨烯比较困难。

化学还原法能够低成本制备，但很难制备没有晶界的高品质石墨烯薄片。化学解理法通过在石墨层间引入含氧基团，增大层间距、部分改变碳原子的杂化状态（增加 sp^3 成分），从而减小石墨的层间相互作用；然后通过快速加热（热化学解理）或者超声处理（超声化学解理）等方法实现石墨的层层剥离，获得功能化的石墨烯。基于快速加热的热化学解理，可以同步实现石墨烯片层的解理（层层剥离）和含氧基团的脱除（还原），工艺简单，易于产业化。

韩国、美国、日本等都在进行石墨烯制备方面的研究。如韩国科学家使用化学气相沉积法，在制备大尺寸、高质量石墨烯薄膜方面取得了重大突破，生产出高纯度石墨烯薄膜，还把它们贴在透明可弯曲的聚合物上，制成了一个透明电极——这算得上是化学气相沉积法制造石墨烯迄今取得的最大成就之一。美国加州大学洛杉矶分校研究人员开发了制造石墨烯和碳纳米管混合材料的新方法，制作出一种新型的石墨烯纳米结构——介孔石墨烯，可以用于大规模生产以介孔石墨烯为基础的半导体集成电路。目前，国外石墨烯的研究开始转入如何降低成本并大规模制备阶段。

我国科学家研究开发了一条以商品化碳化硅颗粒为原料，通过高温裂解规模制备高品质石墨烯材料的新途径，对实现石墨烯的实际应用具有重要意义。通过对原料碳化硅粒子、裂解温度、速率以及气氛的控制，可以实现对石墨烯结构和尺寸的调控，为石墨烯作为新型电极材料以及催化材料的研究和应用奠定了基础。

(3) 生物医用材料

生物医用材料是一类具有特殊性能、特种功能，用于人工器官、外科修复、理疗康复、诊断、治疗疾患，而对人体组织不会产生不良影响的材料。现在各种合成和天然高分子材料、金属和合金材料、陶瓷和碳素材料以及各种复合材料，已经被广泛地应用于临床和科研。目前大量用于医疗器械（植入器械、体外循环系统等）的生物医用材料主要有20种，其中医用高分子材料12种，金属4种，陶瓷2种，其他2种。利用现有的生物医用材料，已开发应用的医用植入体、人工器官等近300种，主要包括：心脏和心血管系统（起搏器、心脏瓣膜、人造血管、导管和分流管等）；矫形外科（人工关节、骨板、骨螺钉等内固定器械，骨缺损填充或修复体，脊柱和脊柱融合器械，功能化模拟神经肌肉和人工关节软骨等）；整形外科（颅、颌面、耳、鼻等的修复体和人工乳房等）；软组织修复（人工尿道，人工膀胱和肠，体内、外分流管，人工气管，缝线和组织粘合修补材料等）；牙科（牙种植体，牙槽骨替换、增高，充填剂等）；感觉神经系统（人工晶状体、接触镜、神经导管、中耳修复体、经皮导线、重建听力和视力修复体等）；药物和生物活性物质控释载体等。当代生物材料的发展不仅强调自身理化性能和生物安全性、可靠性的改善，而且更强调赋予其生物结构和生物功能，以使其在体内调动并发挥机体自我修复和完善的能力，重建康复受损的人体组织或器官。

近年来，全球生物材料市场发展势头迅猛。市场增长动能主要来自于欧美国家老年人口数量不断扩大及慢性疾病问题逐渐增加，从而导致对于生物医用材料的需求持续攀升。同时也可以看到，生物医用材料不断的技术改良和人们对生物材料产品接受度的逐渐提升，也是生物医用材料市场规模不断扩大的主要原因。预计在不久的将来，生物医用材料及其制品产业将成为21世纪经济的一个支柱性产业。

我国潜在的生物医用材料植入消费市场庞大，近几年我国生物医用材料制品达400多种，但产品及技术结构不尽合理，产品大都属于国外厂商不愿意生产的初级产品，且质量不够稳定。在产品进出口贸易中，出口产品多是技术低端的药棉、纱布、手套、按摩器具等，大宗进口产品则是心脏起搏器等高端产品。目前高端生物材料植入制品市场主要被德国贝朗医疗、美国强生、美国戈尔及美国巴德等国外大公司占领。

我国生物医用高分子材料的研究基本上同步于国际上研究的方向，国际上开展的研究工作在我国基本上都有开展。虽然我国在某些研究方面走在国际的前列，但是总体水平较国际先进水平还有相当的差距。

(4) 功能膜材料

功能膜材料是新型高效分离技术的核心材料，已经成为解决水资源、能源、环境等领域重大问题的共性技术之一。功能膜材料的应用覆盖面在一定程度上反映一个国家过程工业、能源利用和环境保护的水平。功能膜材料的发展得到了全球范围的高度重视，多国政府将膜技术作为21世纪高新技术组织进行研究与开发，制定了相应的研究开发计划，促进了膜材料技术和产业的强劲发展。

目前全球功能膜材料的发展呈现以下特点：膜材料产业向高性能、低成本及绿色化方向发展；膜材料市场快速发展，与上下游产业结合日趋紧密；膜技术对节能减排、产业结构升级的推动作用日趋明显；膜技术对保障饮水安全，减少环境污染的作用显著增强。

水资源匮乏和水污染日益严重已成为制约我国社会进步和经济发展的瓶颈，而膜法水处理技术是解决资源型缺水和水质型缺水问题的重要技术。开发高性能反渗透膜材料,可以大幅降低膜法制水成本,解决沿海地区缺水问题;开发高性能水质净化膜材料,可以提高自来水水质,保障人民身体健康;开发高强度、抗污染的膜-生物反应器专用膜材料,可以实现市政污水回用,解决城市缺水问题。

以耐溶剂、耐高温的特种分离膜材料为基础,发展高效分离技术是降低过程能耗、减少环境污染、提高资源利用率的重要手段。近年来,化工、冶金、电力、石油等行业的废水处理回用和原油加工、石化产品生产等行业的有机溶剂回用处理,迫切需要开发耐溶剂的高性能分离膜材料。天然气利用和输送中的脱水、脱二氧化碳和脱硫化氢,以及实现煤的清洁利用迫切需要开发高性能的气体分离与净化膜材料。发酵工业和过程工业中恒沸体系的分离及物料脱水,是工业节能降耗的关键技术,迫切需要开发高性能的渗透汽化膜和耐溶剂的纳滤膜。

(5) 新能源材料

新能源材料是指支撑新能源发展的、具有能量储存和转换功能的功能材料或结构功能一体化材料。新能源材料对新能源的发展发挥了重要作用,一些新能源材料的发明催生了新能源系统的诞生,一些新能源材料的应用提高了新能源系统的效率,新能源材料的使用直接影响着新能源系统的投资与运行成本。

① 光热发电材料 太阳能热发电技术是利用聚光太阳能,将光能转换成热能,再转换成电能的技术,由于配备有储热装置,是目前唯一可以供应基础电力(实现并网发电)的新能源方式。目前有槽式、塔式、碟式和菲涅尔式四类热发电系统和技术,其中只有槽式聚光太阳能热发电系统和技术在美国、欧洲和中东等国家和地区实现了商业化运行,持续运行时间已有20多年,其他形式尚处于示范阶段。光热发电技术门槛较高,用于光热发电材料的生产集中度较高,就目前应用最成熟的槽式聚光太阳能热发电系统来看,所涉及的材料主要包括高温选择吸收膜材料、金属和玻璃封接材料、玻璃表面减反膜材料、真空维持材料、反射镜面反射材料等。

槽式聚光太阳能热发电系统的核心部件是高温真空集热管,这也是光热材料应用最为集中的部分。在世界范围内,能够提供达到商业化运行的高温真空集热管的厂家很少,集中度很高,主要是德国的肖特公司、德国的西门子公司、意大利的Archimede公司、西班牙的阿本戈公司等,这些公司均进行垂直化生产,为了保证技术的垄断,这些公司单独或与其他太阳能装备公司只进行聚光太阳能热发电电站的整体承包,不单独出售光热材料与技术。

高温选择吸收膜材料是光热转换效率的重要因素,由于光热转换的温度一般在400℃以上,因此研发和生产所选择的材料体系一般是金属陶瓷膜,采取的技术方法是磁控溅射方法,一般国际标准的高温吸收膜的指标是在400℃时吸收率达到95%以上,发射率小于14%。金属和玻璃封接是保障集热管使用寿命的重要因素,材料主要包括金属、可伐合金以及玻璃、金属之间的封接玻璃粉,金属或可伐合金(又称铁镍钴合金)生产已经商业化,在光热技术上应用的难点主要是金属或可伐合金的加工工艺,封接玻璃粉一般为自行研制,保证合适的膨胀系数和与玻璃、金属之间的较好的黏结性。玻璃表面减反膜材料是提高光热转换的重要措施,其材料一般为以氧化硅为基体的无机材料或无机-有机复合材料。采取的技术方法主要是溶胶-凝胶提拉法,主要性能指标是将玻璃管的透光率提至95%以上。

国内光热转换的利用主要集中在低温领域,也就是我们熟知的热水器,高温光热转换起步较晚。由于缺乏大型加工设备,光热材料的研发大多停留在实验室或中试阶段。估计到

2020年，全国太阳能光热电站总容量达到200MW。

聚光太阳能热发电已成为全球可再生能源发电中最有前途的发电方式之一，最有可能成为将来的主力能源。

② 储能材料　从广义上说，一切能够储存能量的材料都可成为储能材料，这些能量形式包括机械能、电能、化学能和热能等能量形式，从储存的方式上有机械储能、化学储能和电磁储能等，通常我们所提到的储能材料，往往是指能够储存电能和热能的材料。

从目前世界上各类储能技术的成熟度及发展现状来看，抽水蓄能、压缩空气储能、飞轮储能属成熟技术，世界范围内已有一定规模的商业应用；钠硫电池、锂离子电池、液流电池、超级电容器储能技术等相对成熟，正在进入应用研发、产品开发和商业应用阶段。尽管如此，国外在储能技术和材料上仍给予高度重视。美国在锂离子电池、液流（锌溴电池）、改进铅酸电池、超级电容器储能材料上具有明显的技术优势。日本在电池技术包括铅酸电池、液流电池、钠硫电池、锂离子电池等储能技术和材料上处于领先位置。在储电材料应用最多的锂离子电池材料上，日本为最主要的锂离子电池材料生产与销售大国，全球有近67%的锂电池材料在日本生产。德国铅酸-超级电容复合电池已在新能源并网发电和智能电网上应用。在超级电容器的产业化方面，美国、日本、俄罗斯、瑞士、韩国和法国等走在全球前列。

国外由于太阳能热电技术的进步，极大地带动了储热材料的发展，为了保证供热或供电装置的稳定不间断运行，需要利用相变储能装置，在能量富裕时储能，在能量不足时释能。迄今为止，人们研究过的天然和合成的相变材料已超过4300多种。美国Dow化学公司对近两万种的相变材料进行了测试，发现只有1%的相变材料可以进一步研究。目前已经开发出的具有经济潜力的固-固相变材料主要有三类：多元醇类、高分子类和层状钙钛矿等有机相变储热材料。

我国在先进储能材料产业化的领域刚起步。对我国这样一个能源生产和消费大国来说，既有节能减排的需求，也有能源增长以支撑经济发展的需要，这就需要大力发展储能产业。在国家的新兴产业中，新能源、智能电网和电动汽车的发展瓶颈都指向了储能材料（储能电池）这一技术，在储能材料技术发展、成果转化及产业化等方面，我国都有大量工作亟待开展。

目前，电动汽车主要采用镍氢电池作为动力源，锂离子电池电动汽车的份额仍然较小，但锂离子电池电动汽车正在快速成长。锂离子电池的快速增长对电池材料的需求也呈现出爆发式增长，据计算，每吉瓦时容量的锂离子电池将需要1000t碳酸锂、2000t正极材料、300t六氟磷酸锂、3000t电解液及50万平方米隔膜。目前，我国已初步建立起动力锂电池工业体系。2009年，"大规模高效液流电池储能技术的基础研究"获得立项，标志着我国电池技术进入到一个新的历史发展阶段。同年，我国第一条产能达到2MW的储能钠硫电池中试生产线建成，实现了650A·h的单体钠硫电池的小批量生产。在超级电容器材料上，国内起步较晚，目前能够批量生产并达到实用化水平的公司只有10余家。

3.2　国家新材料重大工程

"十三五"时期，是我国材料工业由大变强的关键时期。加快培育和发展新材料产业，对于引领材料工业升级换代，支撑战略性新兴产业发展，保障国家重大工程建设，促进传统产业转型升级，构建国际竞争新优势具有重要的战略意义。《新材料产业"十三五"发展规划》指出，集中力量组织实施一批重大工程和重点项目，突出解决一批应用领域广泛的共性关键材料品种，提高新材料产业创新能力，加快创新成果产业化和示范应用，扩大产业规模，带动新材料产业快速发展。

(1) 稀土及稀有金属功能材料专项工程

工程目标：高性能稀土及稀有金属功能材料生产技术迈上新台阶，部分技术达到世界先进水平，在高新技术产业领域推广应用达到70%以上。

主要内容：组织开发高磁能积新型稀土永磁材料等产品生产工艺，推进高矫顽力、耐高温钕铁硼磁体及钐钴磁体，各向同性钐铁氮黏结磁粉及磁体产业化；新增永磁材料产能2万吨/年。加快开发电动车用高容量、高稳定性新型储氢合金，新增储氢合金粉产能1.5万吨/年。推进三基色荧光粉，3D显示短余辉荧光粉，白光LED荧光粉产业化；新增发光材料产能0.5万吨/年。加快高档稀土抛光粉、石油裂化催化材料、汽车尾气净化催化材料产业化；新增抛光粉产能0.5万吨/年、催化剂材料0.5万吨/年。组织开发硬质合金涂层材料、功能梯度硬质合金和高性能钨钼材料，新增高性能硬质合金产能5000t/年、钨钼大型制件产能4000t/年、钨钼板带材产能3000t/年。推进原子能级锆管、银铟镉控制棒材产业化，形成锆管产能1000t/年。

(2) 碳纤维低成本化与高端创新示范工程

工程目标：碳纤维产能达到1.2万吨，基本满足航空航天、风力发电、运输装备等需求。

主要内容：组织开发聚丙烯腈（PAN）基碳纤维的原丝产业化生产技术，突破预氧化炉、高低温碳化炉、恒张力收丝机、高温石墨化炉等关键装备制约，开发专用纺丝油剂和碳纤维上浆剂。围绕聚丙烯腈基（PAN）碳纤维及其配套原丝开展技术改造，提高现有纤维的产业化水平，实现GQ3522❶型（拉伸强度3500～4500MPa，拉伸模量220～260GPa）千吨级装备的稳定运转，降低生产成本。加强GQ4522型（拉伸强度≥4500MPa，拉伸模量220～260GPa）、QZ5526型（拉伸强度≥5500MPa，拉伸模量≥260GPa）等系列品种技术攻关，实现产业化。开展大功率风机叶片、电力传输、深井采油、建筑工程、交通运输等碳纤维复合材料应用示范。

(3) 高强轻型合金材料专项工程

工程目标：关键新合金品种开发取得重大突破，形成高端铝合金材30万吨、高端钛合金材2万吨、高强镁合金压铸及型材和板材15万吨的生产能力，基本满足大飞机、轨道交通、节能与新能源汽车等需求。

主要内容：组织开发汽车用6000系铝合金板材，实现厚度0.7～2.0mm、宽幅1600～2300mm汽车铝合金板的产业化；加快完善高速列车用宽度大于800mm、直径大于250mm、长度大于30m的大型铝型材工艺技术；促进液化天然气储运用铝合金板材等重点产品产业化；积极开发航空航天用2000系、6000系、7000系、铝锂合金等超高强80～200mm铝合金中厚板及型材制品，复杂锻件及模锻件。开发高强高韧、耐蚀新型钛合金和冷床炉熔炼、型材挤压技术，推进高性能ϕ300mm以上钛合金大规格棒材，厚度4～100mm、宽度2500mm热轧钛合金中厚板，厚度0.4～1.0mm、宽幅1500mm冷轧钛薄板，

---

❶ GQ3522、GQ4522、QZ5526均为聚丙烯腈基碳纤维国家标准牌号（GB/T 26752—2011）。

大卷重（单重3t以上）钛带等产品产业化。推进低成本AZ、AM系列镁合金压铸，低成本AZ系列镁合金挤压型材和板材产业化，开展镁合金轮毂、大截面型材、宽幅1500mm以上板材、高性能铸锻件等应用示范。

（4）高性能钢铁材料专项工程

工程目标：形成年产高品质钢800万吨的生产能力，基本满足核电、高速铁路等国家重点工程以及船舶及海洋工程、汽车、电力等行业对高性能钢材的需要。

主要内容：组织开发高强、耐蚀、延寿等综合性能好的高品质钢材。重点推进核电压力容器大锻件508-3系列、蒸汽发生器690传热管、AP1000整体锻造主管道316LN等关键钢种的研发生产，实现核电钢成套供应能力。提升超超临界锅炉大口径厚壁无缝管生产水平，形成年产50万吨生产能力。加快开发船用特种耐蚀钢和耐蚀钢管，分别形成年产100万吨和10万吨生产能力。开发高速铁路车轮、车轴、轴承等关键钢材，形成年产5万套生产能力。开发长寿命齿轮钢、螺栓钢、磨具钢、弹簧钢、轴承钢和高速钢等基础零件用钢，形成年产300万吨生产能力。开展DPT、TRIP、热成形、第三代汽车钢、TWIP等高强汽车板生产和应用示范，形成年产300万吨生产能力。大力实施非晶带材、高磁感取向硅钢等应用示范。

（5）高性能膜材料专项工程

工程目标：实现水处理用膜、动力电池隔膜、氯碱离子膜、光学聚酯膜等自主化，提高自给率，满足节能减排、新能源汽车、新能源的发展需求。

主要内容：积极开发反渗透、纳滤、超滤和微滤等各类膜材料和卷式膜、帘式膜、管式膜、平板膜等膜组件和膜组器，满足海水淡化与水处理需求。提高氯碱用全氟离子交换膜生产工艺水平，组织开发动力电池用高性能电池隔膜、关键装备和全氟离子交换膜及其配套含氟磺酸、含氟羧酸树脂，实现产业化。发展氯碱全氟离子交换膜50万平方米/年、动力电池用全氟离子交换膜20万平方米/年，及其配套全氟磺酸树脂和全氟羧酸树脂；加快发展聚氟乙烯（PVF）太阳能电池用膜。

（6）先进电池材料专项工程

工程目标：先进储能材料、光伏材料产业化取得突破，基本满足新能源汽车、太阳能高效利用等需求。

主要内容：组织开发高效率、大容量（≥150mA·h/g）、长寿命（大于2000次）、安全性能高的磷酸盐系、镍钴锰三元系、锰酸盐系等锂离子电池正极材料，新增正极材料产能4.5万吨/年，推进石墨和钛酸盐类负极材料产业化，新增负极材料产能2万吨/年，加快耐高温、低电阻隔膜和电解液的开发，积极开发新一代锂离子动力电池及材料，着力实现自主化。开发高转化效率、低成本光伏电池多晶硅材料产业化技术，研发新型薄膜电池材料。加快推进超白TCO导电玻璃等关键产品产业化，形成产能5000万平方米/年。积极发展太阳能真空集热管，推动太阳能光热利用。开展大容量钠硫城网大储能电池研究，完成大功率充放电，电池寿命达10年以上，实现10MW示范电站并网。

（7）新型节能环保建材示范应用专项工程

工程目标：高强度钢筋使用比例达到80%，建筑节能玻璃比例达到50%，新型墙体材料比例达到80%，加快实现建筑材料换代升级。

主要内容：组织推广400MPa以上高强度钢筋、高效阻燃安全保温隔热材料、新型墙体材料、超薄型陶瓷板（砖）、无机改性塑料、木塑等复合材料、Low-E中空/真空玻璃、涂膜玻璃、智能玻璃等建筑节能玻璃。提高建筑材料抗震防火和隔音隔热性能,加快绿色建材产业发展,扩大应用范围,推动传统建材向新型节能环保建材跨越。

(8) 电子信息功能材料专项工程

工程目标:提高相关配套材料的国产率,获取原创性成果,抢占战略制高点,力争掌握一批具有自主知识产权的核心技术。

主要内容:着力突破大尺寸硅单晶抛光片、外延片等关键基础材料产业化瓶颈;大力发展砷化镓等半导体材料及石墨和碳素系列保温材料,推动以碳化硅单晶和氮化镓单晶为代表的第三代半导体材料产业化进程;积极发展 4in(1in=0.0254m)以上蓝宝石片、大尺寸玻璃基板、电极浆料、靶材、荧光粉、混合液晶材料等平板显示用材;促进碲镉汞外延薄膜材料、碲锌镉基片材料、红外及紫外光学透波材料、高功率激光晶体材料等传感探测材料的技术水平和产业化能力提升;突破超薄软磁非晶带材工程化制备技术,加快高频覆铜板材料、BT树脂、电子级环氧树脂、电子铜箔、光纤预制棒、特种光纤、通信级塑料光纤、高性能磁性材料、高频多功能压电陶瓷材料等新型元器件材料研发和产业化步伐。推动材料标准化、器件化、组件化,提高产业配套能力。

(9) 生物医用材料专项工程

工程目标:提高人民健康水平、降低医疗成本,提升生物医用材料自主创新能力和产业规模。

主要内容:大力发展医用高分子材料、生物陶瓷、医用金属及合金等医用材料及其制品,满足人工器官、血管支架和体内植入物等产品应用需求。推动材料技术与生命科学、临床医学等领域融合发展,降低研发风险和生产成本,提升产业规模。

(10) 新材料创新能力建设专项工程

工程目标:提升新材料产业主要环节自主创新能力。

主要内容:进一步加大关键实验仪器、研发设备、控制系统的投入力度,建设一批具有较大规模、多学科融合的高层次新材料研发中心,重点开展材料的组分设计、模拟仿真、原料制备等基础研究,研发推广材料延寿、绿色制备、纳米改性、材料低成本和循环利用等共性技术,开发氧氮分析仪、高温测试仪、超声检测仪、扫描电子显微镜等专用设备。

在重点新材料领域,建立和完善30个新材料研究开发、分析测试、检验检测、信息服务、推广应用等专业服务平台,推动新材料标准体系建设和应用设计规范制定,促进新材料创新成果产业化和推广应用。

第4章
经济学概论

4.1 计划经济与市场经济

4.1.1 计划经济的含义

计划经济，顾名思义，就是有规划、有计划地发展经济。计划经济相对于市场经济，是指一种不同于市场经济的、高度集中的社会经济体系，可以避免市场经济发展的盲目性、不确定性等问题，如重复建设、企业恶性竞争、工厂倒闭、工人失业、地域经济发展不平衡、社会经济危机等问题。

计划经济又称指令型经济，是对生产、资源分配以及产品消费事先进行计划的经济体制。解决三个基本经济问题的是政府，所谓的三个经济问题是指：生产什么、怎样生产和为谁生产。

计划经济的逻辑推理是：社会化大生产把国民经济各部门连接成为一个有机的整体，因而客观上要求它们之间保持一定的比例关系。

4.1.2 计划经济的基本特征

4.1.2.1 公有制和计划经济的鲜明烙印

计划经济时期我国社会福利思想的理论基础是马克思主义经济学理论。马克思主义关于社会主义国家理论、社会主义公有制理论、计划经济理论、社会主义制度下的分配理论等都是当时我国社会福利思想的重要依据。

（1）公有制是社会福利体制的制度基础

我国计划经济时期的社会福利制度完全建立在公有制基础上，并成为公有制的附属物，使当时我国的一切福利制度和政策都与公有制密切联系。

在公有制条件下，全部生产资料为人民群众所有，社会福利服务产品也应该为人民群众所共同拥有。国家作为无产阶级和人民群众的代表，有权按照人民群众的长远利益来制定社会财富的分配规则和计划，并按此规则和计划来决定福利分配方式，这又强化了国家在社会福利制度中的决定性的主体地位。

（2）计划经济体制是社会福利制度的基本背景

计划经济体制下中国社会福利制度有两个重要特征。一是强调国家的"计划"职能，由国家和政府来调拨社会福利资源，保障了国家在社会福利资源调拨方面的权力。二是平均主义成为社会福利制度安排的指导思想。计划经济时期起支配作用的社会公平观是平等主义，这种平等主义又渗透着极大的平均主义成分，使社会福利只限于给人们提供最基本的生活条件、最基本的生存保障，不提供更高层次的公共需求。

4.1.2.2 条块分割的、封闭的体系

计划经济时期中国社会福利制度分为三个部分：一是城市职工的单位福利，以本单位职工为服务对象，包括劳动保险、生活服务、文化娱乐和福利补贴等，其提供者是国家机关和企事业单位；二是以城镇无经济收入和生活无人照料的老年人、残疾人和孤儿等特殊群体为服务对象的民政福利，包括生活供养、疾病康复和文化教育等，由各级政府和民政部门提供和管理；三是农村的社会福利，主要是面向"五保户"特殊人群，以集体经济为基础，由农村集体组织统包统管。这是三个独立运行的部分，它们之间少有交叉。在计划经济体制下，不同部门的福利制度基本满足了不同群体的福利需求，不同部分的人只能在其所属的条块范围内享受相应的福利待遇。

（1）城市职工单位福利比较健全和完善

单位福利以机关、企事业单位为组织实施，呈自我封闭状态。单位福利使在本单位就业的职工既获得了比较健全的劳动保险福利，也获得了以住宅福利为代表的比较优惠的生活福利，甚至医疗、教育这些较高层次的福利需求也能得到满足，还能使其家属享受到相应福利待遇，职工子女的就业问题也能得到解决。

（2）民政福利的狭义性突出

新中国社会福利制度最初致力于解决灾难救济和失业困难问题，社会救济和对困难人群的社会福利服务成为当时常规性的制度。但由于国家财力有限，城市贫困者等其他弱势群体被排除在福利救济范围之外。只有那些无依无靠、无家可归、无生活来源的"三无"孤寡老人、孤残儿童、残疾人和精神病人才能成为民政福利的服务对象。

（3）农村社会福利水平较低

新中国成立初期，我国农村逐步建立了以集体经济为基础，集体福利、家庭自我照顾和国家福利救济相结合的社会福利体制。农村的集体福利本质上也是单位福利，而不是社会福利，集体的经济状况直接决定了农民的福利惠及情况。农村社会福利仅仅局限于基本救助的层次，住房、教育、公共设施等福利严重缺失。

4.1.2.3 呈现"国家—企业"的运行模式

国家运用行政权力，对社会福利资源实行自上而下的指令性配置，成为福利制度的责任主体，而这种福利制度的实施又主要依靠企业来具体完成，由此形成了"国家—企业"的福利运行模式。

（1）国家是最基本的社会福利责任主体

中央政府作为实施社会福利制度的直接责任主体，以中央财政为经费来源，向有关社会成员提供相应的福利待遇。国家在法律和政策规定的范围内，提供福利资金和福利服务，满足一部分特殊人群的福利需求，解决其基本的生存和发展问题，带有极强的公益性。政府通过财政拨款对国家机关及企事业单位人员的福利保障直接负责，还通过企业包办工人福利事务，敦促企业实现对职工的福利保障。

（2）单位承担社会福利的管理责任

政府制定基本的法规和政策，企业按照政府的规定具体落实职工的就业、住房、医疗、

教育等各项福利保障。住房、定量的耐用消费品、生活必需品、补贴食品、各种货物、重要的社会服务、医疗保健等主要是单位通过其行政部门和单位里的工会来提供。企业也负责管理国家提供的劳动保险、福利、社会保险，并提供各种各样的补贴、补助、贷款。

4.1.3 市场经济的特征

市场经济（又称为自由市场经济或自由企业经济）是一种经济体系，在这种体系下，产品和服务的生产及销售完全由自由市场的自由价格机制所引导。

计划和市场是资源配置的两种基本手段。在市场经济里并没有一个中央协调的体制来指引其运作，但是在理论上，市场将会通过产品和服务的供给和需求产生复杂的相互作用，进而达成自我组织的效果。

市场经济通常主张人们所追求的私利是一个社会最好的利益。理论上，市场经济是自由的经济、公平的经济、产权明晰的文明经济，这一切是通过市场交换规则根据市场需求状态作出的强制性调整。

4.1.4 市场经济的基本模式

市场经济是最具效率和活力的经济运行载体。迄今为止，全世界绝大多数国家都纷纷走上了市场经济的道路。这种经济体制的趋同，一方面表明市场经济具有极强的吸纳能力和兼容能力，另一方面也意味着经济模式的多样性和丰富性。

美国、德国、日本市场经济体制是迄今世界各国中比较成熟的市场经济模式，它们各有特点，各具风格。这种市场经济模式的多样性、差异性，既是各国市场经济体制的特殊内容，也是各国相关经济政策、国情和文化历史传统差异的折射。

世界各国经济的丰富实践，使得经济模式在多样化的基础上日益走向互相整合。现代市场经济存在着以下共同特点：

① 资源配置的市场化。资源配置是指为使经济行为达到最优和最适度的状态而对资源在社会经济的各个方面进行分配的手段和方法的总称。市场经济区别于计划经济的根本之处就在于不是以习俗、习惯或行政命令为主来配置资源，而是使市场成为整个社会经济联系的纽带，成为资源配置的主要方式。

② 经济行为主体的权、责、利界定分明。经济行为主体如家庭、企业和政府的经济行为，均受市场竞争法则制约和相关法律保障，赋予相应的权、责、利，成为具有明确收益与风险意识的不同利益主体。

③ 经济运行的基础是市场竞争。市场经济的理念强调竞争的有效性和公平性。为达到公平竞争的目的，政府从法律上创造出适宜的外部环境，为企业提供平等竞争的机会。只有把各市场利益主体的活动都纳入法律的框架内，才能维护市场竞争的有序性和正常运行。

④ 实行必要的、有效的宏观调控。市场化国家对经济的干预和调控成为经常的、稳定的体制要求，政府能够运用经济计划、经济手段、法律手段以及必要的行政手段，对经济实行干预和调控。其目的，一方面是为经济的正常运转提供保证条件；另一方面则是弥补和纠正市场的缺陷。

⑤ 经济关系的国际化。经济活动的国际化不仅表现在国际进出口贸易、资金流动、技术转让和无形贸易的发展等方面，还表现为对协调国际利益的各种规则与惯例的普遍认同和参与。

4.1.5 计划经济与市场经济的区别

计划经济与市场经济，二者都是社会资源配置的方式，区别在于配置资源的根本方式不同。计划经济条件下，社会生产什么、生产多少、怎样生产、如何分配等经济决策的权力高度集中于政府，尤其是中央政府。

在市场经济下，上述经济决策是由经济主体分散自主作出的。而其决定上述问题的依据是市场价格，价高利大则生产，否则就不生产。因此，市场价格像一只看不见的手，指挥人们生产什么、生产多少、怎样生产。

市场经济并不是完全没有计划。每个企业都有严密的计划。但是，有计划不等于就是计划经济。计划经济的本质特征是，政府的指令性计划是社会资源配置的决定性手段，价格不反映商品供求，只是单纯作为核算手段。

4.2 需求与供给分析

4.2.1 需求及其影响因素

4.2.1.1 需求的定义

经济学所说的需求与我们日常所说的需要有什么不同吗？"我想要一双皮鞋""我想要一台笔记本电脑""我想要一栋别墅"如此等等，在经济学家看来，都不能称为需求，只能叫做需要或者欲望。二者的区别在哪里呢？

经济学研究资源如何配置的问题。那么在不同的价格下，消费者会购买多少呢？消费者的购买量至少取决于两个因素，第一，想买；第二，买得起。二者缺一不可。正是购买欲望与购买能力的统一，构成了经济学意义上的需求。需求（Demand）是指消费者在一定时期内，在任意价格水平上愿意并且能够购买的商品数量。与需求不同，需要（Need）或者欲望，只是一种主观愿望，是不必以支付能力为保证的。

4.2.1.2 影响需求的因素

一种商品的需求是由很多因素共同决定的。

① 商品自身的价格。商品自身的价格是影响需求的最重要的变量。一般情况下，价格上升，需求量下降；价格下降，需求量上升。

② 收入。这是影响需求的又一个重要因素。一般来说，当人们的收入上升时，趋向于购买更多的东西。

③ 偏好。偏好就是爱好，虽然它是一种主观因素，但对需求的影响不容忽视。当消费者对某种商品的偏好增强时，就会增加对该商品的购买。

④ 相关商品的价格。人们对一种商品的需求，不仅仅取决于该商品自身的价格，还会受到与该商品有着某种联系的其他相关商品价格的影响。相关商品可分为替代品和互补品。替代品是指具有相似功能的商品，如台式机和笔记本。互补品是指一起消费才具有某种功能的商品，如汽车和汽油，汽油价格提高会引起人们对汽车的需求减少。

⑤ 对未来价格变动的心理预期。预期未来商品价格要上涨时，理性消费者就会增加当期的消费；反之，预期未来商品价格要下跌时，理性消费者就会减少当期的消费，而等到价

格下降之后再消费。心理预期对消费者具体行为的影响变得很直接,在投机性很强的市场上,人们普遍采取的策略是"买涨不买跌"。

4.2.1.3 需求函数和需求定理

(1) 需求函数

在一定时期内,市场对于某一商品的需求,取决于商品本身的价格、消费者的偏好和收入、相关商品的价格以及人们的预期等诸多因素,并随着这些因素的变化而变化。对商品的需求与影响需求的诸因素之间的这种依存关系,可以用需求函数(Demand Function)表示为:

$$Q_d = D(P, I, Pr, CP, E, \mu) \qquad (4.1)$$

式中,Q_d 表示对某种商品的需求;P、I、Pr、CP、E、μ 分别表示该种商品的价格(Price)、消费者收入(Income)、相关商品的价格(Price of Related Goods)、消费者偏好(Consumer Preferences)、预期(Expectation)和其他因素。

在这些影响因素中,商品自身价格与需求量之间的关系尤为重要。商品的需求量与价格之间的关系记作:

$$Q_d = f(P) \qquad (4.2)$$

如果需求数量与价格呈线性关系,需求函数为:

$$Q_d = \alpha - \beta P \qquad (4.3)$$

式中,α、β 为常数,且 α、$\beta > 0$。

需求函数也可以用其他的方式表示,用图表表示就是需求表,用图形表示就是需求曲线。

(2) 需求表

需求表是描述在每一可能的价格下商品需求量的列表。需求表可以直观地表明价格与需求量之间的一一对应关系。假定:小李喜欢吃汉堡,在给定收入、偏好等其他条件不变的情况下,小李每周吃汉堡的数量由汉堡的价格决定。把汉堡的价格与需求量的对应关系表示在表格中,就得到小李的汉堡需求表,见表 4.1。

表 4.1 汉堡需求表

项目	价格/元	需求量/个
A	20	1
B	15	2
C	10	3
D	5	4

(3) 需求曲线

需求曲线是需求函数的几何表达。在平面直角坐标系中,横轴表示需求量(因变量),纵轴表示价格(自变量),把表 4.1 中的数据用坐标系中的散点表示,再把散点连成一条曲线,就得到了小李的汉堡需求曲线,见图 4.1。

在已知个人需求曲线之后,在每一价格水平,将市场中的每个消费者的需求量加总,便可得到市场需求量、需求表和需求曲线。我们假定,市场有 1000

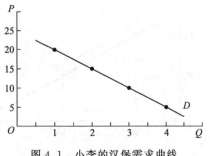

图 4.1 小李的汉堡需求曲线

个与小李需求量相同的消费者。因此在价格为20元时，市场需求量便为1×1000；在价格为15元时，市场需求量便为2×1000，依此类推，便可得到市场需求量、需求表和需求曲线。表4.2是汉堡的市场需求表。

表 4.2　市场需求表

项目	价格/元	市场需求量/个
A	20	1000
B	15	2000
C	10	3000
D	5	4000

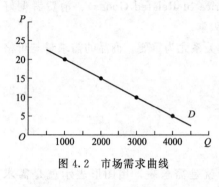

图 4.2　市场需求曲线

图4.2是根据表4.2绘制的市场需求曲线。市场需求曲线是个人需求曲线在水平方向上的加总。

在价格和需求量连续变化的假设条件下，需求曲线可以绘制成为一条光滑的曲线。需求量与价格的关系可以是线性也可以是非线性的。

（4）需求定理

在影响需求量的其他因素给定不变的条件下，商品的价格上升，需求量减少；价格下降，需求量增加。商品需求量与其价格之间的这种反方向变动的关系，被称为需求定理或需求法则（Demand Law）。

需求定理对绝大多数商品而言是成立的，但也有例外。1845年英国统计学家吉芬（Giffen）在研究爱尔兰土豆销售状况时发现：当土豆价格下降时，消费者购买得更少；当土豆价格上升时，需求量反而上升。这种情形被后人称为"吉芬难题"（Giffen Paradox），需求量与价格同向变动的商品被称为"吉芬商品"。

4.2.1.4　需求量的变化和需求的变化

在学习需求理论时，注意区分需求量的变化和需求的变化是十分重要的。

（1）需求量的变化

需求量的变化指的是在影响需求的其他因素不变的条件下，由商品自身价格变化所引起的需求数量的变化。如图4.3，价格由P_1下降到P_2，导致需求量由Q_1增加到Q_2，价格与需求量的组合沿着需求曲线由F点移动到E点，就是需求量的变化。它表现为价格-需求量组合的点沿着原来的需求曲线移动。

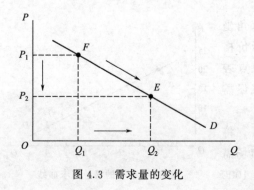

图 4.3　需求量的变化

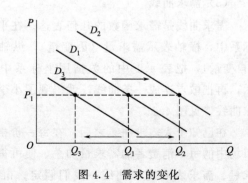

图 4.4　需求的变化

(2) 需求的变化

需求的变化是指由商品自身价格之外的其他因素变化所引起的消费者购买量的变化，表现为需求曲线的移动。图 4.4 说明了需求曲线的这种移动。假设小李对汉堡的需求曲线是 D_1，现在小李改变了饮食偏好，开始崇尚健康饮食，在收入、汉堡价格等其他因素都没有改变的情况下，减少了吃汉堡的次数，那么，小李的需求曲线会向左移动到 D_3，意味着在相同价格水平 P_1 上，小李对汉堡的需求量减少，需求量由 Q_1 下降到 Q_3。收入的变化也会引起需求曲线的变化。现在假定小李的收入提高了，而影响需求的其他因素都不变，我们会发现，与每一个价格相对应，小李的需求量都比以前增加了（或者说，小李愿意为汉堡支付更高的价格），图中显示，在相同的价格 P_1 上，需求量由 Q_1 提高到 Q_2，需求曲线由 D_1 右移到 D_2。

除了商品自身的价格之外，收入、偏好、商品的预期价格、替代品的价格、互补品的价格等因素的改变，都会引起需求的变化，从而使需求曲线移动。

4.2.2 供给及其影响因素

4.2.2.1 供给的定义

供给是和需求相对称的概念，它的定义是生产者在某一时期内，在任意价格下愿意并且能够提供的商品数量。可见，供给是供给欲望和供给能力的统一。

4.2.2.2 影响供给的因素

同需求类似，供给也会受到多种因素影响。

① 商品自身的价格。价格上升会引起供给量增加，价格下降引起供给量减少。比如，猪肉价格上涨，会刺激更多的人从事生猪饲养，使猪肉供给增加；如果猪肉价格下跌，厂商就会降低产量，甚至转行，猪肉的供给就会减少。

② 生产成本。在商品价格一定的条件下，决定供给的一个关键因素是生产成本。当一种商品的生产成本相对于市场价格而言较低时，生产者大量供给该商品就是有利可图的；当生产成本相对于价格而言较高时，生产者就会提供较少的数量，甚至放弃这种商品的生产。

影响生产成本的因素主要是技术和投入成本。技术进步必然会降低成本，比如，自动化的汽车制造工艺降低了汽车的生产成本，使汽车的供给大大增加。

③ 相关商品的价格。这是影响供给的另一个重要因素。如炼油厂既能生产柴油也能生产汽油，如果柴油的价格下降，则利润下降，将导致企业不愿意生产柴油而增加汽油的供给。

④ 对未来价格变动的心理预期。厂商对未来商品价格走势的心理预期，也会对供给产生重要的影响。厂商预期未来商品价格要上涨时，可能就会减少当期的供给，将产品供给转移至涨价之后。

其他一些特殊因素也会影响供给。比如，旱灾和霜冻会导致粮食的产量下降；政府控制污染的政策可能导致小排量汽车的供给增加。

4.2.2.3 供给函数和供给定理

(1) 供给函数

商品的供给量与影响供给量的各因素之间的依存关系，称为供给函数（Supply Function)。假设其他因素（如相关商品价格、技术和气候等）保持不变，只考察一定时期内某种商品的供给数量与其本身价格之间的相互关系，就得到简化的供给函数：

$$Q_s = f(P) \tag{4.4}$$

式中，Q_s 为商品供给量；P 为商品价格。

如果供给量与价格的关系是线性的，则供给函数为：

$$Q_s = -\delta + \gamma P \tag{4.5}$$

式中，δ、γ 为常数，且 δ、$\gamma > 0$。

同需求函数一样，供给函数也可以用供给表（Supply Schedule）和供给曲线（Supply Curve）来表示。如表4.3所示。

表4.3 猪肉供给表

项目	价格/元	供给量/t
A	25	4000
B	20	3000
C	15	2000
D	10	1000

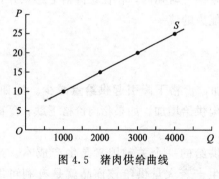

图4.5 猪肉供给曲线

根据表4.3，可以绘制出一条供给曲线，见图4.5。

（2）供给定理

供给定理或供给法则（Law of Supply）：在其他影响因素不变的条件下，商品自身价格和供给量呈同方向变化。从供给表和供给曲线可以看出，一种商品价格上涨，该商品的供给量上升；价格下降，供给量减少。

4.2.2.4 供给量的变化和供给的变化

下面来区分供给量的变化和供给的变化。

（1）供给量的变化

供给量的变化是指在其他因素不变时，由于商品自身价格变化所引起的商品供给数量的变化。如图4.6所示，当价格从 P_2 上升到 P_1 时，供给量从 Q_2 上升到 Q_1，供给量和价格的组合点从 E 点移动到 F 点，这就是供给量的变化。可见供给量的变化表现为价格-供给量的组合点沿着供给曲线的移动。

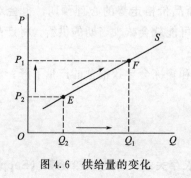

图4.6 供给量的变化

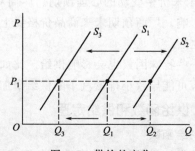

图4.7 供给的变化

(2) 供给的变化

供给的变化是指在商品自身价格不变时，由于决定供给的其他影响因素变化所引起的供给数量的变化。供给的变化表现为整条供给曲线的移动。从图4.7上看，供给增加，意味着同一价格水平上，生产者愿意提供的商品数量增多，供给曲线向右移动；供给减少，意味着同一价格水平上，生产者愿意提供的商品数量下降，供给曲线向左移动。

当生产成本下降、生产技术进步、组织方式的改进、厂商对未来产品价格有良好的预期时，每一价格水平上厂商的供给量相应增加，供给曲线向右侧移动。反之，供给曲线向左侧移动。

4.2.3 均衡价格的形成

4.2.3.1 均衡价格的含义

一种商品的价格既决定了消费者的需求量，也决定了生产者的供给量，在各种不同的价格当中，总会出现一个价格，使市场的需求量恰好等于市场的供给量，使市场实现均衡（Market Equilibrium），此时的价格称为均衡价格（Equilibrium Price），需求量（或供给量）称为均衡数量（Equilibrium Quantity）。图4.8中，D曲线表示市场需求曲线，S曲线表示市场供给曲线，市场均衡发生在需求曲线和供给曲线的交点E上。此时，供给量和需求量相等，P^*为均衡价格。

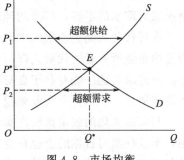

图4.8 市场均衡

4.2.3.2 均衡价格的形成

市场均衡是如何形成的呢？

在图4.8中，当市场价格为P_2时，需求量大于供给量。在这种存在超额需求的情况下，有一部分消费者为了得到商品愿意支付更高的价格，需求的压力使价格上涨。价格上涨一方面将激励生产者提高产量，一方面使消费者的需求量下降，从而使需求量逐渐接近供给量，直到价格上升到P^*，需求量和供给量相等。

当价格为P_1时，市场出现超额供给，此时一部分生产者愿意以更低的价格出售商品，市场上存在着降价的压力。价格下降会激励消费者购买量增加，生产者的供给量减少，从而使供给量接近需求量，直到价格下降到P^*，需求量和供给量相等。

当市场需求量恰好等于供给量，既不存在短缺，也不存在剩余，市场既不存在迫使价格上升的压力，也不存在迫使价格下降的压力时，市场达到"市场出清"的均衡状态。

4.3 生产与成本

4.3.1 生产理论

4.3.1.1 生产的主体——厂商

生产者亦称厂商或企业，它是指能够做出统一的生产决策的单个经济单位。厂商主要采取三种组织形式：个人企业、合伙制企业和公司制企业。

个人企业指单个人独资经营的厂商组织。个人企业家往往同时就是所有者和经营者。个人业主的利润动机明确、强烈；决策自由、灵活；企业规模小，易于管理。但个人企业资金往往有限，制约了生产的发展，而且也较容易破产。

合伙制企业指两个人以上合资经营的厂商组织。相对个人企业而言，合伙制企业的资金较多，规模较大，比较易于管理；分工和专业化得到加强。但由于多人所有和参与管理，不利于协调和统一；合伙人之间的契约关系欠稳定。

公司制企业指按公司法建立和经营的具有法人资格的厂商组织。它是一种重要的现代企业组织形式。在资本市场上，公司制企业是一种非常有效的融资组织形式，它主要利用发行债券和股票来筹集资金。由于公司制企业能够通过发行债券和股票的形式筹集大量的资金，公司制企业的资金雄厚，有利于实现规模生产，也有利于进一步强化分工和专业化。公司的组织形式相对稳定，有利于生产的长期发展。

4.3.1.2 厂商的经营目标

在微观经济学中，一般总是假定厂商的目标是追求最大的利润。但是，在现实经济生活中，厂商所面临的市场需求可能是不确定的，也有可能对产量变化所引起的生产成本的变化情况缺乏准确的了解，厂商的经验做法可能是实现销售收入最大化或市场份额最大化。

在现代公司制企业组织中，企业的所有者往往并不是企业的真正经营者，企业的日常决策是由企业所有者的代理人即经理做出的。经理会在一定的程度上偏离企业的利润最大化目标，而追求其他一些有利于自身利益的目标。譬如，他们可能追求销售收入最大化和销售收入持续增长，一味扩大企业规模，以此来扩张自己的特权和增加自己的收入。

利润最大化的假定比较真实地反映了市场经济下厂商的行为，而且，根据竞争生存的原则，不以利润为目标的企业在竞争中最终将因亏本而被淘汰。利润最大化意味着厂商的总收益与总成本之间的差额取最大值。如何根据要素投入与产品产出之间的物质技术关系，合理选择生产要素投入的种类和数量，力争实现产量既定情况下的成本最小，或成本既定情况下的产量最大，就成为生产与成本理论关注的问题。

4.3.2 成本理论

4.3.2.1 成本概述

经济成本（Economic Cost）是指厂商为生产一定数量的产品和劳务所消耗的生产要素的价格总额。成本作为生产经营中所支付的费用，要随着经营规模的扩大和产量的增加而变化，因此成本和产量之间有密切的依存关系，即成本随着产量的变动而变动。成本函数（Cost Function）：

$$C = f(Q, P) \tag{4.6}$$

生产要素的价格（P）是由在要素市场上生产要素的供求决定的。因此，假定生产要素的价格（P）不变，主要研究的是成本支出（C）与产量（Q）之间的函数关系，所以成本函数：

$$C = f(Q) \tag{4.7}$$

而产量（Q）又是生产要素投入量（L, K）的函数：

$$Q = f(L, K) \tag{4.8}$$

代入后得：

$$C = f(L, K) \tag{4.9}$$

这说明总成本既是总产量的函数,又是生产要素投入量的函数。

4.3.2.2 机会成本

经济学是要研究一个经济社会如何对稀缺的资源进行合理配置的问题。对生产者来说,它所面临的问题不仅仅是如何能保证生产要素供给的充足,而且还要保证现有的资源如何配置才能使生产达到最优化。例如,某农民拥有一块土地,可以种植小麦或玉米。如果他选择了种植玉米,那么他实际上就放弃了种植小麦给他带来的收入。由此,便产生了机会成本的概念。机会成本(Opportunity Cost)是指生产者利用一定资源获得某项收入时,所放弃用同样资源来生产其他产品所能得到的最高收入或将同样资源投入另外一种用途时所能获得的最高收益。正如上例所提到的,种植玉米的机会成本就是放弃种植小麦的收入。

需要注意的是,经济学中所讨论的机会成本与财务会计中的成本概念是不同的。会计成本(Accounting Cost)是指在生产过程中按市场价格直接支付的一切费用,这种费用是实实在在发生的,一般可以通过会计账目反映出来。而机会成本则不同,它不是做出某项选择时实际支付的费用或损失,而是表示生产某种产品是以放弃生产其他产品所能获得的收益为代价的。从这一角度来说,机会成本实际上是一种观念上的成本或损失。这就促使生产者在做出任何决策时,都要使收益大于或至少等于机会成本。

此外,机会成本是做出的一种选择是所有若干种可能(包括放弃的)中最好的一种。虽然生产者在做出某种选择时,往往也会给其他生产者带来机会成本,但是西方经济学是从单个生产者在做出某项投资或决策时,主要考虑自己的机会成本这一角度进行研究的。

4.3.2.3 显明成本与隐含成本

从企业所使用的要素本身的属性来看,企业的生产成本可以分为显明成本和隐含成本两个部分。显明成本(Explicit Cost)就是一般会计学上的成本概念,它是指厂商会计账目上作为成本项目记入账上的各项支出费用,由于这些成本在账目上一目了然,所以称为显明成本。

隐含成本(Implicit Cost)是指厂商自己提供生产要素所应支付的费用。但这些费用并没有在会计成本账目上表现出来,所以叫做隐含成本。隐含成本相当于厂商本身所拥有的生产要素的报酬,它是厂商将自有的劳动、资本和土地投入到自己经营的企业中而放弃的将这些生产性资源用于其他用途可赚钱的收入。因此,厂商自己投入的资金的利息、企业主为该厂提供的劳务应得的报酬等都属于隐含成本的范畴。

显明成本和隐含成本之间的区别说明了经济学家和会计师分析经营活动之间的主要不同。经济学家关心研究企业如何做出生产和定价决策,因此衡量成本时就包括了隐含成本。会计师的工作是记录流入和流出企业的货币,只衡量显明成本而忽略了隐含成本。

此外,需要注意的是,由于生产成本可以从机会成本的角度来考虑,因此显明成本和隐含成本也可以借助机会成本来理解。经济学上的成本概念与会计学上的成本概念存在以下关系:

$$生产成本 = 机会成本$$
$$会计成本 = 显明成本$$
$$机会成本 = 显明成本 + 隐含成本$$

即　　　　　　　　生产成本 = 会计成本 + 隐含成本

4.3.2.4 利润

利润是指经济利润（Economic Profit），等于总收益减去总成本的差额。总收益是指厂商销售产品和劳务的全部所得，即价格与销售量的乘积。总成本是企业的显明成本与隐含成本之和。因此经济学中的利润概念与会计利润也不一样。会计利润（Accounting Profit）是指厂商销售产品的总收益减去所有的显明成本或会计成本后的余额。可见，在会计利润的计算中没有考虑隐含成本，也就是厂商使用的早已占有的并非购买亦非租用的要素进行生产而导致的机会成本，这在会计记录中体现不出来，但经济分析中必须考虑这部分成本。

除了经济利润，经济学中讲到利润时，还有一种被称为正常利润（Normal Profit）。由于隐含成本是指稀缺资源投入任意一种用途中所能得到的正常的收入，如果在某种用途上使用经济资源所得到的收入还抵不上这种资源正常的收入，厂商就会将这部分资源转向其他用途以获得更高的报酬。因此，在西方经济学中，隐含成本又被称为正常利润。可见，经济利润等于会计利润减去隐含成本。

所以，正常利润、会计利润、经济利润存在以下关系：

正常利润＝隐含成本

会计利润＝总收益－显明成本
　　　　＝经济利润＋正常利润
　　　　＝经济利润＋隐含成本

经济利润＝总收益－总成本
　　　　＝总收益－（显明成本＋隐含成本）
　　　　＝总收益－（会计成本＋隐含成本）
　　　　＝总收益－（会计成本＋正常利润）

从上述公式中，可以发现经济利润可以为正、负或零。正的经济利润是资源进入某一行业的信号；负的经济利润是资源从某一行业撤出的信号；只有经济利润为零时，企业才没有进入某一行业或从中退出的动机。

4.3.3 市场结构

4.3.3.1 市场的含义与划分标准

（1）市场的含义

市场（Market）是经济运行的载体或现实表现，一个市场意味着同种商品由供求两种力量共同决定价格的"地方"。一个市场可以是一个特定的、交易某种商品的地区或场所，例如集市贸易市场就是包括许多种农副产品的交易市场；但有些商品（如旧汽车、旧家具）可能无需交易场所，而是通过发布广告的形式进行交易；有许多商品的交易活动可以通过电话、电报、电传、互联网等形式来进行，因而这些商品往往拥有一个无形市场，例如小麦、冻肉、食油、油脂以及一些基本工业原料如羊毛、棉花、石油、橡胶、有色金属等。

市场通过信息反馈，直接影响着人们生产什么、生产多少，以及上市时间、产品销售状况等；连接经济发展过程中供给和需求各方，为供需各方提供交换场所、交换时间和其他交换条件，以此实现商品生产者、经营者和消费者各自的经济利益。

（2）划分市场结构的标准

① 市场上交易者的数量　市场上对某种商品买者和卖者的数量多少影响着市场竞争程

度的高低。参与者越多,竞争程度可能就越高,否则竞争程度就可能很低。

② 产品差异程度 产品差异是同一种产品在质量、牌号、形式、包装等方面的差别。产品差异可以分为物质差异、售后服务差异和形象差异。产品差别引起垄断,产品差别越大,垄断程度越高。产品之间的差异越小,甚至雷同,相互之间替代品很多,竞争程度就越强。

③ 行业的进入限制 进入行业的限制来自自然原因和立法原因。自然原因指资源控制与规模经济。如果某个企业控制了某个行业的关键资源,其他企业得不到这种资源,就无法进入该行业。立法原因是法律限制进入某些行业。这种立法限制主要采取三种形式:一是特许经营,二是许可证制度,三是专利制。厂商能否自由进入和退出某个行业,取决于资源在这个行业中流入和流出的难易程度。

④ 价格决策形式 如果产品交易价格是由市场的供求关系来决定的,市场的竞争程度就比较高。如果企业能够用自己的力量在不同程度上决定产品的市场交易价格,其市场竞争程度就比较弱,这样的市场结构就容易不同程度地产生垄断现象。

⑤ 市场信息通畅程度 信息是企业经营的生命,市场信息流通渠道越通畅,企业参与市场竞争的能力就越强。市场参与者对供求关系、产品质量、价格变动、销售方法、广告效果等信息资料了如指掌,市场竞争程度就高;否则市场竞争程度就低。

4.3.3.2 市场结构的类型与特征

(1) 市场结构的类型

各种市场的竞争与垄断程度不同形成了不同的市场结构,可以分为以下四种类型。

① 完全竞争市场 完全竞争市场(Perfect Competition Market)是一种竞争不受任何阻碍和干扰的市场结构。形成这种市场的条件是企业数量多,而且每家企业规模都非常小。价格由整个市场的供求关系决定,每家企业不能通过改变自己的产量而影响市场价格。

② 垄断竞争市场 垄断竞争市场(Monopolistic Competition Market)是既有垄断又有竞争、但更能体现竞争性的市场。这种市场与完全竞争市场的相同之处是市场集中率低,而且无进入限制。企业规模小和进入无限制保证了这个市场上竞争的存在。完全竞争市场上产品无差别,而垄断竞争市场上产品有差别。

③ 寡头垄断市场 寡头垄断市场(Oligopoly Market)是只有几家大企业的市场,形成这种市场的关键是规模经济。在这种市场上,大企业集中程度高,对市场控制力强,可以通过变动产量影响价格。而且,由于每家企业规模大,其他企业就难以进入。由于不是一家垄断,所以在几家寡头之间仍存在竞争。

④ 完全垄断市场 完全垄断市场(Perfect Monopoly Market)是只有一家企业控制整个市场的供给。形成垄断的关键条件是对进入市场的限制,这种限制可以来自自然原因,也可以来自立法。此外,垄断的另一个条件是没有相近的替代品。由于没有替代品,因而形成一个厂商独占市场供给,可以根据市场需求控制产品的价格。

(2) 市场结构的特征

根据市场结构分类的标准和影响因素,表 4.4 列出了各类市场结构的特征。

表 4.4 市场结构的特征

项目	完全竞争市场	垄断竞争市场	寡头垄断市场	完全垄断市场
生产者和消费者	很多	较多	少数生产者	一个生产者
产品差别	同质、替代品多	有差别、但轻微	有差别或同质	产品唯一,无替代品

续表

项目	完全竞争市场	垄断竞争市场	寡头垄断市场	完全垄断市场
价格控制	企业接受市场价格,不能制定自己的价格	企业有一些定价能力,但不是很大	企业制定自己的价格,但关注竞争对手的反应	企业根据需求有完全的制定价格的自由
进入市场难易	无市场进入障碍	较少的市场进入障碍	有较多的市场进入障碍	行业封闭,无新企业进入
经济效率	最高	较高	较低	最低
典型行业举例	农产品、外汇交易	轻工、零售	汽车、钢铁	公用事业领域

4.4 材料经济性原则

在满足使用性能和工艺性能的前提下,材料的经济性是选材的重要原则。采用便宜的材料,把总成本降至最低,取得最大的经济效益,使产品在市场上具有最强的竞争力,始终是材料设计工作的重要任务。

为此材料选择应遵循以下原则:

① 选用材料时应考虑我国的资源状况,例如尽可能选择用 Mn、Si、Mo、稀土等元素完全或部分代替 Ni、Cr 等稀缺元素的合金。

② 应考虑国内生产和供应情况,品种不宜过多。

③ 考虑选用节省材料和加工成本的工艺方法,如精铸和精密锻造等。

零件的选材还应考虑产品的实用性、市场需求以及实现现代生产组织的可能性。对某项产品或某种机械零件的要求,不应仅仅限于能符合工作条件的使用要求,同时还要从商品销售和用户的愿望考虑,因此产品还应当具有重量轻、美观、经久耐用等特点。这就要求在选材时,应突破传统观点的束缚,尽量采用先进科学技术成果,做到在结构设计方面有创新、有特色,在材料制备、生产工艺上有先进性和创新性。

一个产品或一个零件的制造,是采用手工操作还是机器操作,是采用单件生产还是采用机械化自动流水作业,这些因素都对产品的成本和质量起着重要的作用。因此,在选材时,还应该考虑到所选材料能否满足现代化生产的要求。

第5章 管理概述

5.1 管理的概念及性质

5.1.1 管理的概念

管理是指管理主体组织并利用其各个要素（人、财、物、信息和时空），借助管理手段，完成该组织目标的过程。

① 管理主体是一个组织。这个组织可能是国家、单位或者一个正式组织或非正式组织。

② 管理主体包含 5 个方面的要素：人（决策者、执行者、监督者）、财（资金）、物（土地、生产设备及工具、物料等）、信息（管理机制、技术与方法及管理用的各种信息等）、时空（时点和持续时间、地理位置及空间范围）。

③ 管理的手段包括 5 个方面：强制（战争、政权、暴力、抢夺等）、交换（双方意愿交换）、惩罚（包括物质性的和非物质性的，通过强制、法律、行政、经济等方式）、激励、沟通与说服。

④ 管理的过程包括 7 个环节：管理规则的确定（组织运行规则，如章程及制度等）、管理资源的配置（人员配置及职责划分与确定，设备及工具、空间等资源配置与分配）、目标的设立与分解、组织与实施、过程控制（检查、监督与协调）、效果评价、总结与处理（奖惩）。

5.1.2 管理的性质

① 管理的两重性　是指管理所具有的合理组织生产的自然属性和为一定的生产关系服务的社会属性。

a. 管理的自然属性。又称管理的生产力属性。同生产力相联系的管理的普遍性，是由生产力决定的。

b. 管理的社会属性。又称管理的生产关系属性。同生产力相联系的管理的特殊性，是由生产关系决定的。

② 管理的科学性　管理是一门科学，管理工作有其内在的规律性。

③ 管理的艺术性　管理也是一门艺术，该艺术的含义是指能够熟练地运用知识并且通过巧妙的技能达到某种效果，强调灵活性与创造性。

5.2 管理职能与管理环境

5.2.1 管理职能

管理的职能如下。

(1) 决策

决策是组织或个人为了实现某个目的而对未来一定时期内有关活动的方向、内容及方式的选择或者调整过程。简单地说,决策就是定夺、决断和选择。只有对计划目标和实施方法等要素进行科学决策,才能制定出科学合理的计划。一般认为决策是管理工作的本质。

(2) 计划

计划就是确定组织未来发展目标以及实现目标的方式。

(3) 组织

组织就是服从计划,并反映着组织计划完成目标的方式。

(4) 人员管理

人员管理就是对各种人员进行恰当而有效的选择、培训以及考评,其目的是为了配备合适的人员去充实组织机构规定的各项职务,以保证组织活动的正常进行,进而实现组织既定目标。人员管理与其他四个职能——计划、组织、指导与领导以及控制,都有着密切的关系,直接影响到组织目标能否实现。

(5) 指导与领导

指导与领导就是对组织内每名成员和全体成员的行为进行引导和施加影响的活动过程,其目的在于使个体和群体能够自觉自愿而有信心地为实现组织既定目标而努力。指导与领导所涉及的是主管人员与下属之间的相互关系。指导与领导是一种行为活动,已形成了专门的领导科学,成为管理科学的一个新分支。

(6) 控制

控制就是按既定目标和标准对组织的活动进行监督、检查,发现偏差,采取纠正措施,使工作能按原定计划进行,或适当调整计划以达预期目的。控制工作是一个延续不断的、反复发生的过程,其目的在于保证组织实际的活动及其成果同预期目标相一致。

(7) 创新

创新就是随着科学技术的发展,社会经济活动空前活跃,市场需求瞬息万变,社会关系日益复杂,使得每一位管理者时刻都会遇到新情况新问题,所以需要不断创新。创新在管理循环中处于轴心地位。

5.2.2 管理环境

管理环境被斯蒂芬·P. 罗宾斯定义为对组织绩效起着潜在影响的外部机构或力量。管理的环境是组织生存发展的物质条件的综合体,它存在于组织界限之外,并可能对管理当局的行为产生直接或间接影响。包括外部环境和内部环境。

5.2.2.1 外部环境

外部环境是组织之外的客观存在的各种影响因素的总和。它是不以组织的意志为转移的，是组织的管理者必须面对的重要影响因素。

对非政府组织来说，政治环境包括一个国家的政治制度，社会制度，执政党的性质，政府的方针、政策、法规法令等。文化环境包括一个国家或地区的居民文化水平、宗教信仰、风俗习惯、道德观念、价值观念等。经济环境是影响组织，特别是企业的重要环境因素，它包括宏观和微观两个方面。宏观经济环境主要指一个国家的人口数量及其增长趋势，国民收入、国民生产总值等；微观经济环境主要指消费者的收入水平、消费偏好、储蓄情况、就业程度等因素。科技环境反映了组织物质条件的科技水平。科技环境除了直接相关的技术手段外，还包括国家对科技开发的投资和支持重点；技术发展动态和研究开发费用；技术转移和技术商品化速度；专利及其保护情况等。自然环境，包括地理位置、气候条件及资源状况。地理位置是制约组织活动的一个重要因素。

对于不同的组织有一般的共同环境，同时也要在一定的特殊领域内活动。一般环境对不同类型的组织均产生某种程度的影响，而与具体领域有关的特殊环境则直接、具体地影响着组织的活动。外部环境与管理相互作用，一定条件下甚至对管理有决定作用。外部环境制约管理活动的方向和内容。无论什么样的管理目的，管理活动都必须从客观实际出发。脱离现实环境的管理是不可能成功的。"靠山吃山，靠水吃水"一定程度上反映了外部环境对管理活动的决定作用。同时外部环境影响管理的决策和方法。当然，管理对外部环境具有能动的反作用。

5.2.2.2 内部环境

内部环境是指组织内部的各种影响因素的总和。它是随组织产生而产生的，在一定条件下内部环境是可以控制和调节的。人力资源对于任何组织都始终是最关键和最重要的因素。物力资源是指内部物质环境的构成内容，即在组织活动过程中需要运用的物质条件的拥有数量和利用程度。财力资源是一种能够获取和改善组织其他资源的资源，是反映组织活动条件的一项综合因素。文化环境是指组织的文化体系，包括组织的精神信仰、生存理念、规章制度、道德要求、行为规范等。

内部环境对组织的管理活动产生影响。内部环境决定了管理活动的可选择的方式方法，而且在很大程度上影响到组织管理的成功与失败。

5.3 管理者的角色与管理技能

5.3.1 管理者的角色

亨利·明茨伯格（Henry Mintzberg）研究发现管理者扮演着十种角色，这十种角色可被归入三大类：人际角色、信息角色和决策角色。

人际角色归因于管理者的正式权利。管理者所扮演的三种人际角色是代表人角色、领导者角色和联络者角色。

在信息角色中，管理者负责确保和其一起工作的人能够得到足够的信息。

在决策角色中，管理者处理信息并得出结论。管理者负责做出决策，并分配资源以保证决策方案的实施。

（1）人际角色

人际角色直接产生自管理者的正式权力的基础。管理者所扮演的三种人际角色如下。

① 代表人角色：作为领头人必须行使一些具有礼仪性质的角色。
② 领导者角色：管理者和员工一起工作并通过员工的努力来确保组织目标的实现。
③ 联络者角色：与组织内个人、小组一起工作，与外部利益相关者建立良好的关系所扮演的角色。

(2) 信息角色

管理者负责确保和其一起工作的人具有足够的信息，从而能够顺利完成工作。整个组织的人依赖于管理结构和管理者以获取或传递必要的信息。

① 监督者角色：持续关注内外环境的变化以获取对组织有用的信息，接触下属或从个人关系网获取信息，依据信息识别工作小组和组织潜在的机会和威胁。
② 传播者角色：分配作为监督者获取的信息，保证员工具有必要的信息，以便切实有效完成工作。
③ 发言人角色：把信息传递给单位或组织以外的个人，让相关者（股东、消费者、政府等）了解，感到满意。

(3) 决策角色

处理信息并得出结论。管理者用决策让工作小组按照既定的路线行事，并分配资源以保证计划的实施。

① 企业家角色：对作为监督者发现的机会进行投资以利用这种机会。
② 干扰对付者角色：处理组织运行过程中遇到的冲突或问题。
③ 资源分配者：决定组织资源（财力、设备、时间、信息等）用于哪些项目。
④ 谈判者角色：包括员工、供应商、客户和其他工作小组，进行必要的谈判，以确保小组朝着组织目标迈进。

5.3.2 管理技能

管理技能是指使用某一专业领域内有关的工作程序、技术和知识完成管理任务的能力。一般而言，管理者的技能主要包括以下几点。

(1) 认知技能

认知技能是指纵观全局，把握关键，认真思考，扎实谋事的能力。也就是洞察组织与环境及其之间相互影响以及复杂性的能力，包括理解事物的相互关联性，从而找出关键性影响因素的能力；确定和协调各方面关系的能力；权衡不同方案优劣和内在风险的能力等。

创新是认知技能的集中体现。管理者能否创造新的适应环境的管理模式、方式、体制、机制，是衡量其认知技能高低的重要标志。创新是现代管理者素质的核心，包括管理者的创新意识、创新精神、创新能力。管理者要有创新理念，善于通过科学的创新思维来完成创新构思，并在管理实践中坚持创新；要有创新精神，在工作过程中敢于创新，勇于突破常规，求新求是；要有创新能力，在管理实践中把创新理念和创新精神变成现实。

(2) 人际技能

人际技能是指把握与处理人际关系的有关技能，即理解、动员、激励他人并与他人共事的能力。要成为一个好的管理者，离不开良好的人际关系，包括同上级、下级、同级、他人的关系等。

协调同上级的关系，首先必须正确认识自己的角色地位，努力做到到位而不越位，即不该决断的时候不擅自决断，不该表态的时候不胡乱表态，不该干的工作不执意去干，不该答复的问题不随便答复,不该突出的场合不"抢镜头"等。其次,要适当调整期望、节制欲望,学会有限度地节制。要加强与上级的信息沟通和反馈,尽可能了解事情的真相,以免出现判断失误。

下级是管理者行使权力的主要对象,要讲究对下级的平衡艺术、引力艺术和弹性控制艺术。①平衡艺术。在公正、平等的基础上建立与下级的平衡、和谐关系,实现心理的可接受性和利益的相容性,达到行为的一致性。②引力艺术。努力缩小自己与下属的距离,使之舒畅地与自己一道工作。③弹性控制艺术。管理者通过有一定弹性空间或范围的标准控制、检查组织成员的行为,既要使下属感到有相应的自由,又能使之遵守必要的约束。

协调好与同级之间的关系是影响个人发展的重要方面,也是整个团队积极向上、健康发展的重要因素。首先要增进与同级的感情,同级之间的关系应当融洽,没有"心理防线"。其次是竞争与合作共存,正确把握同级之间既竞争又合作的关系。

沟通是实现人际技能的重要方式及渠道,在人际交往中起着桥梁与纽带作用。沟通技能是指管理者具有收集和发送信息的能力,通过书面、口头与肢体语言的媒介,明确、有效地向他人表达自己的想法、感受与态度,也能正确、较快地解读他人的信息,从而了解他人的想法、感受与态度。

(3) 技术技能

技术技能是指从事自身管理范围内的工作所需的基本技术和具体方法。例如,高校教师必须熟练掌握本专业的教学内容与教学方法;企业的部门主任,就要熟悉各种设备的性能、使用方法、操作程序,各种材料的用途、加工工序,各种成品或半成品的指标要求等。技术技能对基层管理者来说尤为重要,因为其大部分时间都是指导、训练、帮助下属人员或回答下属人员的有关问题,因而必须熟悉下属人员所做的各种工作,成为受下级成员尊重的有效管理者。人们通常所说的"懂行""一技之长""不熟不做"都是这个意思。

一般情况下,处于较低层次的管理者,主要需要的是技术技能与人际技能;处于较高层次的管理者,更多地需要人际技能和认知技能;处于最高层次的管理人员,尤其需要较强的认知技能。

5.4 管理主要思想及其演变

5.4.1 管理主要思想

管理思想就是人们在社会实践中对管理活动的思考所形成的观点、想法和见解的总称。管理思想是在管理实践基础上逐渐形成发展起来的,它经历了从思想萌芽、思想形成到不断系统与深化的发展过程。

在19世纪和20世纪之交,企业管理首次成为一门正式的学科。管理专业化从此掀开了一个新的篇章。下面归纳了过去一百年不同时期企业管理思想的主要内容和系统思考。

(1) 科学管理

科学管理(Scientific Management)理论是1912年由被称为现代科学管理之父的弗雷德里克·温斯洛·泰勒在《科学管理原则》一书中提出来的。泰勒的贡献在于将企业经营带入了管理世界。他提出了四条管理原则:一是应对工人工作的每一要素开发出一个科学方法,用以替代老的经验方法;二是应该科学地挑选工人,并对其进行培训、教育和使之成长；三是应该与工人们密切合作，以保证一切工作符合计划和原则；四是应该确保管理层和工人在工作与职责划分上实现均等。福特汽车公司于1913年引入科学管理思想与模式，推出了"5美元工作日"的当时的高工资制度，吸引了大量优秀的合格工人，劳动生产率迅速提高，造就了"福特王国"的传奇。

另外，法国采矿工程师亨利·法约尔（Henri Fayol）于1916年提出了一般行政管理思想。这一管理理论和模式提出了管理者的五大职能，即计划、组织、指挥、协调和控制。与这一管理思想相似的还有德国的马克斯·韦伯提出的官僚行政组织（Bureaucracy）等。这些管理思想与泰勒所关注的组织最低层次员工的科学管理方法不同，它们关注的重点直接指向全体管理者的活动，但忽视了员工个人的主动性原则。

（2）目标管理

目标管理（MBO）的概念最早是由彼德·杜拉克在其名著《管理实践》中提出来的。这一管理思想认为，管理者应该通过目标对下级进行管理。因此，企业的使命和任务必须转化为具体的目标。有了明确的目标，员工的积极性也才能被调动起来，即所谓的"灯塔"效应。

后来，麦克雷戈（McGregor）提出的X理论-Y理论学说进一步丰富了目标管理的理论基础。X假设人是没有责任心的，是懒惰的，因此，要调动其积极性需要利用金钱诱惑和惩罚方式来实现；Y假设则强调人是具有工作责任心的，也是有能力的，要调动其积极性，关键是要为其提供一种可以充分发挥潜力和作用的环境。只要能为员工设定明确、合理的责任目标和评估机制，并赋予其必要的决策权力，他们就一定会发挥主观能动性，不懈努力地工作，并出色地完成任务。

目标管理思想与模式在第二次世界大战以后的西方经济复苏阶段迅速流行开来，被美国、日本、西欧等国家广泛采用至今。

（3）人本管理

人本管理和人际关系管理是由美国管理学家乔治·埃尔顿·梅奥于20世纪30年代根据霍桑实验的结论提出来的。霍桑实验揭示了工人的工作积极性不仅仅由金钱驱动，个人的态度、心理满足、社会因素等也同样发挥决定性作用。在此基础上，他提出了人际关系学说和人本管理思想。这一管理思想迄今也一直被企业广泛采用。

另一位同时代推动人本管理思想发展的著名心理学家马斯洛（Maslow）在1943年提出了五个层次需求等级理论。企业管理者必须了解人们需求的不同层次，然后采取相应措施来满足员工的不同需求，从而最大限度地调动员工工作的积极性。

人本管理的精髓是，企业组织首要的管理是对人的管理，而人是平等的，并非金钱诱惑和老板支配的"奴隶"或"机器"，但存在能力和需求差异。因此，企业组织需要重视人的不同能力和需求，通过利润分享、培训、沟通、信赖和尊重等，来调动员工的积极性，从而实现组织的经营目标。实践也证明人本管理思想具有强大的生命力。例如，美国惠普公司1939年成立以来，积极实践了这一管理模式，如通过"让员工分享利润"，增强员工的归属感和主人翁精神；通过"没有门扉的办公室"，建立信任和尊重；通过弹性用工制度，改善员工生活水平等。

（4）质量管理

在20世纪50年代，质量管理学家爱德华·戴明提出了PDCA循环质量管理理论，即通过计划（Plan）、执行（Do）、检查（Check）和行动（Act）一系列工作程序来解决质量问题。作为质量管理的先驱，戴明的理论奠定了全面质量管理的基础。质量管理不是个别部门的事情，必须由最高层的管理者推动，让每一个部门和员工参与其中，才可能产生效果。

美国通用电气公司的总裁杰克·韦尔奇认为质量是公司的全部，质量是企业的生命，质量是每一个员工的中心活动。追求"零缺陷"和"六个标准差计划"的实施给通用电气公司带来了巨大的成本节约和丰厚的利润。

（5）授权管理

授权管理指下放管理权力给下级，减少管理当局的不必要干预，以便达到"无为而治"，提高员工工作积极性和企业经营效益。20世纪50~60年代，伊恩·戈登基于大公司面临的等级制度弊端和管理效率低下问题，提出了这一管理思想。

成立于1980年的美国传媒公司CNN，就是实施这一管理模式的成功范例。该公司自成立以来，奉行一种放权的企业文化。为满足观众对实况新闻快速报道的需要，该公司打破传统集权管理模式，摒弃官僚主义作风，授权下级管理者在一定范围内自行决策，推行"灵活、快速决策方式"，从而实现了经营管理的"自动化"，极大地提高了观众满意度和企业经营效益。

（6）品牌管理

20世纪60年代，S&S公关公司总裁乔·马克尼提出了"品牌资本"管理理念，从此品牌管理变得越来越重要。品牌管理的思想与模式克服了传统管理模式中"只关注单一产品和市场"的弊端，实现了从战术管理到战略管理的根本转变。在品牌战略管理模式中，品牌的作用不仅仅是增加销售和利润的短期效益，更重要的是在客户心目中建立企业的品牌识别，以为企业带来长期效益。

品牌的背后是忠诚的客户资源。许多国际知名企业的成功之路都是依靠强大的品牌效应铺垫起来的，如国外的可口可乐、奔驰、迪斯尼、宝马以及中国的海尔等。这些企业的品牌价值连城，成为吸引忠诚客户的重要无形资产。

（7）规范管理

20世纪70年代，美国加州大学洛杉矶分校管理学教授厄威克·弗莱姆兹提出了规范管理的思想，即认为通过规范管理战胜企业增长过程中的危机（如规模不经济），使企业从企业家精神为主转向专业化管理。小型企业在成长过程中要避免失败的命运，需要顺利完成组织发展的六个任务，即确定有利的市场定位、开发产品和服务、获得资源、建立经营体系、建立管理体系和构建企业文化，并成功经历生命周期中组织增长的七个阶段，即新建、扩展、专业化、巩固、多元化、一体化、衰退与复苏。这一规范管理思想为"家族式"企业成功转变管理方式提供了专业化的解决思路，为小型企业在增长过程中避免规模不经济或范围不经济等问题提供了重要参考。

（8）创新管理

到了20世纪70~80年代，随着知识经济的到来，美国经济学家熊彼特在其《经济发展理论》中最早提出了创新的概念。他认为创新是企业家主体实现利润的过程。创新可以分为技术推动型和需求拉动型。创新不仅仅指技术革新或单纯的生产方式革命，同时更具有体制变革的含义。熊彼特总结出了两个创新模型：模型Ⅰ是指将外生的科学发明转化成生产力，推动利润增长；模型Ⅱ是指在企业发展壮大到一定程度后自己投入资金进行研发，以使企业在不断创新中不断壮大，不断创造利润。如摩托罗拉、西门子、杜邦、中国奇瑞等，均是通过不断自主创新才成为激烈竞争市场中的赢家。

与此同时，应急管理（Contingency Management）的思想也应运而生。这一管理思想认为外部环境变化莫测，企业须时时调整战略来适应环境突变。这一思想在一定程度上与创新管理相似，均是为适应外部或市场环境变化所选择的新的不同的管理实践。

(9) 企业文化

企业管理不仅仅是一门科学，更是一种文化。1981 年，美国加州大学管理学教授威廉·大内在其著作《z 理论——美国企业如何迎接日本挑战》中提出了 z 理论。这一理论融合了东西方的文化因素，对美国和日本的管理思想取长补短，汲取传统规则的精华，结合现代管理思想，提出了一套系统、明确的价值体系。

企业文化，作为一种企业精神符号或经营理念识别（Mind Identity），便于塑造企业良好的形象，对内形成对员工的向心力，对外形成对客户的吸引力。

(10) 学习型组织

1992 年美国管理大师彼得·圣吉因其"学习型组织"的管理新观念获得了世界企业学会最高荣誉的开拓者奖（Pathfinder Reward）。这一思想通过"五种修炼技术"体现出来，即所谓的自我超越、改善心智模式、建立共同愿景、团队学习和系统思考。通过不断学习，可以重新认识自我，重新认知这个世界，系统认识各种相互关系，看清事物全新的全景，从而为未来发展不断创造机遇，并采取具有前瞻性的行动。

这一理论着重强调了管理活动中的系统思考或系统管理思想。人类系统中的结构是微妙且错综复杂的，人们需要不断学习和了解系统结构中的各种变数和相互关系，即需要不断反思自己，扩大思考范围，洞察层次结构，建立共有愿景，才能找出一条解决问题的新路径。

(11) 流程再造管理

面对 20 世纪 80 年代末席卷美国企业的倒闭浪潮和丧失世界领先地位的危险，1993 年美国管理学家克尔·哈默和詹姆斯·钱皮克出版了《再造企业——工商业革命宣言》一书，提出了"流程再造"这一全新的管理思想。他们认为，美国企业需要做一个伤筋动骨的大手术才能迅速获得新生。这一理论马上轰动管理学界，在西方经济中掀起一场工商管理的革命旋风。

流程再造管理思想的核心是，企业为了适应新的竞争环境，需要对其业务流程、经营管理和运作模式进行根本的再思考和重新设计，如通过业务流程再造、及时存货体系、扁平化组织、柔性生产系统以及市场价值链等全新设计方案，使企业的生产效率、产品质量、服务水平和经营效益取得根本性的变化。

在现实社会中，流程再造管理极大地提高了许多知名企业的生产效率和效益。中国的海尔集团通过市场价值链和扁平化组织设计等流程再造管理模式迅速缩小了与世界先进管理水平的差距。

5.4.2 管理主要思想演变

5.4.2.1 古典管理理论

(1) 科学管理理论

① 泰勒——"科学管理之父"。

② 三大管理实验：铁块搬运实验、铲具的实验、金属切削实验。

③ 时间动作研究和级差计件工资制。

时间动作研究的具体步骤：

a. 物色若干名人员，这些人员应特别善于做分析工作。

b. 仔细研究上述每一个人进行工作时的基本操作和动作，包括每个人所使用的工具。

c. 用秒表研究做每个基本动作所需要的时间，然后选择每一部分动作的最快工作方法。

d. 淘汰所有不正确的、缓慢的和无效的动作。

e. 用最快最好的新动作所构成的新方法取代以往通常使用的旧方法。

在时间动作研究基础上规定工作任务定额。工作任务定额不是根据工人的平均作业时间来定，而是以效率高的第一流工人所需时间为基准。既然是任务，就应支付给工人高工资，为了调动工人的积极性，泰勒又发明了级差计件工资制。

级差计件工资制：若某一工人的生产量低于任务规定标准，则按较低的工资率计算工资；若高于任务规定标准，则按较高的工资率计算工资。这意味着同一岗位同一级别的工人，都将得到不同的工资。

④ 科学管理的基本原则与组织原理。

泰勒认为，管理的结果如何，应由管理人员和工人共同负责。

科学管理的基本原则：

a. 开发一门新的科学，专门研究工人工作的每一个组成部分，并以此取代以往的经验管理方法。

b. 科学地选择、训练和培养工人，以取代旧体制下由工人自己训练自己和选择工作。

c. 管理人员要诚心诚意地与工人合作，以确保工人按新方法努力工作。

d. 在管理人员和工人之间进行明确、适当的分工。

科学管理的组织原理：

a. 职能化原理。在一个管理组织系统中，根据不同的职能设置部门，职能部门向上级管理者直接负责，它们又有自己的职权范围。

b. 例外原理。最高管理者应避免处理工作中的细小问题，而只有"例外"情况和问题才交由最高管理者处理。"例外"情况和问题是指各职能部门难以自身调节的或原权限中未列入的新情况、新问题。

⑤ 对泰勒科学管理的评价。

贡献：一是管理走向科学；二是劳资双方的精神革命。前者是有效管理的必要条件；后者是有效管理的必要心理。

不足之处：科学管理存在过于重视技术，强调个别作业效率、对人有偏见，忽视企业的整体功能等历史局限因素。因此，在运用时应该"心里有数"。

(2) 一般管理理论

① 法约尔——"现代经营管理理论之父"。

② 一般管理理论的要点。

a. 经营与管理的区别。

b. 管理的五要素。

c. 管理的十四条原则：劳动分工、权力与责任、纪律、统一命令、统一指挥、个人利益服从整体利益、人员的报酬、集中与分散、等级链、秩序、公平、人员稳定、首创精神、团队精神。

d. 倡导管理教育：管理能力可以通过教育来获得，"缺少管理教育"是由于"没有管理理论"，没有管理者设法将那些被人们接受的规则和经验变成普遍的管理理论。通过管理教育，可以迅速提升管理层的管理能力，也可以迅速造就急需的管理人才。企业的所有管理人员接受必要的管理培训，也是企业得以良性发展的重要基础。

③ 理想行政组织体系理论。

a. 韦伯——"组织管理之父"。

b. 韦伯的权力论。

c. 理想行政组织体系理论的要点：明确的分工、自上而下的权力等级系统、人员的任用、职业管理人员、遵守规则和纪律、组织中人员之间的关系。

5.4.2.2 行为科学管理理论

(1) 霍桑实验与人际关系学说

① 霍桑实验

第一阶段：工场照明实验（1924～1927 年）。

第二阶段：继电器装配室实验（1927 年 8 月～1928 年 4 月）。

第三阶段：面谈计划，接线板接线工作室实验。

② 人际关系学说的基本要点

a. 人是"社会人"，要调动工人的生产积极性，还必须从社会、心理方面去努力。

b. 工作效率主要取决于职工的积极性。

c. 物质刺激不是唯一的激励手段。

d. 管理者应该重视人际关系。

● 经济人

人生来懒惰，总想少干一点工作；一般人都没有雄心，不喜欢负责任，宁可被别人指挥。以自我为中心是人的本性，对组织的目标不关心；人缺乏自制能力，容易受他人的影响。

● 社会人

认为人的行为动机不只是追求金钱，而是人的全部社会需求；人们利用工作上的社会关系去寻求乐趣和意义；工人对同事之间的社会影响力，要比组织所给予的经济报酬，更加重视；工人的工作效率，随着上级能满足他们社会需求的程度而改变。

● 自动人

人的需要从低级向高级发展，低级需要满足后，便追求更高级的需要，自我实现是人的最高级需要；人们因工作而变得成熟，有独立、自主的倾向；人有自动自发的能力，又能自制；个人的目标与组织的目的没有根本的冲突，有机会的话，他会自动地把个人目标与组织目标统一起来。

● 复杂人

人不但复杂，而且变动很大；人的需求和他所处的组织环境有关系；人是否愿意为组织目标作贡献，决定于他自身需求状况及他与组织之间的相互关系；人可以依自己的需求、能力，而对不同的管理方式做出不同的反应。

(2) 行为科学中的代表理论

① 马斯洛的需要层次理论。

人的需要由低到高分为五个层次：生理、安全、社交、尊重、自我实现。

② 赫兹伯格的双因素理论。

把影响人的行为因素分为两类："保健因素"和"激励因素"。

③ 费鲁姆的期望理论。

$M=VE$，其中，M 代表激励力量，V 代表满足个人需要的价值大小，E 代表获得该价值的概率。

④ 麦克雷戈的 X 理论-Y 理论。

麦克雷戈提出两种人性假设，称为 X 理论和 Y 理论。按照 X 理论，人的本性是不诚实、懒惰和不负责任的。普通人天生好逸恶劳，逃避责任，宁肯接受别人的命令。按照 Y 理论，靠外界的控制和惩罚威胁并不是促使人向组织目标努力的唯一手段。人的本性并不是厌恶工作，人并不是被动的，能够进行自我指导和自我控制。麦克雷戈认为：传统的管理方式以对职工的约束和控制为主要手段，就是基于 X 理论的人性假设，已经过时。只有基于 Y 理论的管理方式才能取得好的成效。

5.5 管理中的道德及社会功能

管理中会涉及道德，道德具有其社会功能。

5.5.1 道德

道德是一种社会主流价值观下的非强制性约束法则。

道德是指以善恶为标准，通过社会舆论、内心信念和传统习惯来评价人的行为，调整人与人之间以及个人与社会之间相互关系的行动规范的总和。道德具有认识、调节、教育、导向等功能。与政治、法律、艺术等有密切的关系。中华传统文化中，形成了以仁义为基础的道德。

道德往往代表着社会的正面价值取向，起判断行为正当与否的作用。顺理则为善，违理则为恶，以善恶为判断标准，不以个人的意志为转移。

5.5.2 道德的社会功能

（1）认识功能

道德是引导人们追求至善的良师。它教导人们认识自己对家庭、对他人、对社会、对国家应负的责任和应尽的义务，教导人们正确地认识社会道德生活的规律和原则，从而正确地选择自己的生活道路和规范自己的行为。

（2）调节功能

道德是社会矛盾的调节器。人生活在社会中不可避免地会产生各种矛盾，这就需要通过社会舆论、风俗习惯、内心信念等特有形式，指导和纠正人们的行为，使人与人之间、个人与社会之间关系臻于完善与和谐。

（3）教育功能

道德是催人奋进的引路人。它培养人们良好的道德意识、道德品质和道德行为，树立正确的义务、荣誉、正义和幸福等观念。

（4）评价功能

道德评价是一种巨大的社会力量和人们内在的意志力量。道德是人以"善""恶"来评价社会现象、来把握现实世界的一种方式。

（5）平衡功能

道德不仅调节人与人之间的关系，而且平衡人与自然之间的关系。它要求人们端正对自然的态度，调节自身的行为。环境道德是当代社会公德之一，它教育人们应当以造福于而不贻祸于子孙后代的高度责任感，从社会的全局利益和长远利益出发，开发自然资源，发展社会生产，维持生态平衡，积极治理环境，防止对自然环境的人为性的破坏，平衡人与自然之间的正常关系。

第6章
生产管理与质量管理

6.1 生产管理

6.1.1 生产管理概念及其发展

6.1.1.1 生产管理的概念

生产管理（Production Management），又称生产控制，是对企业生产系统的设置和运行的各项管理工作的总称。生产管理分为：

① 生产组织。即选择厂址，布置工厂，组织生产线，实行劳动定额和劳动组织，设置生产管理系统等。

② 生产计划。即编制生产计划、生产技术准备计划和生产作业计划等。

③ 生产控制工作。即控制生产进度、生产库存、生产质量和生产成本等。

④ 保证纳期交付正常。根据生产计划安排，保证客户产品交付正常。

6.1.1.2 生产管理的发展

（1）数学理论、计算手段问题

数学理论和计算手段问题是生产管理科学发展缓慢的两个重要原因。

管理问题不同于一般的工程问题。在工程问题中，物理量的变化较为规律，测量误差很小，计算精度很高。但在管理问题中，系统中的很多输入、输出量取决于工作中的人和工作条件，即使是在确定工作条件下的同一个人，每时、每日、每周的变化也很大。在概率和统计理论发展之前，无法建立接近于现实的生产系统模型。

管理问题中的变量多且相互依存，难以建立系统的数学模型，人工求解也很困难。在现代高速电子计算机得以应用之前，对生产运作管理的很多问题无法解决。这一时期，典型的生产管理模型如下。

1915年：哈利斯——简单情况下的库存经济批量模型。

1931年：休哈特——统计质量控制。

（2）数学理论和计算机技术的发展

在第二次世界大战期间和战后，生产管理得到了长足的发展。战时对于产品质量的要求，使得休哈特的统计质量控制方法得以广泛应用。战后，工业生产经营领域引入了原来被应用于军事部门的运筹学方法，高速电子计算机的发展也使得解决大规模线性规划问题成为可能。

① 排队论、系统工程、人机工程学　排队论和系统工程理论使得生产管理中的更广泛

问题得以解决。人机工程学在第二次世界大战中的产生和发展,促进了人们对人——机系统的认识。在生产系统设计中,能够充分考虑人的能力和限定条件(如错误频率、心理和生理上的耗费),使得设计更趋合理。

② 电子技术和计算机技术　电子技术和电子计算机的发展使得工业自动化成为可能。在此技术上发展了加工中心、自动化生产线和自动化装配线。

电子计算机在生产运作中不但能对生产过程完成繁琐复杂的计算和准确的程序控制,还可以对复杂的管理过程实现程式化的管理控制,从而对大型企业、复杂的生产和管理过程实行实时的管理。

电子计算机还可以根据近似现实的条件对生产系统的模型进行运作模拟。建立系统模型——对模型的运作情况进行计算机模拟——选择最可行运作方案,已成为现代生产管理的一个特点。现在,人们正试图通过建立各种以计算机模拟为基础的公司模型来对整个生产系统的实际经营进行模拟,以便在采取行动之前确定各可选择决策可能产生的影响。

6.1.2　库存管理

库存管理是指在物流过程中商品数量的管理。现代管理学认为零库存是最好的库存管理。库存多,占用资金多,利息负担加重。库存也不能过分降低,否则会出现断档。库存管理的方式如下。

(1) 供应商管理库存(VMI)

供应商管理库存(Vendor Managed Inventory,VMI)含义为:通过集中管理库存和各个零售商的销售信息,生产商或分销商补货系统就能建立在真实的销售市场变化基础上,能够提高零售商预测销售的准确性、缩短生产商和分销商的生产和订货提前期,在链接供应和消费的基础上优化补货频率和批量。

(2) 客户管理库存(CMI)

相对于 VMI,客户管理库存(Custom Managed Inventory,CMI)是另外一种库存控制方式。零售商在配送系统中由于最接近消费者,在了解消费者的消费习惯方面最有发言权,库存自然应归零售商管理。配送系统中离消费市场越远的成员,越不能准确地预测消费者需求的变化。

(3) 联合库存管理(JMI)

联合库存管理(Jointment Managent Inventory,JMI)是介于供应商管理库存和客户管理库存之间的一种库存管理方式,是由供应商与客户共同管理库存,进行库存决策。它结合了对产品的制造更为熟悉的生产或供应商以及掌握消费市场信息能对消费者消费习惯做出更快更准反应的零售商的优点,因此能更准确地对供应和销售做出判断。在配送系统的上游,通过销售点提供的信息和零售商提供的库存状况,供应商能够更加灵敏地掌握消费市场变化,销售点汇总信息使整个系统都能灵活应对市场趋势;在系统另一端,销售点通过整个系统的可视性可以更加准确地控制资金的投入和库存水平。由于减少了需求的不确定性和应对突发事件所产生的高成本,整个系统都可以从中获益。

6.1.3　现代生产管理方法

信息化生产管理成为制造企业生产管理的重要手段。现代生产管理方法有以下三种。

(1) 标准化

将企业里各种各样的规范,如规程、规定、规则、标准、要领等,形成文字化的东西,统称为标准（或称标准书）。制定标准，而后依标准付诸行动，称为标准化。那些认为编制或改定了标准即已完成标准化的观点是错误的，只有经过指导、训练才能算是实施了标准化。

(2) 目视管理

目视管理是通过视觉导致人的意识变化的一种管理方法。

目视管理有三个要点：

① 无论是谁都能判明是好是坏（异常）；

② 能迅速判断，精度高；

③ 判断结果不会因人而异。

在日常活动中，我们通过五感（视觉、嗅觉、听觉、触摸、味觉）来感知事物。据统计，人的行动的 60% 是从"视觉"的感知开始的。因此，在企业管理中，强调各种管理状态、管理方法清楚明了，达到"一目了然"，从而容易明白、易于遵守，让员工自主地完全理解、接受、执行各项工作。

(3) 管理看板

管理看板是管理可视化的一种表现形式，即对数据、情报等的状况一目了然地表现，主要是对管理项目，特别是情报，进行的透明化管理活动。它通过各种形式如标语、现况板、图表、电子屏等把文件上、脑子里或现场等隐藏的情报揭示出来，以便任何人都可以及时掌握管理现状和必要的情报，从而能够快速制定并实施应对措施。因此，管理看板是发现问题、解决问题的非常有效且直观的手段，是现场管理必不可少的工具之一。

6.1.4 生产管理的发展趋势

6.1.4.1 生产系统外界环境的变化

在 20 世纪六七十年代前，企业进行生产管理的主要目的还只是降低成本和提高劳动生产率，很少留意生产问题是否能满足企业的经营战略需要。

在众多西方企业还热衷于发展新的营销手段销售产品时，日本企业已经占领诸如汽车、摩托车、家用电器和几乎所有的电子消费品市场。西方的管理者们发现，其成功的奥秘是高效的生产运作，且其生产运作不只集中于降低成本和提高劳动生产率方面，而是涉及成本、质量、交货速度、新产品开发速度、产量的柔性及产品的多样性等多方面，涉及企业经营战略的生产运作因素。

为了重新获得竞争优势，西方的管理者们意识到企业需要进行重大变革。单纯以成本、效率为目标的生产管理意识被抛弃，取而代之的是全新的生产运作战略。

(1) 20 世纪 60 年代以前

企业面对的市场为未满足的卖方市场。

因为技术、时间、空间、文化、信仰、经济、信息等因素造成各市场进入障碍。企业之间市场竞争较小，企业尚需努力满足本地市场需求。技术、设备能力及资源和社会经济发展水平的限制都使企业的规模受限（大小及地域覆盖面）。

生产管理是企业管理的重点问题，即管理的重点在企业内部。主要涉及：①产品成本（生产效率）；②产品产量；③产品质量。而不是产品的市场问题。

(2) 20 世纪 60 年代以后

企业面对的市场为相对满足的买方市场。

企业间市场界线消除，市场竞争白热化，形成寡头市场。技术的进步和资本的相对过剩使得只要发现市场，企业就有能力迅速扩张，满足市场需求。市场需求向物美价廉、个性化方向转变。

生产管理是企业管理的基础问题，企业的管理重点在外部。生产管理在保证产品成本、产量质量的基础上必须适应外部市场的变化。并满足生产战略多方面的需要。

企业面对的重要问题：①社会需要的实质产品、形式产品和附加产品；②产品质量；③产品成本；④可靠的交货期；⑤品种和产量柔性。

6.1.4.2 外界环境变化对生产系统造成的影响

（1）市场对产品质量、性能、特色要求越来越高

要求产品有明显的个性与特色，并能随时更新换代，产品的寿命周期越来越短。这种趋势使得企业必须经常地投入更大的力量进行新产品的研制与开发。如彩电行业产品经历了如下变化：遥控、全制式、立体声、多画面、大屏幕、平面直角、超平面、纯平面、高清晰度、数字电视。

（2）单一品种大批量生产渐失优势

市场需求的多样性使得以往单一品种大批量生产、靠批量降低成本的生产方式逐渐失去优势，要求企业生产转向多品种、中小批量生产。而生产方式的这种转变，必然要求企业生产管理体制和管理方法也相应地进行改变。

（3）技术进步使生产设备不断更新

飞跃的技术进步使设备不断更新成为可能，网络、通信和监控装置的不断更新换代，使得生产中心、技术中心、管理、销售中心都可以依成本最低原则选择地址，而不必相互紧密依附。从而形成效率更高、更灵活的生产系统。

6.1.4.3 现代生产管理的发展趋势

（1）范围更宽、内容更深

现代生产管理不但包括了制造业的工业企业，而且进入了服务业。制造业生产管理的范围也从生产系统的内部运行管理扩展到新产品研制开发、生产系统的选择、设计调整、诊断和再造等。

（2）向多品种、中小批量混合生产方式变化

20世纪后半期，整个世界进入了一个市场需求向多样化发展的阶段，要求工业产品的生产方式向多品种、中小批量方向发展。大批量生产方式逐渐显露出其缺乏柔性、环境适应性差的弱点。半自动、全自动机床、机器人、加工中心及计算机集成制造系统 CIMS (Computer Integrated Manufacturing System)、准时制 JIT (Just in Time) 生产方法使得生产柔性化成为可能。

（3）向高效、科学、一体化方向发展

计算机技术的发展提高了管理自动化水平，使管理效率大大提高。计算机模拟为运作管理中各种系统设计和各种运作方案的选择提供了科学、经济、准确的决策手段，减少了管理决策中的经验和主观成分，使生产管理水平得以大大提高。CIMS 技术使得企业的经营计划、产品开发、产品设计、生产制造及营销等一系列活动构成一个完整的有机系统，并进一步朝着生产与经营一体化、制造与管理一体化的方向发展。

6.2 质量管理

6.2.1 产品质量与质量管理的概念

产品质量是指在商品经济范畴，企业依据特定的标准，对产品进行规划、设计、制造、

检测、计量、运输、储存、销售、售后服务、生态回收等全程的必要的信息披露。

质量管理（Quality Management）是指确定质量方针、目标和职责，并通过质量体系中的质量策划、控制、保证和改进来使其实现的全部活动。

6.2.2 全面质量管理的概念及思想

6.2.2.1 全面质量管理的概念

全面质量管理（Total Quality Management，TQM）是以产品质量为核心，建立起一套科学、严密、高效的质量体系，以提供满足用户需要的产品或服务的全部活动。管理核心是一个组织以质量为中心，以全员参与为基础，目的在于通过顾客满意和本组织所有成员及社会受益而达到长期成功的管理途径。

6.2.2.2 全面质量管理的思想

现代企业全面质量管理的基本思想主要表现在以下几个方面：

① 顾客至上。顾客至上就是要树立以顾客为中心，为顾客服务的思想，使产品质量与服务质量尽可能满足顾客的要求。产品质量的好坏最终应以顾客的满意程度为标准。

② 质量第一。企业的产品质量必须是第一位的。企业要想真正贯彻"质量第一"的原则，就必须要求全体员工具有强烈的质量意识。当质量与数量、社会效益与组织效益、长远利益与眼前利益发生矛盾时，应把质量、社会效益和长远利益放在首位。

③ 用数据说话。质量好坏的重要依据是数据，因此，一切要凭数据说话。

④ 质量体现于生产的全过程。产品质量需要通过设计去体现，但更需要通过原材料、装备、工艺和加工去实现，还需要通过各种服务来保证，即产品质量与它的生命周期的全部过程有关。

⑤ 质量具有波动的规律。质量在设计、制造、检验和使用过程中具有波动的规律，其正常波动符合统计学上的正态分布规律，因而不合格品的产生也有一定的规律。

6.2.3 统计质量控制

统计质量控制指使用统计技术进行质量控制，包括频率分布的应用、主要趋势和离散的度量、控制图、回归分析、显著性检验等。

统计质量控制产生于20世纪20年代，1925年W. A. 休哈特和H. F. 道奇分别提出休哈特控制图和计数抽样检验方案，当时只在少数工厂中应用。第二次世界大战中由于对武器数量和质量的需求和美国政府的强制推行，使控制图和抽样检验的理论和方法得到进一步的发展和完善；此外，随着复杂武器系统的研制以及电子设备的广泛应用，产品可靠性问题也越来越突出，从而又开创了可靠性理论与可靠性工程，使统计质量控制进入新的发展阶段。

第二次世界大战后，在美国统计学家和质量管理专家的帮助下，日本的质量管理得到迅速发展，在不到30年的时间里，创建了日本式的全面质量管理，使日本的工业产品质量跃居世界前列。

6.2.4 ISO 9000简介

ISO一词来源于希腊语"ISOS"，即"EQUAL"——平等，是国际标准化组织（International Organization for Standardization）的简称。ISO 是一个全球性的非政府组织，是国际标准化领域中一个十分重要的组织，又称"经济联合国"。

ISO 为非政府的国际科技组织，是世界上最大的、最具权威的国际标准制定、修订组织，成立于 1947 年 2 月 23 日。ISO 的最高权力机构是每年一次的"全体大会"，其日常办事机构是中央秘书处，设在瑞士日内瓦。

ISO 的宗旨是"发展国际标准，促进标准在全球的一致性，促进国际贸易与科学技术的合作"。

ISO 9000 质量管理体系是企业发展与成长之根本，ISO9000 是一类标准的统称。

ISO 9000 是由西方的品质保证活动发展起来的。第二次世界大战期间，因战争扩大，武器需求量急剧膨胀，美国军火商因当时的武器制造工厂规模、技术、人员的限制未能满足"一切为了战争"的需要，美国国防部为此面临千方百计扩大武器生产量，同时又要保证质量的现实问题。分析当时企业：大多数管理是工头凭借经验管理、指挥生产，技术全在头脑里面，这样管理的人数很有限，产量当然有限，与战争需求量相距很远。于是，美国国防部组织大型企业的技术人员编写技术标准文件，开设培训班，对来自其他相关工厂（如五金、工具、铸造工厂）的员工进行大量训练，使其能在很短的时间内学会识别工艺图及工艺规则，掌握武器制造所需关键技术，从而将"专用技术"迅速"复制"到其他机械工厂，进而奇迹般地有效解决了战争难题。

20 世纪 70 年代后期，英国一家认证机构 BSI（英国标准协会）首先开展了单独的品质保证体系的认证业务，使品质保证活动由第二方审核发展到第三方认证。1979 年向 ISO 提交了一项建议。ISO 根据 BSI 的建议，当年即决定在 ISO 的认证委员会的"品质保证工作组"的基础上成立"品质保证委员会"。1980 年，ISO 正式批准成立了"品质保证技术委员会"（即 TC176）着手这一工作，标志着"ISO 9000 族"标准的诞生。

一般说来，推行 ISO 9000 的好处分内外部：内部可强化管理，提高人员素质和企业文化；外部能提升企业形象，扩大市场份额。具体内容如下。

① 强化品质管理，提高企业效益；增强客户信心，扩大市场份额。

通过 ISO 9000 认证的企业能够稳定地提供合格产品或服务，扩大企业的市场占有率。

② 获得国际贸易绿卡——"通行证"，消除国际贸易壁垒。

许多国家为了保护自身的利益，设置了种种贸易壁垒，包括关税壁垒和非关税壁垒。其中非关税壁垒主要是技术壁垒。技术壁垒中，主要是产品品质认证和 ISO 9000 品质体系认证的壁垒。特别是，在"世界贸易组织"内，各成员国之间相互排除了关税壁垒，只能设置技术壁垒，所以，获得认证是消除贸易壁垒的主要途径。

③ 节省了第二方审核的精力和费用。

在现代贸易实践中，第二方审核早就成为惯例。其存在很大弊端：一个组织通常要为许多顾客供货，第二方审核无疑会给组织带来沉重的负担；另一方面，顾客也需支付相当的费用，同时还要考虑派出或雇佣人员的经验和水平问题，否则，花了费用也达不到预期的目的。ISO 9000 认证可以排除这样的弊端——第一方申请了第三方的 ISO 9000 认证并获得认证证书以后，第二方就不用再对第一方进行审核。

④ 在产品品质竞争中立于不败之地。

国际贸易竞争的手段主要是价格竞争和品质竞争。20 世纪 70 年代以来，品质竞争已成为国际贸易竞争的主要手段，不少国家把提高进口商品的品质要求作为限人奖出的贸易保护主义的重要措施。实行 ISO 9000 国际标准化的品质管理，可以稳定地提高产品品质，使企业在产品品质竞争中立于不败之地。

⑤ 有利于国际间的经济合作和技术交流。

按照国际间经济合作和技术交流的惯例，合作双方必须在产品（包括服务）品质方面有共同的语言、统一的认识和共守的规范，方能进行合作与交流。ISO 9000 质量管理体系认证正好提供了这样的信任，有利于双方迅速达成协议。

6.2.5 质量管理的发展趋势

人们在解决质量问题中所运用的方法、手段，是在不断发展和完善的。随着新技术革命的兴起、知识经济的到来，以及由此而带来的挑战，人们对质量的认识也将促进质量的迅速提高。21 世纪，不仅质量管理的规模会更大，更重要的是，质量将被作为政治、经济、科技、文化、自然环境等社会要素中一个尤为重要的因素来发展。

(1) 质量的载体不再局限于企业的产品

质量载体由以制造业为主的工业企业产品向全社会的各种组织所产出的服务和产品转变，包括医疗卫生、交通运输、政府银行等部门，而质量载体不仅包括生产制造过程，也包括设计、规划、供应、销售和服务等相关过程。

(2) 质量管理的内容向注重质量改进和质量保证转变

传统质量管理的核心是对生产过程进行控制来防止不合格产品的产生，以保证产品符合规定的质量标准。激烈的市场竞争和国际环境促使企业在关注质量控制的同时，开始转向质量改进和质量保证。通过质量控制和质量保证活动，发现质量工作中的薄弱环节和存在问题，再采取有针对性的质量改进措施，进入新一轮的质量管理 PDCA 循环，以不断获得质量管理的成效。

(3) 质量管理与计算机结合更加紧密

质量管理的单一检验方法逐渐发展为各种管理技术和方法的综合应用。在质量管理活动中，引入计算机辅助设计和制造及机器人的应用，对产品的设计、生产过程采用一系列在线检测技术，取代传统的事后成品检验方法。

(4) 质量管理监督主体不限于企业和相关质检部门

传统的质量管理监督的主体只是企业的质量检测人员以及政府的质监部门等。随着科学技术的发展以及网络和计算机等的普及，企业内部的质量监督不再局限于专业质检人员，而是全员参与；企业外部的政府监督、行业监督和社会监督将会发挥更多的积极作用。

(5) 质量管理的空间范围更加国际化

以信息技术和现代交通为纽带的世界一体化的潮流正在迅速发展，各国经济的依存度日益加强。采用国际通用的标准和准则，传统的质量管理必然跨越企业和国家的范围而国际化。全球出现的 ISO 9000 热以及种类繁多、内容广泛的质量认证制度得到市场的普遍认同，也从一个侧面展现了质量管理的国际化。

6.3 材料企业日常管理

6.3.1 材料企业生产管理的任务与内容

生产是人类最基本的活动，只是生产方式、领域和产品不同。生产系统是由人和机器等生产要素构成的能够将一定的输入转化为特定输出的有机整体，是一个人造系统。

企业生产管理是企业管理的重要组成部分，是企业经营的物质基础和前提。生产管理是有计划、有组织、指挥、监督、调节的生产活动，是对企业生产系统设置和各项运行管理工作的总称。生产活动的范围有大有小，因而生产管理有广义和狭义之分，广义而言是对整个企业生产系统和全部生产过程（从原材料进厂到产品出厂）的管理，狭义而言是对产品基本生产制造过程的管理。

生产管理既要遵循市场经济的规律，又要符合现代科学技术发展的要求。生产管理的基本目标是高效、灵活、准时、安全、清洁地生产合格产品、满足市场需求和提供满意的服务，同时实现企业的经营目标。生产管理的重点工作体现在生产方案的重大决策、生产准备和生产控制等方面。

企业生产管理的基本问题包括：提高产品质量；适时、适量地将产品投放市场；使产品价格既为顾客接受，又能为企业带来利润；提供独具特色的附加服务；保护环境和合理利用资源。

6.3.1.1 广义生产管理的任务

企业生产管理的基本任务是在生产活动中，根据经营目标、方针和决策，运用计划、组织、控制等职能，合理组织企业的生产要素，将输入生产过程的人、财、物、信息等生产要素有机地结合起来形成有机整体，合理组织企业的生产过程，以尽可能少的投入生产出尽可能多的价廉、优质、符合市场和消费者需要的产品和劳务，并取得最佳的经济效益。

广义生产管理的任务包括以下几个方面：

① 按照市场需求，生产出适销对路、质优价廉的产品或提供用户满意的服务。

② 全面完成企业生产计划所规定的目标和任务。包括产品品种、产量、质量、产值、交货期及劳动生产率、材料利用率、生产成本和设备利用率等技术经济指标。同时，进行技术创新，开发新产品，不断增强企业的竞争力。

③ 合理组织劳动力，调动广大员工的积极性、主动性和创造性。合理组织生产活动，有效配置和合理利用企业的各种资源，不断提高企业的生产效率。

④ 加强物资、能源管理，降低单位产品的物资和能源消耗，提高资源利用率，建立合理的物资储备，减少资金占用，从而降低生产成本。

⑤ 加强设备管理，提高设备完好率和利用率。

6.3.1.2 狭义生产管理的内容

狭义的生产制造过程管理大体分为：生产准备、生产计划、生产组织、生产控制四个方面。

（1）生产准备

生产准备主要是指生产系统的设计，包括对产品或服务的选择和设计；生产设施的定点选择；生产设施的布置；服务交付系统设计和工作设计等。生产系统设计工作一般是在设施建造阶段进行，在生产系统更新、改造、扩建、增加新设备、产品或服务变化时，也会遇到生产系统的设计问题。生产系统的设计取决于所生产的产品和提供的服务。

首先，明确生产对象、做好生产技术准备，包括工艺方案、生产工艺文件、工艺装备等。企业产品的品种、数量、质量由领导层、营销部门及研发部门确定，技术部门在此基础上做好产品设计、工艺制定，确定所需设备、工具及工艺路线等。所有这些技术准备都和生产管理部门密切相关。

其次，做好物资、能源、人力的准备。根据生产任务的变化，做好原材料、燃料、动力、人员的配备和调整，保证生产任务的完成。

最后，做好生产系统设置，准备生产活动场所，包括厂址选择、平面布置、生产路线安排以及车间、工作地的设置、设备选择的经济评价和计划检修类别的确定等。

(2) 生产计划

生产计划包括：企业生产能力的核定，全年分季度生产计划安排，产品生产进度计划的确定，生产作业计划的制定，并进行生产过程的控制，具体包括产品生产计划和生产作业计划。

其中，企业的生产能力是现有条件下可能达到的最大产出量，是制定企业生产计划的一个重要依据；产品生产进度计划主要规定产品品种、产量（产值）、质量等，以及保证实现生产计划的技术组织措施计划；生产作业计划是生产计划的具体执行计划，它保证产品生产过程各阶段、各环节、各工序之间在期量上的协调与衔接，使企业实现有节奏的均衡生产。产品生产计划和生产作业计划的编制与执行，决定了企业能否生产出满足市场需要和消费者满意的产品，影响到企业的经济效益。

(3) 生产组织

生产管理所讲的组织，是生产过程组织和劳动过程组织的统一。生产组织主要解决合理地组织生产要素，使有限的资源得到充分、合理利用的问题。生产管理部门根据生产类型特点，在空间和时间上采取最佳的生产过程组织形式，并做好现场生产管理。着重解决产品生产过程各阶段、各环节、各工序在时间上和空间上的协调衔接，即生产过程的空间组织和生产过程的时间组织。劳动过程组织主要解决劳动者与劳动对象和劳动工具之间以及劳动者之间的关系。生产过程组织和劳动过程组织是企业生产活动计划工作的基础和依据，两者之间要密切配合，保持动态平衡，并提高应变能力，使生产系统成为一个有机整体，以提高企业的劳动生产率和经济效益。

(4) 生产控制

生产控制是为完成生产计划任务所进行的检查、监督、调整等工作，主要解决如何保证按计划完成生产任务的问题。为保证生产有效进行，在劳动方面要严格培训、加强管理、保证质量、提高劳动生产率；在设备方面要保证机器运转状态良好，加强维修和保养工作；在物资供应方面，既要做好采购，按质、按时、按量供应生产，又要加强仓库管理，保证储存质量，确定合理库存，避免积压。

生产控制是对生产过程的全面控制，包括生产准备、生产组织等的各个方面。整个生产过程中，不仅要做好投产前控制、生产过程控制、产品质量控制，更要加强成本控制，力求降低物资消耗与生产费用、降低成本，减少库存和资金占用，保证良好的经济效益。

要搞好生产管理，应遵循四个基本原则：坚持以市场为导向的原则；坚持讲求经济效益的原则；坚持科学管理的原则；坚持均衡生产的原则。

6.3.2 材料生产过程的组织

6.3.2.1 生产过程组织概述

(1) 生产过程的含义

企业的生产过程既是人、财、物的消耗过程，也是创造价值和使用价值的过程。企业生产过程是指从劳动对象进入生产领域到生产出产品的全部过程，是劳动者利用一定的劳动工具，直接地或间接地作用于劳动对象，使其成为具有一定使用价值的产品的劳动过程。

企业的生产过程，一方面是原材料、能源、动力、劳动力的输入过程，另一方面是工业产品或工业性作业的输出过程。对于一个企业来说，其生产过程可能只是社会产品总生产过程的一部分，整个产品的生产过程需要许多企业的生产过程共同完成。

生产过程的主要内容是人的劳动过程，在某些生产过程中，还需要借助于自然力的作用。

按照生产过程组织的构成要素，可将生产过程分为物流过程、信息流过程和资金流过程。

根据生产工艺流程性质，制造业企业生产过程一般分为流程式生产过程、加工装配式生产过程两大类：

① 流程式生产过程。其特点是原材料通常由工厂的一端投入生产，以固定的路线顺序加工，最后形成产品，是一种连续型生产过程。产品标准化、生产设备专门化、自动化程度较高，生产效率高。适用于大批量、少品种、标准化产品的生产。如冶金、化工、纺织、水泥、造纸等企业。

② 加工装配式生产过程。其特点是一般先将原材料加工成零件、部件，再通过装配活动组装成产品，拥有毛坯制造、零件制造、零件装配成部件、总装配等多级制造工艺阶段。各种材料、零部件断续通过生产系统，产品零件繁多，工艺路线大多各不相同，是一种离散型生产过程。适用于多品种、批量生产产品的生产。如汽车制造、机床、家电制造、电子产品等企业。

(2) 生产过程的组成

生产过程是企业内部各种产品的生产过程及其准备、服务过程的总和。根据生产过程所经历的各个阶段的性质和作用的不同，完整的生产过程由生产技术准备过程、基本生产过程、辅助生产过程、生产服务过程四个过程构成，部分企业还有附属生产过程。

① 生产技术准备过程。生产技术准备过程是指产品在投产前所进行的一系列生产技术准备工作的过程。主要包括产品设计（配方）、工艺设计、包装设计和制造、工艺装备的设计与制造、劳动定额制定、原材料与辅助材料消耗与储备定额、工时消耗定额及工资定额的制定、设备布置与调整、劳动组织、标准化工作、新产品的试制与检验等。生产技术准备工作直接影响正式生产后的产品质量、生产成本和企业竞争力。

② 基本生产过程。基本生产过程是在企业内直接把劳动对象经加工变为企业基本产品的过程。企业的基本产品，是企业直接提供给市场的产品，是代表企业生产发展方向的产品。例如，机械加工企业的毛坯制造、机械加工和零部件装配；纺织企业的纺纱、织布和印染等基本生产过程。基本生产过程是企业生产过程最基本、最主要的组成部分，代表了企业生产的基本特征、专业方向和专业技术水平，直接影响企业产品产量、质量、品种、生产成本、交货期等。

③ 辅助生产过程。辅助生产过程是指为保证基本生产的正常进行而从事的辅助生产和劳务的过程。辅助生产过程产品是企业为实现基本产品的生产所必须制造的自用产品，是基本生产过程需要消耗的产品，不构成基本产品的实体。例如，企业为保证基本生产过程提供的动力生产与供应、模具加工、工具制造、设备维修等。

④ 生产服务过程。生产服务过程是为保障基本生产和辅助生产活动顺利进行而提供的各种生产服务活动。例如，原材料的供应、半成品、工具的保管与收发、运输工作、技术检验、测试等。

⑤ 附属生产过程。附属生产过程是利用企业生产基本产品的余料、其他资源、技术能力等，生产市场需要的、不属于企业专业方向的产品的生产过程。随着市场需求的变化，企业的附属生产产品也可能转化为企业的基本产品。

上述生产过程的前四个方面都是不可或缺的，各有特殊功能及任务，其中，基本生产过程是核心和主体，其余各部分都是围绕基本生产过程而进行的。企业的生产管理是否有成效，很大程度上取决于生产过程的整体配套性和协调性。

(3) 合理组织生产过程的要求

合理组织生产过程，必须把生产过程的各工艺阶段在空间和时间上合理组织安排，保证企业完成生产计划任务，提高生产过程连续性，取得良好经济效果，并且充分利用企业的人力、物力和财力，达到优质、高产、低耗。为此，工业企业在组织生产过程时，应满足下列客观要求：

① 生产过程的连续性。连续性是指产品和零部件在生产过程的各生产阶段、各生产工序之间的流动，在时间上紧密衔接、连续不断。保持和提高生产过程的连续性，可以提高设备、生产面积、劳动力的利用率，缩短生产周期，减少在制品的数量，加速资金周转，减少产品在生产过程中断、停顿或等待时可能发生的损失，降低产品成本、提高经济效益。工厂布置合理，生产技术水平先进，生产组织管理先进合理，就能够提高生产过程的连续性。

② 生产过程的比例性（协调性）。比例性是指生产过程各生产阶段、各生产工序之间，应根据产品生产的要求，在生产能力的配备和产品劳动量上保持合理的比例关系，即各个生产环节的原材料搭配、机器设备、劳动力、生产面积的生产能力、供产销平衡必须互相协调、均衡发展，避免瓶颈现象，以保证生产顺畅进行。保证生产过程的比例性，有利于充分利用企业的人力、设备、资金、生产面积等，提高设备利用率和劳动生产率，也进一步保证了生产过程的连续性。生产过程的比例性首先取决于工厂布置的正确性。为了保持生产过程的比例性，在设计和建设企业时应做好统筹规划，在日常生产组织和管理工作中应搞好综合平衡和计划控制。

③ 生产过程的节奏性（均衡性）。节奏性是指生产过程各生产阶段、各生产工序的工作，应按照生产计划的要求均衡地、有节奏地进行，保证在相同的时间间隔内，所生产出的产品数量大致相等或均匀倍增，设备和人员负荷相对均匀稳定，使生产能力得到充分发挥，避免时松时紧或前紧后松的现象，达到动态均衡。生产过程的节奏性体现在投入、生产和产出 3 个方面，要实现生产过程的节奏性必须把 3 个方面统一安排。保证正常生产秩序的节奏性，有利于充分利用机器设备和人力，以最适宜的速度生产出最优质的产品，从而取得最大经济效益。

④ 生产过程的平行性。平行性是指生产过程的各生产阶段、各生产工序同时进行交叉作业，即在空间布局上尽量保证产品的各个零件、部件的加工和装配及其他生产阶段及工序能在各自的空间内同时平行进行。平行性是生产过程连续性的必然要求，只有将生产活动组织平行交叉作业，才能真正达到连续性的要求。保证生产过程的平行性，能缩短产品的生产周期，在同一时期提供更多的产品。要实现生产过程的平行性，在工厂空间布置时，要合理地利用面积，做到各生产环节能同时利用空间、各生产工艺阶段能在各自的空间平行作业。

⑤ 生产过程的适应性。适应性是指生产过程的组织应具有灵活性，生产过程能适应市场多变的特点，能快速灵活进行多品种、小批量生产，以不断满足社会需求的适应能力。生产过程的适应性与生产制造系统的机械化、自动化水平二者往往不能兼得。保证生产过程的适应性，企业应建立柔性生产系统、采用成组技术、多品种流水线生产等先进生产组织方法

和形式，把生产与消费、企业与市场紧密联系起来，企业才能具有强大的生命力。

⑥ 生产过程的经济性。经济性是指在生产过程中，以最少的物资资源和劳动力消耗、最少的资金占用，获得最多的符合社会需要的产品，即以最低的生产成本，取得最大的生产效益。生产过程的经济性是上述原则的综合反映。

上述 6 个方面是科学、合理地组织生产过程的基本要求，它们之间既相互联系又相互制约，只有全面按照这些基本要求组织生产，才能提高企业的经济效益。

(4) 生产类型分类

按照企业内部生产过程的重复性和工作地的专业化程度的高低，企业的生产类型可分为三种：单件生产、大量生产、批量生产。按照此标准划分的生产类型称为基本的生产类型。工作地的专业化程度一般采用"工序数目法"来判断，即根据工作地负担的工序数目来确定工作地的生产类型。

① 单件生产。其特点是同种工作的数量只有一个或极少数几个，产品品种繁多、经常改变，且很少重复生产，工作地不固定，工作地的专业化程度不高。单件生产条件下，所用的设备和工艺装备具有通用性，对工人的技术和操作水平要求高，生产过程的连续性差。造船厂的船只建造是典型的单件生产运作。

② 大量生产。其特点是产品固定，品种单一或很少，同种产品的产量大，工作地重复进行若干项工作，即一道或几道工序，生产运作重复程度高，工作地专业化程度很高。大量生产中，多采用高效专用设备，生产过程连续性强，资源利用充分，经济效益一般较高。汽车制造是大量生产运作的典型实例。

③ 批量生产。批量生产介于单件生产与大量生产之间，其特点是产品品种较多，但相对稳定，每种产品的生产需要在工作地轮番进行固定的若干项工作，每种产品都有一定的批量。一批产品加工完成后，需调整设备和工装，才能再加工其他批次产品。批量生产的范围很广，一般按照工作地工序的数量，批量生产可以分为：

小批生产——工作地进行的工序数约在 20 种以上；

中批生产——工作地进行的工序数约在 10～20 种；

大批生产——工作地进行的工序数约在 10 种以下。

一般的，小批生产接近于单件生产，大批生产接近于大量生产，所以在实际生产中，生产类型通常分为大量大批生产、成批生产、单件小批生产。一般来讲，大量大批生产运作容易实现高效率、低成本、高质量，而单件小批生产运作则难以实现。

判断企业属于哪一种生产类型，主要看其内部各生产环节中哪种生产类型占优势，即"比例最大"的原则。生产类型的确定一般需要经过两个步骤：划分工作地的生产类型；划分工段、车间、企业的生产类型。最后，根据基本生产车间的生产类型来确定企业的生产类型。

6.3.2.2 生产过程的空间组织

企业的生产过程是在一定的空间场所，通过许多互相联系的生产单位进行的。生产过程的空间组织是根据生产的需要和经济合理的原则，建立企业内部基本生产单位（车间、工段、班组等）及其设施的组成、合理布置和运输路线的布局问题，包括工厂总平面布置和车间布置。工厂布置应满足节约用地、有利生产、方便运输等基本要求。

企业为实现生产过程，必须进行总体规划设计，建立相应的厂房建筑、生产单位（车间、工段、班组）和其他设施，配备相应的机器设备和相应工种的工人，并在空间上进行合理布局，形成一个有机的整体，采用一定的生产专业化形式，保证生产过程的顺利实现。企业生产单位按照工艺专业化原则、对象专业化原则或者混合布置原则三种形式组成，在空间上形成有机的、相互分工又相互联系的整体。

（1）企业的生产单位的组成

企业的生产单位就是直接从事产品生产过程的某一阶段或某一部分零件生产的场所，即车间。车间的设立与企业生产过程结构相对应，一般有以下三种：

① 基本生产车间。与基本生产过程相对应，从事基本生产过程的生产单位，主要包括铸（锻）造车间、机械加工车间和装配车间等。

② 辅助生产车间。与辅助生产过程对应，为基本生产提供辅助产品或劳务的生产单位，主要包括模具车间、机修、动力车间、工具车间等。

③ 生产服务车间。与生产服务过程对应，为基本生产和辅助生产服务的单位，主要包括仓库、运输及生活服务设施等。

（2）工厂平面布置的原则

工厂布置包括平面布置和立体布置，平面布置是工厂布置的主要内容。工厂平面布置是根据已选定的厂址，将企业的各种生产单位进行合理布置，包括总平面布置和车间平面布置。工厂平面布置，应当技术可行、经济合理、生产安全，一般应符合下列要求：

① 以基本生产为中心，在满足工艺顺序和安全要求的前提下，应满足生产过程和物流的要求，使原材料、半成品、成品的运输路线尽可能缩短，运输过程中，避免往返和交叉运输，从而缩短生产周期、节省运输费用。

② 适当提高建筑系数，尽可能提高厂房、建筑物等在厂区内的紧凑程度。工厂布置要求尽可能做到最大的协调性，明确产品移动路线，有密切生产、业务联系和协作关系的车间和单位应靠近布置，辅助车间和服务部门应设置在主要车间附近。同时，根据安全防火、卫生等要求分区布置，同类性质的车间和建筑物布置在一个区域，合理利用厂区面积。

③ 美化和绿化厂区，创造一个良好文明的生产环境，与周围环境协调。

④ 要考虑企业未来发展的可能性，在平面布置中为扩建和改建留有余地，但留用的厂区面积不宜过多，以免增加企业的投资费用。

⑤ 工厂布置应有利于保证安全生产，注意防火措施，符合环境保护要求，考虑"废水、废气、废渣"处理设施的布置。

⑥ 适应厂外运输要求，考虑厂内运输的合理布置及与厂外运输的合理连接，货运路线和人流路线避免交叉，安排适当出入口。

（3）车间合理布置的原则和要求

车间布置是对车间各工段和有关附属房屋在厂房中相关位置的安排，包括总体布置和设备布置。车间布置的主要任务是根据车间的功能与任务、工艺路线、生产组织形式、设备种类型号、工作地有效面积等，确定车间内部、各基本工段（或小组）、辅助工段和生产服务单位之间的相互位置以及设备之间的相互位置。其目的是满足生产过程需要，使其具有较高的生产效率和合理的设备利用率。

基本工段设备布置是核心。设备布置的原则：一般遵从工艺专业化原则、对象专业化原则和混合布置原则3种形式。此外，车间布置也应满足一定的要求。

① 工艺专业化原则　工艺专业化原则是将设备按功能进行分类，根据生产过程的不同工艺阶段的生产工艺特点来设置生产单位的形式。在工艺专业化的生产单位内，集中同类型

的机器设备和同工种的工人，对各种不同产品的零件、部件进行相同工艺方法的加工，以实现一定的功能，即加工对象可以不同，但是工艺方法相同。每一个生产单位只完成产品生产过程中部分的工艺阶段或工艺加工工序，不能独立地生产产品。由于同种设备集中在一起，这样的生产单位又叫"机群式"生产单位。例如，机械制造业中的铸造车间、热处理车间及车工段、铣工段等都是工艺专业化生产单位。

图 6.1 给出工艺专业化原则布置示意图。

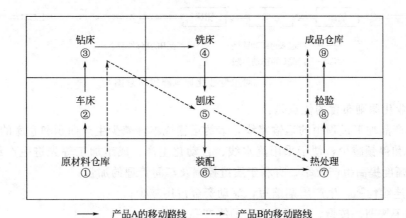

图 6.1　工艺专业化原则布置示意图

工艺专业化原则布置的优点是：

a. 产品制造顺序有一定的灵活性，对产品品种的适应性强，当加工对象变化时，不必重新布置和调整设备、工艺装备；

b. 集中了同类设备，有利于充分利用机器设备和生产面积，提高设备利用率，降低单位产品生产成本中的设备费用；

c. 由于同一生产单位生产工艺相同，有利于工艺管理和工人专业技能的提高；

d. 当设备出现故障或人员、材料发生短缺时，便于内部调剂，不使生产停顿；

e. 生产系统可靠性较高。

工艺专业化原则布置中，生产单位只能完成同一工艺阶段或部分工序的加工，一件产品或零件必须通过许多生产单位才能完成，存在以下缺点：

a. 产品物流比较复杂，零部件在车间之间往返和交叉运箱量大，原材料、半成品运输路线长、运输劳动量大；

b. 产品生产过程中因零件停顿等待时间较多，生产周期较长，在制品库存多、占用流动资金相应增加；

c. 车间（工段）之间往来频繁、协作关系复杂，使得生产作业计划管理、质量管理、在制品管理、成本核算比较复杂、生产控制难度较大；

d. 该组织形式比较适用于单件小批生产。

② 对象专业化原则　对象专业化原则是以产品或零部件为对象来设置生产单位的形式，每个车间完成其所担负对象的全部或大部分工艺过程。在对象专业化车间内，集中了不同类型的机器设备、不同工种的工人，对同类产品进行不同工艺方法的加工，即加工对象是一定的，工艺方法是多样化的。其工艺过程基本上是封闭的，能独立地完成产品（零件、部件）

的全部或部分生产工艺过程，而不用跨越其他生产单位。因为工艺过程是封闭的，也称作"封闭式"生产系统。例如，机床厂的齿轮车间、汽车制造企业的发动机车间等。

图 6.2 给出对象专业化原则布置示意图。

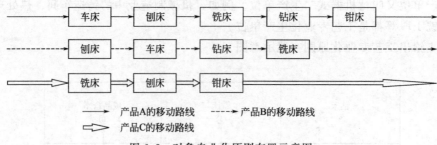

图 6.2　对象专业化原则布置示意图

对象专业化原则布置的优点是：

a. 缩短产品加工过程中的运输路线，节约运输成本，减少生产面积和仓库的占用；

b. 运输和停顿减少，便于采用流水线、自动化生产、成组加工等先进生产组织形式组织生产，大幅度提高生产效率，有利于质量控制及车间管理的加强；

c. 生产连续性强，生产周期缩短，流动资金占用减少；

d. 有利于按期、按量、成套生产出最终产品；

e. 简化生产单位之间的协作关系，便于计划和协调等管理工作；

f. 便于采用高效率的专用设备，生产效率较高。

对象专业化原则布置的缺点是：

a. 设备专用性强，对产品品种的适应性差；

b. 当生产任务不足时，设备会出现负荷不足的现象，设备的生产能力难以被充分利用；

c. 由于设备、技术、技术工人、生产工艺分散在不同的生产单位，不利于专业化技术管理和技术开发；

d. 生产单位内部协调工作量大；

e. 该组织形式比较适用于产品品种稳定的大批大量生产。

③ 混合布置原则　由于工艺专业化原则和对象专业化原则各有利弊，因此发展了混合布置原则，即综合运用工艺专业化原则和对象专业化原则对生产单位进行布置。混合布置原则兼有工艺专业化原则和对象专业化原则的优点，是一种较为灵活的生产单位的组织形式。混合布置原则主要有两种形式：一种是以对象专业化原则布置为主，一些特殊的车间、班组采用工艺专业化原则布置；另一种是在工艺专业化原则布置的基础上，局部采用对象专业化原则布置组成生产单位（图 6.3）。企业可结合本单位的具体情况灵活运用混合布置原则。

图 6.3 给出混合布置原则的示意图。

④ 车间布置的要求

a. 尽量适应加工对象的加工顺序，使产品生产过程中所经过的路线最短。

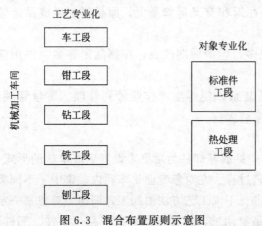

图 6.3　混合布置原则示意图

b. 为方便运输,应将大型、重型零件的加工设备及运输量大的加工产品尽量靠近入口,以减少运输次数,同时配置必要的桥式吊车。

c. 充分利用车间面积,设备布置应根据车间的具体形状进行纵向、横向或斜向排列,按照规定的标准距离布置,并考虑人行道、运输通道、运输设备或装置。

d. 要考虑安全生产和工作环境的改善,便于工人操作和设备维修,货运路线与人流路线分开,保障物料运输通畅。

e. 既要节约用地,也要考虑生产发展。

6.3.2.3 生产过程的时间组织

生产过程的时间组织是研究产品生产过程各环节在时间上的衔接和结合的方式,解决一批零件在各工序之间采取何种方式移动的问题,要求劳动对象在生产单位之间、各工序之间的移动能互相配合,在时间上紧密衔接,以保证生产过程的连续性和节奏性,达到缩短生产周期、提高劳动生产率和经济效益的目的。生产过程时间组织的目标是节约生产时间、缩短生产周期,缩短生产周期应以提高经济效益为前提,以科学管理和技术创新为手段,同时不增加或少增加生产费用。

生产过程的时间组织主要研究劳动对象在工序之间的移动方式,该移动方式与制造产品的数量有关。如果是加工一批相同的零件,主要有顺序移动、平行移动、平行顺序移动三种方式。

(1) 顺序移动方式

顺序移动方式是一批零件或产品在前道工序上全部加工完成之后,才整批集中运送到后道工序继续加工,同一批零件在各个工序上的加工时间没有任何交叉。其移动规则是整批移动;其移动特点是制品在工序间顺次连续移动,一道生产工序在工作,其他生产工序都在等待,制品在各道工序都有等待加工的时间,加工周期较长。因此,加工一批零件的生产周期等于该批零件在全部工序上加工时间的总和,即各道工序的单件加工时间之和与批量的乘积:

$$T_{顺} = n(t_1 + t_2 + t_3 + \cdots + t_m) = n\sum_{i=1}^{m} t_i$$

式中,n 是零件的批量;t_i 是零件在第 i 道工序的单件加工时间;m 是零件的加工工序数。

优点:生产组织计划工作简单,零件或产品集中加工、集中运输,运输工作量少,有利于减少设备的调整或停歇时间,设备连续工作不停顿,提高了生产效率。

缺点:大量工件有等待加工和等待运输时间,生产周期长,资金周转慢,经济效益较差。

适用于:单件小批生产,批量不大、单件加工时间较短,生产单位按工艺专业化布置,工序劳动量小的车间。

(2) 平行移动方式

平行移动方式是一批制品在前道工序上加工完成每一件制品后,立即转移到下一道工序继续加工,工件在各道工序之间是单件移动的,停歇时间短,整批工件生产周期最短。其移动规则是单件移动,其移动特点是一批零件在不同生产工序上同时平行加工,缩短了加工周期,在制品占用量少。不考虑工序间的运输、等待、停歇时间时,其生产周期为:

$$T_{平} = t_1 + t_2 + \cdots + t_{l-1} + nt_l^* + t_{l+1} + \cdots + t_m$$
$$= t_1 + t_2 + \cdots + t_{l-1} + t_l^* + t_{l+1} + \cdots + t_m + (n-1)t_l^*$$
$$= \sum_{l=1}^{m} t_l + (n-1)t_l^*$$

式中，t_l^* 是加工工序中最长的单件工序时间。

优点：一批零件同时在不同的工序上平行进行交叉作业，每个制品等待加工的时间大为减少，缩短生产周期。

缺点：运输工作频繁，当前、后道工序单件作业时间不相等时，会出现停歇时间，不利于设备及工人有效工时的利用。

适用于：大量大批生产，对象专业化的车间。

(3) 平行顺序移动方式

平行顺序移动方式是将上述两种移动方式的优点结合起来的一种移动方式。其特点是一批制品在前道生产工序上尚未全部加工完毕，即将部分已加工的制品转到下道生产工序进行加工，并能保证下道生产工序连续地、全部加工完该批制品。为此，当前道工序的单件作业时间大于后道工序时，一批在制品在前道工序加工到一定数量，足以保证后道工序开工后不会发生停工待料的情况时，才流转到下道工序加工，即采用顺序移动方式。而当前道工序的作业时间小于后道工序时，则前道工序加工完一件，立即流转到后道工序去加工，即按平行移动方式逐件运送。其移动特点是既考虑到生产过程的平行性，又考虑到生产过程的连续性要求，加工周期较短。其生产周期为：

$$T_{平顺} = n\sum_{i=1}^{m} t_i - (n-1)\sum_{j=1}^{m-1} t_{(较短)j}$$

式中，$t_{(较短)}$ 是每相邻两工序中较短工序的单件加工时间，计算时要两两工序相比求得。$\sum t_{(较短)}$ 是将两两相比所求得的较短加工时间求和。

优点：平行顺序移动方式融合了上述两种移动方式的优点，生产过程中断时间比顺序移动方式少，尤其是把平行移动方式中出现的零散的停歇时间集中起来，有效地利用设备、工时，缩短了生产周期。

缺点：生产组织管理比较复杂，需要工人密切配合。

图 6.4 给出平行顺序移动方式示意图。

工序名称	工序号	工序时间/min	时间/min								
			10	20	30	40	50	60	70	80	90
车削	1	10	1	2	3	4					
钻削	2	15			1	2	3	4			
磨削	3	10					1	2	3	4	
铣削	4	10						1	2	3	4

$T_{平顺}=90\text{min}$

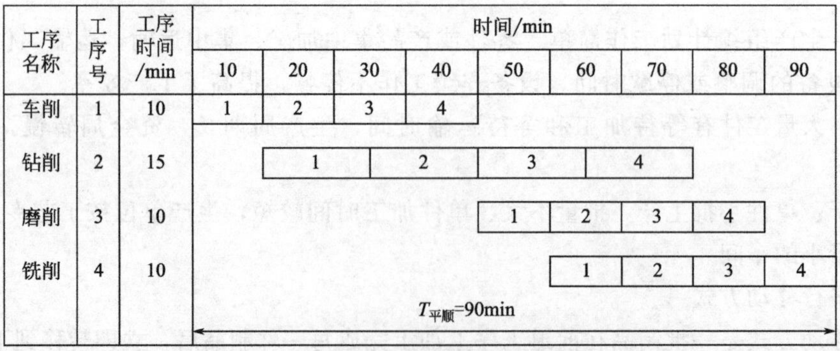

图 6.4 平行顺序移动方式示意图

上述三种移动方式是工序衔接的基本形式，各有利弊，一般来讲，平行移动方式生产周期最短，顺序移动方式生产周期最长，而平行顺序移动方式介于二者之间。一般情况下，在单件小批量生产时宜用顺序移动方式,而大批量流水线生产宜用平行移动方式。

例 6.1 要加工一批零件,批量为 6 件,每件零件需要经过 5 道生产工序加工,各生产工序的加工时间分别为 10min、5min、15min、10min、20min。试计算分别采用顺序移动方式、平行移动方式、平行顺序移动方式进行加工的生产周期。

解:

$$T_{顺} = n\sum_{i=1}^{m} t_i = 6 \times (10+5+15+10+20) = 360(\text{min})$$

$$T_{平} = \sum_{l=1}^{m} t_l + (n-1)t_l^* = (10+5+15+10+20) + 5 \times 20 = 160(\text{min})$$

$$T_{平顺} = n\sum_{i=1}^{m} t_i - (n-1)\sum_{j=1}^{m-1} t_{(较短)j}$$
$$= 6 \times (10+5+15+10+20) - 5 \times (5+5+10+10) = 210(\text{min})$$

6.3.3 材料生产计划

6.3.3.1 生产计划概述

生产计划是企业年度生产经营计划的主要组成部分,是实现销售计划和利润计划的保证,是编制物资供应计划、劳动工资计划、技术组织措施计划和成本计划等其他计划的依据。生产计划与控制是生产系统运行的重要组成部分,其任务是把生产目标和任务通过生产计划的方式进行全面安排,根据计划对生产过程进行动态控制,保证生产系统的有效输出。

企业的生产计划是企业根据对市场的预测,从企业的生产能力出发,为了生产符合市场需要或顾客要求的产品,所确定的企业计划期内应生产的产品品种、质量、产量、产值、进度安排,在哪个车间生产以及如何生产的总体计划。企业生产计划是根据销售计划制定的,是企业经营计划的重要组成部分,是企业对生产任务做出的统筹安排。生产计划不仅规定了企业内部各车间的生产任务和生产进度,还规定了企业之间的生产协作任务。所以,生产计划是指导企业计划期生产活动的纲领性文件。

生产计划是企业制定物资供应计划、设备管理计划、生产作业计划和实施生产管理的主要依据。其主要任务是合理利用企业资源,生产出市场需要的商品,以提高企业经济效益。生产计划的主要内容包括:调查社会对产品的需求,确定生产目标,企业生产能力的核定与平衡,制定策略,选择生产计划方法,制定生产计划、库存计划、生产进度计划以及计划的实施、检查与控制。

制定生产计划指标,是企业生产计划的重要内容之一。企业生产计划的主要指标包括:产品品种指标、产品质量指标、产品产量指标、产品产值指标等,上述指标经济内容各不相同,它们相互联系、形成体系,反映生产计划的内容。

① 产品品种指标:是指企业在计划期内应当生产的产品的品种,包括生产的产品名称、型号、规格等方面的规定性;生产的不同品种、规格产品的数量。确定产品品种指标是编制生产计划的首要问题,关系到企业的生存和发展。产品品种指标既反映企业在品种方面满足市场需要的程度和适应市场的能力,又反映企业技术水平和管理水平的高低。产品品种不宜过多,否则会分散企业的生产能力,难以形成规模优势。

② 产品质量指标:是指企业在计划期内生产的产品应该达到的质量标准,包括产品的内在质量与外在质量两个方面。我国的产品质量标准分为国家标准、部颁标准和企业标准三

个层次。产品的质量标准是衡量一个企业的产品满足社会需要程度的重要标志,是衡量产品使用价值的标志,反映了企业的技术水平和管理水平,是企业赢得市场竞争的关键因素。

③ 产品产量指标:是指企业在计划期内应当生产的合格的工业品实物数量或应当提供的合格的工业性劳务数量。产品产量既包括企业生产的可供市场销售的成品、半成品及工业性劳务的数量,也包括供应企业内部基本建设、大修理和非生产部门的需要量。产品产量指标是表明企业生产成果的一个重要指标,反映了企业向社会提供的使用价值的数量及企业的生产力发展水平,它直接来源于企业的销售量指标,也是企业制定其他物量指标和消耗量指标、安排生产作业计划、组织日常生产活动的重要依据。

④ 产品产值指标:是指用货币表示的企业生产产品的数量,能综合反映企业生产经营活动成果,解决了企业生产多种产品时不同产品产量之间不能相加的问题,便于不同行业之间进行比较。企业的产品产值指标有商品产值、总产值和净产值三种表现形式。

a. 商品产值:是指企业在计划期内生产的可供销售的工业产品或工业劳务的价值,即进入流通领域的产品价值。商品产值一般以现行价格计算,反映一定时期内生产的商品价值。

商品产值=自备原材料生产的成品价值+外销半成品价值+来料加工的加工价值+对外承做的工业性劳务价值

b. 总产值:是指以货币形式反映的企业在计划期内完成的工业产品和劳务总量。工业总产值一般按一定时期内国家规定的不变价格计算,反映一定时期内工业生产的规模水平。

总产值=商品产值+(期末在制品价值-期初在制品价值)+来料加工的来料价值

c. 净产值:是指企业在计划期内新创造的价值,即总产值中扣除物质消耗后剩下的价值部分。

净产值的计算方法有两种,一种是生产法,即从工业总产值中扣除生产过程中物质消耗价值的办法。

净产值=工业总产值-全部物资消耗价值

另一种是分配法,该方法是从国民收入初次分配的角度出发,将构成净产值的各要素直接相加求得净产值。

净产值=工资+税金+利润+企业经营费

在实践中,商品产值和净产值一般用现行价格计算,总产值则要求用不变价格计算。

上述各项生产计划指标的关系非常密切。既定的产品品种、质量和产量指标是计算产品产值指标的基础,而各项产值指标是企业生产成果的综合反映。企业在编制生产计划时,应先落实产品品种、质量和产量指标,据此计算产品产值指标。

生产计划工作主要包括三个部分的内容:生产能力的核定、生产计划的编制和生产作业计划的编制。

6.3.3.2 生产能力的核定

(1) 生产能力的概念

企业的生产能力是指在一定时期内,企业的全部生产性固定资产,在一定的技术组织条件下,经过综合平衡以后,所能生产一定种类和一定质量的合格产品的最大可能数量,或者能够加工处理一定原材料的最大可能数量。生产能力是反映企业生产可能性的一项重要技术指标,也反映企业的生产规模,通常用最终产品或原材料的实物量表示。

企业的生产能力是企业制定生产计划的重要依据。企业的生产能力在一定时期内是相对稳定的,但是随着生产技术的发展和生产组织的变化,企业生产能力会发生相应的变化。按照生产能力核定时依据的条件及用途,生产能力指标一般分为设计能力、核定能力、查定能力和计划能力。

生产能力反映了企业在不同时期不同生产技术组织条件下生产能力的不同水平,分别有不同的用途:设计生产能力和查定生产能力是确定企业生产规模、编制企业长远规划、安排企业基础建设和技术改造工作的依据;计划生产能力是企业编制年度计划、确定生产计划指标的依据。

(2) 生产能力的影响因素

影响企业生产能力的因素主要包括以下 3 个方面。

① 生产中固定资产的数量:指企业所拥有的全部能够用于工业生产的机器设备、厂房和其他生产性建筑物的面积。设备包括正在运转的、正在修理或待修理的、已到厂尚未安装的及因任务不足而暂时停用的设备。

② 固定资产的工作时间:指机器设备的全部有效工作时间和生产面积的全部利用时间。在连续生产条件下,机器设备的有效工作时间一般等于日历时间减去计划停修时间;在间断生产条件下,机器设备的有效工作时间一般是在日历时间中扣除节假日、计划停修时间。

③ 固定资产的生产效率:对于机器设备来说,是指单位机器设备的产量定额或单位产品的台时定额;对于生产面积来说,是指单位产品占用生产面积的大小和时间的长短。

在影响生产能力的 3 个基本因素中,固定资产的生产效率是最易变化且变化幅度较大的因素,因而是最难确定的一项因素,也是决定生产能力水平最重要的因素。

(3) 企业生产能力核定查定的方法

生产能力的核定是根据影响生产能力的 3 个基本因素,在查清现状和采取措施的基础上,对企业车间、工段、班组或联动机在一定时期内的生产能力水平进行计算和确定。企业的生产能力水平与企业的生产类型和各生产环节的生产情况、工作情况相关,需要按照不同的情况分别计算和核定,方法如下:

设备生产能力=设备数量×单位设备有效工时÷单位产品时间定额

生产面积生产能力=生产面积大小×生产面积利用的延续时间×单位产品占用生产面积的时间定额

联动机生产能力=原料数量×单位原料的产量系数×联动机计划期有效工作时间÷原料加工周期的延续时间

6.3.3.3 生产计划的编制

编制生产计划主要就是确定生产计划指标。生产计划的确定就是根据市场调查和对市场需求的预测,从企业能够适应需求的生产能力出发,经过反复测算和综合平衡,确定企业计划期内应出产的产品品种、数量、质量和进度安排,把社会需要与企业生产可能结合起来考虑。

其主要内容包括:正确确定和优化生产计划指标,制定产品出产进度计划,合理安排全厂和各车间的生产任务及厂外协作计划等。编制生产计划要与企业经营计划的其他各项专业计划协调平衡。

生产计划的主要内容由一系列相互联系的指标构成,包括产品品种、产品质量、产品产量、产值。生产计划的编制分为以下四步。

(1) 调查研究,收集信息

了解企业外部:市场对产品的需求情况,生产所需的资源供应情况,市场竞争状况等。

社会需要有两个方面,一是国家任务,二是市场用户的需要。

了解企业内部:企业的经营战略计划,中长期发展规划,订货合同和销售计划,设备运转情况,生产能力,劳动力现状,以及生产所需要的其他准备情况等。包括原材料、燃料、动力等供应情况,外协件、配套件、外购件等协作和供应的保证程度,企业生产能力状况,劳动力和技术力量的状况,物资的库存状况等。

(2) 拟订生产计划指标方案,进行方案优化

根据市场需求和企业内部生产能力,进行分析研究后,初步拟定企业生产指标方案。运用现代管理方法和运算工具,对方案进行优化。

① 生产计划的主要指标 生产计划的主要指标包括产品品种指标、产品质量指标、产品产量指标、产值指标。企业在掌握社会需要和生产能力等情况的基础上,结合产品销售计划,初步拟定生产计划指标。

② 生产计划指标确定的方法 生产计划指标的确定是一个统筹安排、平衡调整的过程。生产计划指标的确定要考虑以下平衡:生产任务与企业生产能力之间的平衡、生产任务与物料供应之间的平衡、生产任务与企业人力资源之间的平衡、生产任务与技术指标力量之间的平衡、生产任务与财务状况之间的平衡。企业要满足国家计划和市场需要,还要考虑企业的经济效益,即生产多少数量,企业才不至于亏本。

确定生产计划指标的方法有很多种,可以运用线性规划法等定量方法进行优选。

a. 盈亏平衡点的确定。当生产活动只受生产能力(或市场销量)约束,其他资源都相对宽松时,可采用盈亏平衡分析法确定产量指标。盈亏平衡点是总成本与销售收入相等的点。当产量达到一定界限时,产品的固定成本和变动成本能为销售收入抵偿,不盈不亏。产品产量小于盈亏平衡点,企业就要亏损;产品产量大于盈亏平衡点,企业才能赢利。

盈亏平衡点计算公式为:
$$Q_0 = \frac{C_f}{P - C_v}$$

式中 Q_0——盈亏平衡点产量,为企业不亏本也不盈利的产量,即保本产量;

C_f——总固定成本;

C_v——单位产品变动成本;

P——商品的销售单价。

例 6.2 某企业明年计划生产甲产品,产品销售单价为 800 元,单位产品变动成本为 400 元,预计全年总固定成本为 80 万元。试求该企业的盈亏平衡点产量。

解:盈亏平衡点产量(销售量)=总固定成本/(销售单价-单位产品变动成本)
=800000/(800-400)=2000(件)

b. 线性规划法确定产量。线性规划法是运筹学的重要组成部分,即环境条件已定,在满足规定的约束条件下,寻求目标函数的最大值(或最小值),以求取最优方案的方法。该方法适用于处理在既定的生产能力、人力、物资、资金、市场等条件约束下,确定多品种生产的产品产量,实现最大利润。该方法的步骤为:首先,确定一个目标函数,如利润、产值、产量最大等;其次,建立为实现该目标函数所需满足的各种约束条件,如设备、原材料、能源等;最后,对上述联立方程求解,以获得最优方案。

例 6.3 某企业同时生产甲、乙两种产品,甲产品每件利润为 800 元,乙产品每件利润为 1200 元。生产这两种产品主要受共用的专用设备和某主要原材料的限制,其有关资料如表 6.1 所示。

表 6.1 生产专用设备和某主要原材料的限制

项目	资源可供量	单位产品消耗定额	
		甲产品	乙产品
专用设备生产能力/台时	3600	40	80
主要原材料/kg	3000	60	40

在上述条件下，求甲、乙两种产品各生产多少时企业获得的利润最大？

解：先列出线性规划模式。

设生产甲产品 x 单位，乙产品 y 单位，可以使企业获得最大的利润，最大利润用 p_{max} 表示。

根据上述条件列出联立非严格不等式。

目标函数：$p_{max}=800x+1200y$

约束条件：$40x+80y \leqslant 3600$（专用设备生产能力）

$60x+40y \leqslant 3000$（主要原材料）

$x, y \geqslant 0$（产量不能为负值）

对于本例两个决策变量的线性规划问题，可以用图解法解出。

以 x 为横轴，y 为纵轴，按照约束条件绘图，如图 6.5 所示。

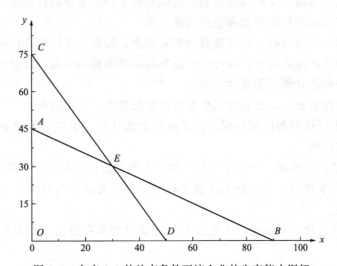

图 6.5 在表 6.3 的约束条件下该企业的生产能力图解

由 $40x+80y=3600$，绘制得到 AB 线；由 $60x+40y=3000$，绘制得到 CD 线。

AB 和 CD 两线相交于 E 点，即：$x=30$，$y=30$

E 点坐标也可以联立上述两个方程 $40x+80y=3600$ 和 $60x+40y=3000$ 求得。

故可得解域为图中面积 $OAED$，其中 O、A、E、D 为 4 个极点。

比较各极点的目标函数值，可知点 E 获得最大利润。

所以，E 点所示的生产甲产品 30 单位、乙产品 30 单位可以使企业获得最大利润，最大利润额为：

$$p_{max}=800 \times 30+1200 \times 30=60000（元）$$

（3）综合平衡，确定生产计划指标

初步拟定生产计划指标后，再与生产条件进行全面的综合平衡。综合平衡可以归纳为两个方面：一是生产任务与生产可能性的平衡。另一个是各项计划指标之间的衔接和平衡，具体包括生产任务与企业生产能力的平衡、生产任务与企业劳动力之间的平衡、生产任务与物资供应之间的平衡、生产任务与技术准备之间的平衡、生产任务与财务状况之间的平衡。通过反复综合平衡后，就可以具体地确定生产计划指标。

(4) 编制生产计划大纲

企业的正式生产计划是在生产计划草案和综合平衡后确定的生产计划指标的基础上编制的，经企业领导审批后作为正式生产计划贯彻实施。生产计划大纲的主要内容包括：编制生产计划的指导思想、主要的生产计划指标、完成计划的难点及重要环节、需要采取的有效措施以及生产计划表、生产协作计划等。

6.3.3.4 生产作业计划

(1) 生产作业计划的概念和内容

生产作业计划是企业生产计划的具体执行计划，是生产计划的继续和具体化，是联系企业内部各生产环节的必要手段，是企业组织日常生产活动的依据。与企业生产计划相比，生产作业计划具有三个特点：计划期短；计划内容更具体；计划单位更细。生产作业计划是组织日常生产活动，建立正常生产秩序的重要手段。

生产作业计划工作包括两个方面：编制生产作业计划，包括厂级生产作业计划、车间生产作业计划、工段（班组）生产作业计划；组织实施生产作业计划，包括生产作业准备工作的落实、日常派工、生产作业控制和生产调度工作。

生产作业计划的内容包括：制定或修改期量标准；编制企业的生产作业计划和车间的生产作业计划；编制生产准备计划；进行生产设备的负荷核算和平衡；日常生产派工。

(2) 编制生产作业计划所需要的资料

要编制好生产作业计划，必须有充分可靠的依据资料，主要包括：

① 年、季度生产计划和订货合同、技术组织措施计划、生产技术准备计划、工艺装备生产计划及其完成情况。

② 产品零、部件明细表，产品零件分车间、工段和班组明细表，产品工艺技术文件。

③ 各种产品、零件分工种、分工序的工时消耗定额及其分析资料，人员配备情况及各类人员的技术等级。

④ 原材料、外购件、外协件、工艺装备等的供应和库存情况，动力供应情况和物资消耗情况。

⑤ 设备的类型、数量及其运转情况，设备修理计划，厂房生产面积和台时消耗定额。

⑥ 各种期量标准和生产资金定额。

⑦ 上期生产作业计划预计完成情况和在制品情况。

⑧ 市场动态及产品销售情况。

(3) 生产作业计划的编制

生产作业计划的编制就是将企业年度、季度生产计划和订货合同规定的生产任务，按照月、周、天、工作班，逐级分配成车间、工段、班组和工作地的任务，通过合理安排各车间的生产任务和进度，保证各车间在品种、数量和期限上衔接。

编制企业生产作业计划的方法，取决于车间组织形式和生产类型。企业常用的编制生产作业计划的方法有在制品定额法（适用于大量大批生产企业）、累计编号法（适用于成批生产的企业）、生产周期法（适用于单件小批生产的企业）等。

厂部对车间生产任务的分配：按照生产对象专业化组织生产的车间，可将生产任务直接分配到车间；按照生产工艺专业化组织生产的车间，可分别采用在制品定额法、累计编号法、生产周期法、订货点法等。

① 在制品定额法　在制品是指从原料投入到产品入库为止，处于生产过程中的所有尚未完工的毛坯、零件、部件和产品的总称。在制品定额是指在一定技术组织条件下，为保证生产正常进行，生产各个环节所必须占用的最低限度的在制品数量。在制品定额是协调和控制在制品流转交接、组织均衡生产活动的主要依据。

在制品定额法的特点是只要保持在制品定额水平，就能保证前后车间生产的协调衔接。

各车间在制品的计算公式为：

某车间投入量＝该车间出产量＋该车间可能发生的废品量＋该车间期末在制品定额－该车间期初在制品预计结存量

某车间出产量＝后车间投入量＋该车间半成品计划外销量＋库存半成品定额－期初库存半成品预计结存量

在制品定额法适用于大量大批流水线生产的企业，这类企业按照流水线组织生产，各车间之间的分工和协作关系简单，车间之间生产上的联系表现在数量上，大批大量生产的在制品占用量较稳定。

② 累计编号法　累计编号法是采用累计编号的形式来规定各车间生产任务的方法，即从开始生产各种产品时起，按照成品出产的先后顺序将各种产品分别编号，每一成品及其对应的全部零部件都编为同一号码，并随着生产的进行，依次将号数累计，不同累计号的产品可以表明各车间出产或投入该产品的任务数量。如果计算出各车间期末投入、出产累计号，就可以确定各车间计划任务数量。

各工艺阶段（车间）应完成的累计号数计算公式如下：

本车间出产累计号＝装配车间出产累计号＋装配车间平均日产量×本车间出产提前期

本车间投入累计号＝装配车间出产累计号＋装配车间平均日产量×本车间投入提前期

计划期某车间出产量＝计划期末该车间出产的累计号数－计划期初该车间已出产的累计号数

计划期某车间投入量＝计划期末该车间投入的累计号数－计划期初该车间已投入的累计号数

累计编号法适用于成批生产，特别是成批轮番生产的企业，这类企业在不同时期生产的产品品种、数量、在制品数量都不稳定，但是产品的批量、生产间隔期、生产周期都是比较稳定的。

③ 生产周期法　生产周期是指从原材料投入生产开始，到成品出产为止所经历的时间。生产周期法是根据预先制定的产品生产周期标准和订货合同规定的交货日期，编制生产周期图表和产品投入、出产综合进度，确定车间生产任务安排的方法。采用该方法编制生产作业计划时，一般有两个步骤：首先根据各项订货合同规定的交货日期，制定生产周期标准，编制生产周期图表；然后根据各种产品的生产周期图表，编制全厂各种产品的生产进度，平衡车间的生产能力。

生产周期法适用于单件小批生产企业，该方法的关键是注意期限上的衔接。

④ 订货点法　订货点是指某种零件的仓库储备量下降到一定水平需要进行补充的量。订货点法是根据仓库中产品储备量下降到订货点的时间，来确定产品投入生产的时间和安排车间生产任务的方法。

订货点储备量＝平均每日需要量×订货周期＋保险储备量

采用该方法的关键是合理确定订货点储备量。在订货周期内，应该在不动用保险储备量的情况下，能保证正常生产领用的需要。

订货点法适用于各种标准件、通用件的生产。这些零件品种多、体积小、价值低，一般安排专门车间进行生产。

(4) 生产作业计划的编制步骤

产品出产进度计划的编制分为以下步骤。

① 产品资料的准备　产品需求是产品出产进度计划的主要依据。因此，准备产品需求资料是编制生产计划工作的第一步。产品需求资料一般根据历史资料产生未来的产品需求量、积攒的用户订货、通过走访用户而预测的订货量来确定。

② 制定产品出产进度计划草案　产品出产进度计划是一种指导生产用的计划，在编制计划时应考虑：现有库存量能满足的部分不列入计划；批量和间隔期适当以保证生产的经济型；生产负荷量；避免笼统的需求。对于不同生产类型的企业，产品产量和品种搭配各不相同。

③ 检查生产能力能否满足需要　产品出产进度计划的生产能力单位主要是生产车间，或取设备大组、或取全车间的加工能力等为核算单位，按照这样的生产能力单位分配产品生产任务，并进行任务量与实际生产能力的核算平衡。为此，需要计算产品任务在各生产能力单位的负荷分布，进而对生产进度或能力单位进行调整，以期得到合理可行的生产计划。

6.3.4　企业物资管理

6.3.4.1　物资管理概述

(1) 物资的含义及分类

1) 物资的含义　广义的物资，是物质资料的简称，是社会财富中各种物质资料的总和，即生产资料和生活资料。物资管理中的物资，仅指生产过程中所需要的生产工具和原材料、辅助材料、燃料等，不包括生活资料，更不包括土地、生产性建筑物、道路等生产资料。

2) 物资的分类　工业企业所需的物资种类繁多，规格复杂，数量不一，而且各种物资又有其自身的特点和要求。为了便于计划、组织、管理和控制，编制物资供应计划，制定物资消耗定额，进行物资统计和材料核算，搞好物资储存、运输和日常供应工作，有必要按一定的特征对物资进行科学的分类。

① 按物资在生产中的作用分类：采用这种分类方法，便于企业科学地制定各种物资消耗定额，计算各种物资需要量，也便于计算产品成本和确定流动资金定额。

a. 原料。物资经过人类劳动、从自然界中生产出来、被当作劳动对象时叫"原料"。原料是构成产品实体的物资，如炼铁用的铁矿石，石化企业用的石油，纺纱用的原棉和麻等。

b. 主要材料。经过再加工的原料叫"材料"。根据材料在生产建设使用过程中的作用不同，有主、辅之分。起主要决定作用的就叫"主要材料"。在加工工业中，它是构成产品实体的成分，如炼钢用的生铁，制造车床用的钢材、铸铁，织布用的细纱等。需要注意的是，在原料工业生产中没有原料，它的主要材料也不构成产品的主体，而是在生产中起决定作用，如矿山采掘中的爆破材料、钢钎等。

c. 辅助材料。辅助材料是辅助生产进行而不直接进入产品实体或不起主要作用的材料，是用于生产过程、有助于产品形成、但不构成产品主要实体的各种材料。辅助作用大体包括以下几个方面：使主要原材料发生物理和化学变化的，如化工企业用的催化剂、炼钢用的石灰石；使机器设备正常运转工作的，如各种润滑剂；使工作环境和劳动条件得到改善、达到规定要求的，如照明设备等；满足其他辅助性需要的材料。

  d. 燃料。燃料是用于工艺制造、生产动力、运输、温湿度调节等产生热能、动能的可燃性物质，一般称为能源物资。它在生产中所起的作用一般是辅助性的，在国民经济中占有重要地位，占辅助材料的比重较大，在管理工作中有其特殊性，所以单独划分为一类。工业上用的燃料，按照状态不同分为三种：固态，如煤、焦炭等；液态，如柴油、汽油、煤油等；气态，如天然气、液化石油气、水煤气、发生炉煤气等。

  e. 动力。是指用于生产和管理等方面的电力、蒸汽、压缩空气等，是一种特殊的辅助材料。

  f. 设备及备品、配件。设备是指安装使用的机器设备；备品是指用以替换机器设备中易损部分的零部件，如轴承、电机等；配件是指预先准备的用于更换设备中已磨损和老化的零件的各种专用件。

  g. 工具。是指生产中所使用的各种刀具、量具、夹具、模具和辅助工具等。

  h. 包装物。是指包装产品所用的各种物资，如桶、箱、瓶、罐、袋等。

  ② 按物资的自然属性分类：采用这种分类方法，便于企业编制物资供应目录，进行物资采购、运输和保管。

  a. 金属材料。包括黑色金属材料和有色金属材料。黑色金属材料是指外观呈黑色的金属及其合金制品，是工业上对铁、锰和铬的总称，包括钢材、生铁、铁合金、铸铁等；有色金属材料是指除黑色金属以外的其他金属材料，包括铜、铅、铝、锌等。

  b. 非金属材料。是指除金属材料以外的其他原材料，包括木材、煤炭、化工产品、纺织产品、石油产品、橡胶及塑料制品、建筑材料、轻工和纺织产品、水泥、耐火材料、铸石、非金属矿等。

  c. 机电产品。是机械产品和电工产品的总称，包括电机、电线、仪表、机械设备、电子、光学仪器以及液压配件等。

  随着科学技术的发展，近年来，根据物资的自然属性又提出了一些新的分类方法，如按化学性质分为金属、无机非金属和有机高分子材料；按物资的状态分为单晶材料、多晶材料、非晶态材料和复合材料等。

  ③ 按物资的使用范围分类：采用这种分类方法，便于企业按物资的使用方向进行物资的核算和控制。

  a. 基本建设用物资。

  b. 生产经营用物资。

  c. 一般维护用物资。

  d. 开发新产品用物资。

  e. 工艺装备用物资。

  f. 技术措施用物资。

  g. 非标准设备用物资。

  h. 其他用物资。

  (2) 物资管理的任务和内容

  ① 物资管理的概念 企业的物资管理是对企业生产经营活动所需的各种物资（原材料、辅助材料、标准件、外购件、工具等）的采购、供应、运输、保管、发放、合理使用和综合

利用等一系列计划、组织、控制等管理工作的总称。

物资管理是企业生产经营管理的重要组成部分，是保证生产发展和提高经济效益的重要环节。

② 物资管理工作的核心任务　工业企业的生产过程，既是产品的制造过程，也是物资的使用和消耗过程。企业生产活动不断进行，需要不断补充生产中所消耗的各种生产资料。物资管理工作的核心任务就是在确保物资供应的同时，有效地控制库存量。

企业要在瞬息万变的市场中取胜，需要在市场需求变化时能迅速改变企业的产品，这就对物资供应提出新的要求，物资供应要适应这种变化。为了保证企业生产的连续性，物资供应需要保持一定的库存，以保证生产所需的原材料、零部件的持续供应。但是，过多的库存又会占用企业资金，当产品的市场需求减少时，还会造成物资的积压，使企业面临风险。因此，企业的物资供应部门必须制定切实可行的物资供应计划，明确计划期的物资需求量、存储量、库存量、采购量，做好物资供应的组织工作。

物资管理是企业生产经营管理的重要组成部分。做好物资管理工作是保证生产正常进行的前提条件。物资管理工作直接影响企业的生产技术、财务等方面的生产经营管理活动及经济效益。所以，加强物资管理，对保证物资的正常连续供应，提高产品质量，降低成本，加速资金周转，增强企业盈利，促进企业发展，有着十分重要的意义。

③ 物资管理的主要任务　在企业的生产经营活动中，物资的消耗费用一般要占产品成本的80%左右，物资储备所占用的流动资金，一般要占企业全部流动资金的60%左右。物资管理的主要任务如下。

a. 物资管理的基本任务：保证按质、按量、按期、按品种规格及时供应企业生产所需的各种物资；确保各种物资的供应，保证企业生产经营活动顺利进行。

b. 制定合理的物资消耗定额，集中采购、集中下料、限额发料，合理利用物资，降低物耗，提高物资的利用率，降低成本，提高企业经济效益。物资部门应协同生产、技术等部门采用科学的方法制定出先进合理的物资消耗定额及适当的发料制度，搞好定额管理，建立必要的物资消耗定额制度。调动生产工人合理使用物资的积极性；物资部门还应积极寻找节约物资的途径，推广新型材料、收旧利废、综合利用，进行物资核销和统计分析，促进企业在各个环节上节约物资，降低消耗。

c. 编制物资供应计划，做好物资管理工作。根据生产计划做好物资供应计划，合理选择货源、供货渠道、组织订货。

d. 加强库存控制，确定合理的库存量，妥善保管物资，降低库存费用，减少库存损耗，加速资金周转。企业应根据物资供求状况和运输条件以及物资在生产中消耗特点的不同，制定恰当的物资储备定额，对库存水平做出合理的评价。采用不同的库存控制方法，使库存量保持在合理的水平，在保证生产需要的前提下，经济合理地储备物资，减少储备资金的不合理占用。

e. 不断运用新技术、新材料、新工具，提高工作效率，更好地为生产服务，促进企业生产技术进步。配合企业生产技术部门的技术改造和产品的更新换代工作，提供新型原材料和生产工具，推动企业技术进步。物资管理工作是一项技术性工作，只有不断地采用先进管理手段、现代理论方法及机械化操作方法，提高工作效率，才能适应企业的进步，更好地为企业服务。

④ 物资管理的内容　企业的物资管理，是对企业所需的原材料、燃料、辅助材料、工

具等生产资料进行有计划组织供应和管理的工作。其主要内容可概括如下。

　　a. 建立科学合理的组织机构和管理体制：有效的物资管理的组织机构和合理的管理体制，是企业完成物资管理任务的重要保证。为此，企业要根据精简有效的原则，健全组织机构，建立科学合理的管理体制，对企业的物资实行统一、有效的管理，做到管供、管用、管节约。

　　b. 加强市场调查，开展市场预测工作：调查的重点在于了解现状，预测的重点在于分析和掌握今后的发展趋势，这已成为现代物资管理的重要内容。目前，我国的企业正在从"生产型"转变为"经营型"，这就对物资管理提出了新的更高的要求。一方面要充分掌握物资的供应情况以及今后的变化和发展趋势；另一方面又要掌握企业生产经营的发展方向。企业在物资管理上，要加强市场调查和预测工作，解决物资计划编制在前、生产经营计划确定在后的矛盾。

　　c. 物资计划工作：物资计划是根据企业的生产建设任务来确定的，是企业物资工作的行动纲领，是一项全面的、综合性很强的工作，包括计划的编制、执行、检查和控制等。搞好物资计划工作，首先要抓好有关的基础工作，如物资消耗定额、物资储备定额、库存决策、统计和预算工作等，并要运用一系列的现代管理方法，如计划平衡、目标管理、PDCA 循环法、价值分析、信息管理等各种手段和方法。

　　d. 物资的组织工作：物资计划确定以后，只是物资管理工作的开始。物资组织工作的范围十分广泛，从采购订货、物资进厂、投入使用一直到产品制成为止的全部过程，从每一个环节到每一个工序，都必须做到管供、管用、管节约，以免造成浪费。具体来说，包括组织货源、选择供应渠道、采购订货、合同管理、物资分配和调度、物资协作、发货送货、现场管理、检查分析等。上述这些工作是相互联系、相互制约的，形成物资组织的有机整体。

　　e. 仓库管理和物资运输工作：做好仓库管理工作，对于保证生产需要，提高经济效益，具有十分重要的作用。仓库管理工作的主要环节，包括物资的验收、保管、维护、下料准备、发货送货、统计核算、物资盘点、废旧物资的回收和利用等工作。

　　物资的运输和装卸工作，是企业物资管理和物资供应的重要组成部分，无论是进货、发货、码垛、整理、送料、回收等工作，都离不开物资的运输和装卸。该工作直接关系到物资进库、出库的及时性，物资和资金的周转速度以及物资流通中的经济效益。为此，每一个企业都要正确编制物资运输计划，做好运输和装卸的组织工作，做到文明运输和文明装卸。

　　f. 建立健全各种规章制度，严格实行经济责任制：把任务、责任、权力、利益很好地结合起来，充分调动员工的积极性和创造性，努力做到"供应好、周转快、消耗低、费用省"。把保证供应、降低采购成本和节约管理费用作为包干指标；把物资消耗定额，物资储备定额，按质、按量、按期限供应作为确保指标；然后把指标层层分解，落实到每一个员工，实行责、权、利相结合，根据指标完成好坏、贡献大小和经济效益高低，做到赏罚分明。

6.3.4.2　物资定额

　　物资定额是国民经济计划中的一个重要技术经济指标，是正确确定物资需要量、编制物资供应计划的重要依据，是产品成本核算和经济核算的基础。实行限额供料是有计划合理利用和节约原材料的有效手段。

　　(1) 物资消耗定额

　　① 物资消耗定额的含义　物资消耗定额是在一定时期和一定的生产技术组织条件下，

生产单位产品或完成单位工作量所允许消耗的物资数量标准，是企业管理和物资管理的主要基础资料和标准数据之一。

"在一定的生产技术组织条件下"，是指物资消耗定额的制定是受到一定条件的制约的，随着一定条件的变化而变化。在制定和管理消耗定额时，只有认真研究本企业所具有的"一定的生产技术组织条件"，充分考虑影响物资消耗的各种因素，才能制定出切实可行的物资消耗定额，加强物资消耗的管理。

"生产单位产品或完成单位工作量"，是指物资消耗定额所采用的生产单位符合国家、部门或企业的标准单位，如生产一架飞机、一台机床、冶炼一吨钢等。

"允许消耗的物资数量标准"，"允许"是指构成物资消耗定额的物资消耗必须是合理的，必须是在现阶段的管理水平和工艺条件下不可避免的。"数量标准"是指物资消耗定额是人为制定的标准而并非实际的单耗（生产单位产品的实际消耗量），这就明确了定额和单耗的实际差别。

定额作为数量标准不是固定不变的，随着企业设备的更新、工艺的进步、工人操作的熟练、企业管理水平的提高，物资消耗水平会不断降低。

② 物资消耗定额的作用

a. 物资消耗定额是确定物资需要量和编制物资供应分配计划的依据：根据物资消耗定额可以确定物资的需用量，所以，它是编制物资供应计划与组织日常供应的依据。

b. 物资消耗定额是科学地进行物资供应管理，监督、指导、控制物资的合理使用的重要基础：物资消耗定额是控制物资的发放、监督合理使用的重要依据，又可作为经济核算、节约奖励的指标，所以，它是调动员工节约积极性，厉行增产节约的有效工具和手段。

c. 物资消耗定额是提高技术、管理和操作水平的重要手段，为节约物资确定努力方向：与实际单耗相比，定额是一个先进合理的标准，是一个切实可行的目标，要使单耗达到定额就要提高技术水平和管理水平。

d. 物资消耗定额是开展经济核算、计算成本和评价经济效益的基础：物资消耗在产品成本中所占比重很大，因此，它又是计算产品计划成本的依据。

③ 制定物资消耗定额的原则

a. 节约的原则：制定物资消耗定额的目的之一是确定计划需用量，保证生产的顺利进行和促进生产的迅速发展。在保证生产的同时还要厉行节约，不断总结降低材料消耗的经验，促进物资有效地使用且减少浪费，降低消耗。

b. 实事求是的原则：制定物资消耗定额时既要科学先进，又要切合实际。要从本企业的现实生产条件、工艺水平出发，实事求是地确定定额指标，既不能把定额定得偏高，定得偏高不能激发生产者的积极性和创造性；又不能定得偏低，否则会挫伤大多数工人的积极性，影响生产任务的完成。定额制定应坚持从实际出发和实事求是的科学态度。

c. 综合效益的原则：在定额制定过程中，要充分发挥各部门、各类人员的作用，全面考虑各部门的因素，以制定出先进合理的定额，实现优质、高产、低耗的统一。

(2) 主要原材料消耗定额的构成和制定

① 物资消耗定额的制定方法　物资消耗定额应在保证产品质量的前提下，根据本厂生产的具体条件，结合产品结构和工艺要求，以理论计算和技术测定为主、以经验估计和统计分析为辅来制定最经济最合理的消耗定额。

工业企业制定物资消耗定额的方法，通常有三种，即技术测算法、统计分析法和经验估计法。

制定主要原材料消耗定额，首先要分析原材料消耗的全部构成，就是指从原材料加工开始，直到制成成品的整个过程中，原材料消耗在哪些方面。以机器制造企业为例，主要原材料的消耗构成，包括以下三个部分。

a. 有效消耗：是指构成产品或零件净重所消耗的原材料，是物资消耗的主要部分。

b. 工艺性损耗：是指在准备过程和产品生产过程中，由于工艺技术上的要求而产生的原材料损耗。如下料的边角余料，机械加工过程中锯口、切口的铁屑，铸造过程中的烧蚀损耗等。

c. 非工艺性损耗：是指由于生产中发生的废品、运输保管不善造成的损耗、供应材料不合要求以及其他非工艺技术上的原因所产生的损耗。

主要原材料消耗定额，根据不同用途和物资消耗构成的不同，分为工艺消耗定额和物资供应定额两种。前者包括产品净重和工艺性损耗两部分，而后者还要加上非工艺性损耗，作为核算材料需用量和采购量的依据。

以下着重介绍技术测算法。

技术测算法是根据产品的设计结构、技术要求和先进的工艺流程，选择合理的方案来计算物资消耗定额的方法。该方法科学性强、定额先进，有利于组织和推动物资节约工作的开展。但这种方法要求完备的技术资料和多方面的生产知识，在应用上要求有较高的技术管理水平，适用于技术水平较高的大量大批生产企业的主要原材料及燃料消耗定额的制定。

a. 主要原材料消耗定额的制定。

主要原材料的消耗定额按产品或零件制定，包括工艺性消耗定额和材料供应定额两种。制定主要原材料的消耗定额，首先要分析原材料消耗与消耗定额的构成以及各构成部分之间的相互关系。根据产品的净重、考虑各种不可避免的工艺性损耗，即可得到原材料的消耗定额。

原材料消耗的构成，是指从取得原材料一直到制成品产出的整个过程中，原材料消耗在哪些方面。原材料消耗定额的构成，是指定额中包括哪些原材料消耗。

主要原材料工艺消耗定额的制定：在确定原材料消耗构成的基础上，即可确定消耗定额的构成。通常所讲的原材料消耗定额，在实际工作中，把它称为工艺性消耗定额，或者简称工艺定额。工艺定额的计算公式为

单位产品(零件)主要原材料工艺定额＝单位产品(零件)净重＋各种工艺性损耗

主要原材料工艺消耗定额是发料和进行核算的依据。

主要原材料非工艺消耗定额的制定：非工艺性损耗一般是由于工作中的缺点造成的，但是，在一定的市场技术组织条件下，有些非工艺性损耗又是难以完全避免的。为了保证市场的需要，就需要在工艺消耗定额的基础上，按一定比例加上非工艺性损耗。一般以材料供应系数来表示。这样计算出来的定额，通常叫做材料供应定额。用公式表示为

材料供应定额＝工艺消耗定额×(1＋物资供应系数)

主要原材料非工艺消耗定额是计算物资总需要量和采购量、编制物资供应计划的依据。式中的物资供应系数是非工艺性损耗占工艺定额的比重（％），可根据实际资料计算或根据有关统计资料分析确定。

例 6.4 根据某厂实际生产数据，已知铁矿石含铁量 60％，生铁中铁含量（扣除碳、磷、硫等化学成分）为 96％；工艺损失中渣含铁量 0.6％，炉前损失含铁量 2.5％，瓦斯灰含铁量 2％；非工艺损失中矿石管理方面损失 2.4％，求矿石的供应定额。

解：根据已知条件及物资消耗构成，铁矿石含铁量虽为60%，但去掉加工过程中的工艺损耗，铁矿石被利用的含铁量仅为

$$60\% - 0.6\% - 2.5\% - 2\% = 54.9\%$$

因此，生产1t铁含量为96%的生铁，其铁矿石的工艺消耗定额为

$$(1 \times 96\%)/54.9\% = 1.75 \text{ (t)}$$

在非工艺损失中，矿石管理方面的损失占矿石总量的2.4%，所以，加工单位产品非工艺损耗量为

$$1.75/(1-2.4\%) - 1.75 = 0.043 \text{ (t)}$$

物资供应系数＝非工艺损耗量/工艺消耗定额＝0.043/1.75＝0.025

矿石供应定额＝工艺消耗定额×(1＋物资供应系数)＝1.75×(1＋0.025)≈1.8 (t)

或

矿石供应定额＝工艺消耗定额＋非工艺损耗量＝1.75＋0.043≈1.8 (t)

b. 辅助材料消耗定额的制定。

辅助材料品种多、用途广，其消耗定额的制定采用间接法，找出辅助材料与哪些因素存在依存关系，形成计算标准，一般有以下方法。

按单位产品确定：与产品产量有关的辅助材料，如包装用品、电镀油漆等。

按与主要原材料消耗定额的比例确定：与主要原材料结合使用的辅助材料，如炼铁时1t铁矿石需要多少熔剂矿物。

按工种确定。

按工作量确定。

按设备开动时间确定：与设备开动时间或工作日有关的辅助材料，如润滑油、轴承、皮带等可按机器使用量确定。

按规定的使用期限确定：与使用期限有关的辅助材料，如劳保用品、清扫工具等。

c. 燃料和动力消耗定额的制定。

燃料和动力消耗定额按不同用途确定，主要有以下几种：工艺用燃料；动力用燃料；取暖用燃料。如动力用燃料消耗定额以发1度（1度＝1kW·h）电、生产$1m^3$压缩空气或生产1t蒸汽所消耗的燃料为标准制定。

d. 工具消耗定额的制定：工具消耗定额按工具的耐用期限和使用时间确定。

② 物资消耗定额的修改　凡出现下列情况之一者，应及时修改物资消耗定额：

a. 产品结构设计的变更；

b. 加工工艺方式的变更，影响到消耗定额；

c. 定额计算或编写中的错误和遗漏。

6.3.4.3　物资储备

(1) 库存的概念

为保证生产正常连续不断地进行，必须有一定数量的物资储备。库存是指企业内处于储存状态的物资或物品的总和。工业企业要连续地进行生产，就需要有充足的原材料、燃料等物资，这就形成了企业的物资库存。按照在生产加工和配送过程中所处的状态，库存分为：原材料零部件库存、在制品库存、产成品库存。对于大型制造企业，整个物流和库存系统会相当复杂。

(2) 库存定额

库存定额是保证企业生产经营活动正常进行所确定的合理库存数量，又称为物资储备定

额。在确定物资储备量时,应该既能保证生产工作的需要,又能防止物资的积压。物资消耗、需求的多样性,使合理库存量呈现不同状况,要依实际情况确定。当企业生产具有经常性、连续性的特点时,对物料的需要比较均衡,就可以计算一个周期的合理库存量标准,这个标准就称为库存定额。

库存定额是一种技术标准,是企业编制采购计划,确定采购总量、订购批量和进货时间的重要依据;又是企业掌握和调节库存量变化,使库存经常保持在合理水平的重要工具;还是财务部门核定流动资金的重要依据。因此,正确制定库存定额,是企业提高经营管理水平的重要工作。

(3) 库存管理

库存管理就是对企业内处于储存状态的物资或物品进行管理。库存管理水平的高低直接影响企业的经营状况,良好的库存管理是企业增加盈利的有效方法。库存管理的最终目标是提高经济效益。企业库存量管理主要包括:确定合理的库存量标准,掌握库存量变化动态并适时进行调整。

生产就要产生消耗,库存量随之而变化。企业某种物资(物品)的库存量是指某一时点的库存量。因而,库存控制包括时间与数量两个要素,不同时间有不同的合适库存数量。库存管理的目的是通过适当的库存控制方法,及时掌握库存变动态势并进行调整,使库存量经常地保持在合理水平。通过库存控制,降低生产成本,是库存管理的又一个任务。

零库存管理是一种先进的库存管理方式,所谓零库存是指物资(包括原材料、半成品、成品等)在采购、生产、销售、配送等一个或几个经营环节中,不存在仓库存储,始终处于周转的状态,即不保持库存。现代企业的理念认为,"库存是浪费,消除库存就是消除浪费"。为此,企业努力推行准时制、同步化生产,确保生产工序各个环节在生产供应数量上和时间上的衔接。这里的零库存是指供应链企业总体库存水平最低,在某些环节、某些部门实现零库存。例如,采用协作托管方式,由受托方代存保管所有权属于用户的物品,用户通过库存转移实现零库存,采取协作分包方式,通过分包企业的柔性生产准时供应,使主包企业库存为零。"零库存"概念不应绝对化,它是经营中的一个目标,即努力使整个生产过程的库存达到最小。

(4) 库存控制

库存管理要服从企业库存控制的目标,这些目标是在企业现有资源条件下实现的。通常库存控制的目标有:库存成本最低的目标、库存保证程度最高的目标、不缺货的目标、限定资金预算的目标、快捷目标(快速进出货)等。目标的不同,直接影响着合理库存量标准和控制方法的确定。

(5) 物资储备定额的概念和形式

① 物资储备定额的概念 企业的物资储备定额,是企业在一定的生产技术组织条件下,为保证生产建设的正常进行,使企业经营管理取得最佳经济效益而制定的物资储备品种结构和数量标准。物资储备定额以先进合理为原则,目的是以尽可能少的物资储备来不间断地供应生产建设的需要。物资储备对企业有着重要的经济意义。物资储备过少,不能有效地协调供需之间的关系;物资储备过多,物资大量积压,流动资金占用过多,不利于企业提高和改善经济效益。

② 物资储备定额的形式 实际工作中,企业的物资储备定额通常分为经常储备定额、保险储备定额、季节储备定额。

经常储备定额:是指企业为保证生产建设正常进行,而处于经常周转形态的物资储备量标准,即企业在前后两批物资进厂的供应间隔期内的周转储备。这种储备量是动态的、不断变化的,在一定的采购供应间隔期内,储备量由高到低,由低到高,周而复始,不断循环。企业的库存物资总是在最大量和最小量之间变化,形成了经常储备。

保险储备定额:是指企业为防止物资供应发生中断、物资运送误期或来料品种、规格、质量不符合需要时,保证生产建设连续进行而建立的定量安全储备。保险储备在正常情况下一般不任意动用。确需动用时,必须经过规定的手续,动用后立即予以补充。对于供应正常的物资或容易补充的物资,一般不需要建立保险储备。

季节储备定额:是指某些物资的生产、运输、消费受自然条件或季节性的限制和影响而建立的季节储备。季节储备按相应的季节查定储备定额,实际是经常储备和保险储备的一种特殊形式。

(6) 物资储备定额的确定

① 经常储备定额的制定方法

a. 定量库存控制法。定量库存控制法又称为定量订货点法。它是以固定的订货点和订货批量为基础的一种库存控制方法,即预先确定一个订货点和订货批量,随时检查库存,当库存下降到订货点时提出订货,如图6.6所示。在整个系统运作过程中订货点和订货批量相同,而订购时间不固定。当物资的需求量是确定的、可知的,备运时间(由办理订货手续起到材料物品进厂为止的全部时间)固定时采用。订货点和订货批量的正确确定取决于对备运时间的准确计算和对安全库存量(保险储备量)的合理查定。

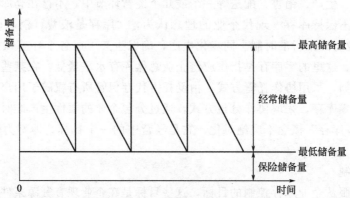

图6.6 订货点法储备量与时间的关系

图6.6给出了订货点法各种储备量与时间的关系示意图。

经常储备定额的计算公式如下:

经常储备定额=平均每天需用量×经常储备合理天数

经常储备合理天数=供应间隔天数+检验入库天数+使用前准备天数

式中,平均每天需用量的确定方法如下。

ⅰ.定额计算法:以生产任务直接乘以消耗定额求出物资需用量,如

平均每天需用量=物资消耗定额×年度计划产量/360天

凡是有消耗定额的物资,应尽量采用这种方法。

ⅱ.统计分析法:一般在消耗定额不完备的情况下,利用前一年或前几年的统计资料,扣除不合理消耗因素求得,如

平均每天需用量=统计期实际消耗量/天数

如逐年消耗量近似稳定,可看平均值;如逐年递增的,看去年消耗量;如逐年递减的,看当年消耗量。

供应间隔天数,是指某一物资前后相邻两批到货之间的间隔天数,即物资储备天数,这是决定经常储备量的主要因素,其确定方法主要如下。

ⅰ. 加权平均法:其计算公式为

平均供应间隔天数=∑(每次到货数量×每次供应间隔天数)/∑每次到货数量

ⅱ. 供货间隔期确定供应间隔天数:如一个月或一个季度发一次货,则间隔天数分别为30天、90天。但有的订货合同规定月度或季度交货,并未规定具体在哪一天交货,因而每次交货间隔天数很不均衡,则可以参照上年实际发货情况,采用加权平均法确定。

ⅲ. 根据发货(订货)限额确定:凡供货商有发货(订货)限额,来源单一,供需关系比较稳定,而又直达供货的,可根据发货(订货)限额确定,其计算公式为

供应间隔天数=发货(订货)限额/平均每天需用量

ⅳ. 敞开供应:可随时采购的物资,采购物资间隔期应根据企业实际情况确定最经济合理的间隔天数。

检验入库天数是指物资到货后,卸货、搬运、分类、点数、质量检验、入库等所需要的时间,可根据实际测算或根据报告期每批物资验收入库天数用加权平均法计算平均值,其计算公式为:

平均检验入库天数=∑每批验收天数/批数

确定检验入库天数时,还应考虑企业的检验技术条件和管理水平的改进,从而尽量缩短检验入库时间。

使用前准备天数的确定,是指某些物资在使用前必须经过技术处理或整理配套所需的时间,有的物资可以边处理边使用,可按其交叉程度核定。如第一天准备部分数量,第二天即可使用,并准备第三天使用的,则可按1天核定。

b. 经济订购批量法。经济订购批量,实际上就是两次进货间隔的合理库存量,即经常库存定额。根据经常库存定额和安全库存量,就可确定最高库存量和最低库存量这两个数量的界限。

经济订购批量法是将某种物资的经济订购批量作为该物资的一次进货数量,即以物资的订购费用与存储费用最低的数量作为经济订购批量来确定最佳储备量的一种方法。库存总成本包括订购费用和存储费用,订购费用和存储费用两者是矛盾的,两种费用总是向相反的方向变化。物资的订购费用与订货和采购的次数成正比,与每次订购物资数量没有关系,从订购费用角度出发,要求采购批量越大越好;存储费用随着订购批量的增大而增加,从保管费用角度出发,应当增加订购次数、采购批量越小越好。只有当两者的总费用之和最小时,才是最经济订购批量,如图 6.7 所示。

经济批量计算公式如下:

$$n_0 = \sqrt{\frac{2QA}{C}}$$

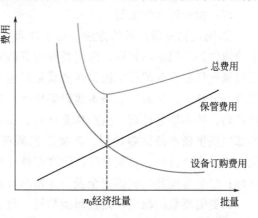

图 6.7 经济订购批量法费用与批量的关系

式中 n_0——经济批量；

Q——物资的年需用量；

A——每次订购费用；

C——单位物资年保管费用，$C=$物资单价×物资保管费用率。

例 6.5 某企业需要某物资，已知每年需用量为 40000kg，采购费用（每次平均订购费）为 50 元，保管费用根据经济统计估算为物资储备平均价值的 20%，物资单价为 2.5 元，试确定经济批量。

解：$n_0 = \sqrt{\dfrac{2QA}{C}} = \sqrt{\dfrac{2 \times 40000 \times 50}{2.5 \times 20\%}} = 2828.5$（kg）

② 保险储备定额的制定方法　保险储备定额的计算公式如下：

保险储备定额＝平均每天需用量×保险储备天数

保险储备天数一般根据物资供应条件、按实际可能误期的天数或经验来确定。对于供应困难的物资或交通运输不便的物资，保险天数应较长一些，也可以根据过去统计资料中发生误期的天数，用加权平均法计算：

平均误期天数（保险储备天数）＝∑（每次供应入库数×误期天数）/∑每次供应入库数

在确定了物资经常储备定额和保险储备定额后，就可确定物资的最高储备量、最低储备量和平均储备量，其计算公式如下：

最高储备量＝经常储备定额＋保险储备定额

最低储备量＝保险储备定额

$$平均储备量 = \frac{经常储备定额}{2} + 保险储备定额$$

当物资库存达到最高储备量时，应停止进货，以防超量存储，占用过多资金。当库存物资降到最低储备量时，应立即迅速进货，以免供、产脱节，影响生产。

③ 季节储备定额的制定方法　季节储备定额，主要是确定供应单位季节性供应中断天数，或本企业特定季节的需用量。一般是根据历史统计资料，并考虑计划期内具体情况而定。其计算公式如下：

季节性储备定额＝平均每天需用量×供应（或运输）中断天数

或

季节性储备定额＝平均每天需用量×季节性储备天数

(7) 物资计划的编制

① 确定物资需用量的方法　由于各项生产任务的性质不同，各种物资在各项生产任务中的地位和作用也不相同，因而各种物资的需用量的确定方法也不同。确定物资需用量的主要依据是任务量和消耗定额。任务量是指企业在计划期内生产建设任务的数量，包括生产、维修、大修、更新改造、基本建设等任务。这些资料主要从企业内部收集，生产部门提供产量计划、技术措施计划、生产作业计划、在制品存量、期末在制品占用量、生产周期等；技术部门提供新产品试制计划、各项工艺消耗定额、自制工艺装备计划；设备动力部门提供大、中、小修计划，自制非标准维修配件计划；质量检验部门提供产品质量合格率、废品率指标；安全劳动部门提供安全及劳保用品计划等。

物资需要量的确定，是按每类物资、每种物资的具体品种规格分别计算的。在确定物资需用量时，应根据各种不同情况，采用不同的核算方法，对影响需用量的各种因素加以全面考虑。概括说来，确定物资需用量的基本方法，可分为直接计算法和间接计算法两种。

a. 直接计算法。又称定额计算法，是根据计划任务量和单位产品物资消耗定额直接计算物资需用量，这种方法比较准确，是计算物资需用量最基本、最常用的一种方法，有条件的企业应尽可能采用。其计算公式为：

某种物资需用量＝计划产量×单位产品物资消耗定额－计划回用废料数量

公式中的计划产量，包括成品产量和期末、期初在制品的差额。

b. 间接计算法。或称比例计算法。一般适用于某些有计划任务量而不便于制定消耗定额的物资，可按一定的比例、系数和经验来估算其需用量。间接计算法又有三种计算方法：动态分析法、类比计算法和经验统计法。

ⅰ. 动态分析法。是根据计划期与报告期生产任务的变化，分析研究任务量与物资消耗量的变动规律来计算物资需用量。其计算公式为：

某种物资需用量＝计划任务量×上期实际(预计)所耗物资总量×物资消耗增减系数/上期实际(预计)完成任务量

式中，物资消耗增减系数是根据国家对降低物资消耗的要求确定的。

该方法主要以上期或上几期实际物资消耗水平为依据计算，根据发展趋势及物资消耗变化幅度，用物资消耗增减系数加以调整，使所确定的物资需用量更符合实际。随着企业管理水平和技术水平的提高，物资消耗总体趋势是不断下降的。

ⅱ. 类比计算法。当某项产品的物资消耗既无消耗定额，也没有历史消耗统计资料可供借鉴的情况下，参照同类产品（或类似）的物资消耗定额来计算物资需用量。其计算公式为：

某种物资需用量＝计划产量×类似产品某种物资消耗定额×调整系数

调整系数主要因新产品与类似产品在结构、工艺等方面的不同而使所消耗的某种物资需用量有所不同。一般是根据影响两种产品物资消耗因素的比例关系来确定。

ⅲ. 经验统计法：根据统计资料确定期初、期末在制品结存差额占出产量的百分比，凭借工作的经验和实际调查情况，并考虑到计划年度生产周期缩短等因素的影响，通过计算来确定物资的需用量。这种方法，一般适用于不便于制定消耗定额的各种材料。

由于间接计算法的计算结果是估计数字，不够准确，因此，在执行过程中，要不断地检查、分析，及时予以调整。

确定物资需用量是采用直接计算法，还是采用间接计算法，要依据各个企业生产、技术的具体情况而定。

② 确定各种物资需用量的步骤

a. 主要材料需用量的计算：主要材料是指构成产品实体的材料，一般采用直接计算法。

b. 辅助材料需用量的计算：辅助材料品种多、用途广，辅助材料需用量按照其不同用途分别计算。有些辅助材料有消耗定额，其需用量可采用直接计算法；有些辅助材料没有消耗定额，其需用量可采用间接计算法。

c. 燃料需用量的计算：燃料主要有三种用途，即工艺用燃料、动力用燃料、取暖用燃料。燃料的需用量应按照各种不同用途分别计算。大多数燃料的需用量可以按消耗定额直接计算，所以，燃料需用量也要先按标准燃料计算，然后根据实际采用的燃料品种，按热当量系数折合成实际采用的燃料需用量。其计算公式为

实际使用的燃料需用量＝单位产量标准燃料消耗定额×计划产量/发热量换算系数

发热量换算系数＝实际使用燃料每千克发热量(cal)/标准燃料每千克发热量(7000cal)

d. 工具需用量的确定：工具消耗定额按照工具的耐用期限和使用时间确定。不同类型的企业，工具需用量的计算方法也不一样。如在大量大批生产企业，工具需用量可按计划产量和工具消耗定额来计算；在成批生产企业，可按设备的计划台时数和设备每一台时的工具消耗定额来计算；在单件小批企业，一般采用间接计算法，按每千元产值的工具消耗来计算。

③ 期初库存量和期末库存量的确定　企业在计划期内期初库存量和期末库存量往往是不相等的，物资的申请或采购数量也会发生相应的增减。

a. 期初库存量：是根据库存的实际盘点数，并考虑编制计划时的到货量和耗用量计算出来的。其公式为

期初库存量＝编制计划时实际库存量＋编制计划时至期初前到货量－编制计划时至期初前耗用量

b. 期末库存量：一般应控制在物资储备定额范围之内，并结合计划年度第四季度物资供应情况及下一年度第一季度生产任务的变化情况确定。品种繁多的小额物资，可以按物资小类来确定期末物资库存量。

④ 物资平衡表　企业在确定各种物资需用量和期初库存量、期末库存量的基础上就可以编制物资平衡表，以保持物资的需要与资源的平衡。一般可以用以下公式计算物资采购量：

某种物资的采购量＝物资的需用量＋期末库存量－期初库存量－企业内部可利用的资源

物资平衡表是按物资的具体品种规格编制的，并以实物和货币表示，以便与成本计划、财务计划衔接起来。

编好物资平衡表后，就可以按物资的类别加以汇总，编制出物资采购计划作为采购物资的依据。

(8) 物资的采购

① 物资采购的作用　当生产计划确定以后，必须通过物资采购活动，把企业所需的物资采购进厂以后，才能保证生产顺利进行。工业企业的物资采购就是按照企业物资供应计划，遵守国家物资管理政策和市场管理规定，通过各种渠道和方式，购买企业所需要的各种物资的一系列经济活动。物资采购的全过程是从接到采购计划开始，一直到把采购到的物资运入企业验收入库为止。物资采购是实现物资供应计划的重要环节，是企业生产活动正常进行的前提条件。

物资采购是一项政策性、技术性和经济性很强的管理工作。物资采购直接关系到企业各个方面的经济效益，具体来说，有以下四个方面的作用。

a. 物资采购工作是企业保证按质、按量、按品种、按交货期进行生产的前提条件。企业采购的物资的质量符合产品生产技术要求、满足产品质量需要，采购的物资的功能适应产品功能的要求，是物资采购必须优先考虑的问题。

b. 在物资采购中，选择价廉物美的物资，是企业降低产品成本、提高经济效益最重要的途径之一。物资消耗在企业产品成本中比重最大，一般占到75%左右，是影响成本的首要因素。采购人员及时地以最有利的价格采购企业所需要的各种物资，直接影响到企业的经济效益。

c. 选择合适的供应商，是企业节约资金、降低流通费用、加速资金周转的重要手段。

d. 积极地为生产技术部门提供新材料、新产品的信息,有利于促进企业新产品的开发。

② 物资采购的基本任务

a. 开展市场调查,掌握市场信息,建立稳定长期的供货渠道。这是企业物资采购部门最重要的一项基础工作,可通过各种途径对能够提供所需物资的供应商进行了解,编成供应商一览表。只有这样,才能为企业管理者和有关部门进行决策提供充分的依据。

b. 按照企业生产和物资供应计划的要求,适时、合理地采购各种物资,既要保证生产需要,又要减少仓储、防止积压浪费。按照生产过程、工艺、技术设计的要求采购,力求物资的质量、性能、规格等方面符合要求,保证不断提高产品质量。

c. 择优采购,力争以最少的采购费用和最有利价格,购买到企业需要的各种物资。企业在物资采购过程中,必须把握住质量、数量、时间和价格四大要素,一般称之为采购四要素。质量是指采购的物资是否符合规定标准且合理适用;数量是指能否满足计划要求的需用量;时间是指供货期限是否能保证计划的要求;价格是指采购的物资是否经济合理。

择优采购是一项十分细致和复杂的工作,首先,必须充分掌握有关的信息资料,包括供货渠道、供货资源状况、采购批量、运输方式等各种因素。然后,企业的物资采购部门应拟定多项方案,经过充分的论证评价后,做出正确的决策。只有这样,才能既保证生产,又节约资金和降低流通费用,取得良好的经济效益。

d. 签订供货合同,做好物资的催交和提运工作,保证物资采购的各个环节协调一致,完成物资采购任务。企业物资采购部门应按照《中华人民共和国合同法》的要求,代表企业签订供货合同,正确地执行合同规定的具体内容,加强与供方的联系,做好订货催交工作。物资催交的目的,就是要供方按时交货,以免因工作上的疏忽或人为因素而延误发货。物资催交方式,一般可采用函电催交和去人当面催交等方式。

物资的提运,一般是指自办托运取货和自派运输工具取货。所谓自办托运取货,是指需方按合同规定向供方办理提货托运手续,货物移交时必须附上发货明细表、装箱清单和货运标签,以便于收货。自派运输工具取货,是指办好提货手续后,需方自带运输工具去提取物资。

e. 采购核销:企业物资采购部门必须重视做好采购核销工作,它包括督促提货,对物资质量、数量、价格的核对以及采购资金的核销等。当每一批采购物资提货进厂以后,采购人员必须督促有关部门及时验收,并根据验收凭证和运杂费凭证,按规定向企业财务部门核销所支用的采购资金。一般程序是:采购付款→索取提货单→自提或托运→督促验收→汇集有关凭证→向财务部门核销采购资金。

③ 物资采购工作的基本程序

a. 编制采购作业计划:采购作业计划是物资供应的具体化。采购作业计划的根据是生产作业计划和物资供应计划提出的物资品种、规格、质量、数量和进厂时间的要求。

b. 选择和确定采购渠道:先把采购物资的有关供应渠道分类汇总,通过深入调查、反复比较和分析,从中选择最理想的采购渠道。

c. 确定采购周期:从办理订货手续开始,一直到物资进厂、验收所需要的时间是采购周期。企业应结合具体情况,拟定各项物资采购的先后次序和日程。

d. 确定支付方式:确订货款支付方式,原则上要有利于供需双方资金的运用。通常的方式是异地采取通过银行托收承付的方式,本地区则与供货部门签订委托付款的方式。数额小的款项,也可以通过现金或支票方式付款。

e. 预算采购资金：即编制采购用款计划，提供给财务部门预先准备采购资金，或作为向银行贷款的依据。

f. 向供货单位提出要货（或催货）计划表。

g. 确定订货方式：采购订货是物资采购工作中的一项重要活动。我国现行的订货方式如下。

ⅰ. 全国订货：一般是在物资分配部门统一组织下进行的。我国对统配部管物资，大都通过这种方式衔接供需关系，应尽量实行定点协作，直达供应的订货方式。在进行全国订货前，一般都先进行地区平衡和订货，对地区平衡有缺口的，或外地区生产的物资，才参加全国订货。基层企业一般不参加全国集中订货会议，而是由主管部门（省一级的局）或物资部门代办订货。

ⅱ. 地区订货：是在国家计划指导下，由地区组织供需双方衔接的一种订货方式。凡是地区能解决的物资，企业应争取在地区订货中解决。

ⅲ. 定点定量订货：是由供需双方把供需关系相对地固定下来的订货方式。定点是定供应单位。定量有两种情况：一种是定基本供应量，另一种是定计划供应量。

ⅳ. 成套项目订货：一般是指国家重点项目所需的机电配套产品的供应，由机械成套总局组织订货。出口任务需要配套的也可纳入这种订货范围。应由企业的采购人员和技术部门有关人员共同参加，或根据技术部门提供的详细技术参数订货。

ⅴ. 通信订货：是指物资分配部门将分配指标直接布置到供需双方，然后由双方通过通讯方式订货。

ⅵ. 市场采购：随着企业自主权的扩大，市场采购已成为生产资料采购的主要形式。供应渠道和订货方式，也将由企业自行选定。

ⅶ. 协作加工和带料加工：对于特殊规格、非标准规格的物资和市场无现货的物资，企业必须采取协作加工的订货方式取得资源，一般需方应提供图纸和技术质量要求，由供需双方直接签订加工合同和协议，凡涉及专用材料时，应带料加工。

ⅷ. 租赁：这是一种新型的采购形式，在我国，还是在近几年发展起来的。租赁有两种形式，一种是简单租赁，多数以出租设备或工具，从中收取租金；另一种是作为促进投资的筹资方法，一般是由需方企业向拥有丰富资源的供方，以支付租金方式取得所需要的设备。这种形式，对需方企业可以大大节约资金和采购费用；对供方企业，可以扩大产品的销售或发挥社会潜在物资的效用。

ⅸ. 招标：随着市场功能的逐渐扩大，对于供应条件较好，需方批量大、数量多的物资，已普遍用招标形式进行采购。招标有公开招标和指定招标两种方式。公开招标不限制投标者的资格。指定招标是由出标单位（即需方或物资采购单位）在选择的若干个比较理想的供应商之间进行竞标和决标。招标的优点是，积极开展市场竞争，有利于促进商品生产和商品交换；采购单位有较充分的选择权利，以便获得价廉而适用的物资；可以激励投标单位改进经营服务，提高产品质量和降低产品成本。

6.3.4.4 仓库管理

（1）物资的验收入库

1）物资验收的重要性　物资入库是仓库业务的开始，是供方、需方权益责任的分界线，也是采购工作和仓库工作的责任分界线。物资一经验收入库，在未投入生产使用前，储存于仓库的一切物资的有关数量和质量问题，均由仓库负责。由于物资来源复杂，到货途径不同，在日常工作中，往往因为供需双方、收货单位和承运单位之间以及企业内运输部门和仓库之间，对物资交接手续不明，点验不清，造成物资短缺、包装破损、质量不符等事故。因此，物资的验收是保证库存物资数量和质量的第一关。物资验收入库应做到及时、准确、负责，要把好验收这道关，防止给企业造成经济损失。

仓库管理人员必须熟悉各种物资的标准、性能、点验方法、计量技术、运输章程以及有关业务知识。物资到厂后，必须及时验收入库。如验收不及时，不仅可能影响生产，还可能耽误由于到货数量或质量不符向供方提出索赔的规定期限。因此，验收工作力求做到随到随验。

对入库物资的品种、数量、规格、质量，必须与随货凭证或供货合同认真进行逐一核对，确保物资和凭证相符，若有不符，应准确记载在验收记录上。

验收人员要严格遵守验收制度，按照操作规程进行点验，对验收入库的物资要负全部责任，凡是需要进行全部检验的应送交技术检验部门并取得检验证明。凡质量不符，规格、型号不明，数量不清，一律不准入库，并及时与有关人员联系处理。

2）物资验收的方法

① 验收前的准备工作

a. 根据到库物资的性能、特点、数量，确定存放场地、垛形和保管方法。

b. 计算并准备好需要用的垫桩物和搬运、装卸工具、设备以及劳动力等。

c. 收集整理和熟悉验收凭证及有关资料。

② 核对凭证：物资验收必须在各种业务凭证和资料齐全的条件下进行，必须有一定的凭证作为与实物进行核对的依据，这些凭证主要如下。

a. 订货合同或采购计划。在实际工作中，通常是采购人员根据合同或计划填制的物资验收单。

b. 供货单位提供的发票、质保书或产品合格证、发货明细表。

c. 承运部门提供的运单。

③ 检验实物：物资运到后，仓库人员应按照物资入库单清点物资数量。检验实物分为数量检验和质量检验，一般是由物资供应部门负责，对于技术复杂的质量验收应由企业技术检查部门负责。

数量检验有计量和计件两种方式，对计量物资应尽量过磅复核。对于过长的金属材料可按理论换算。定尺和按件标明重量的物资，可按10%～20%的比例抽查。计件物资应全部清点件数，对定量小件物资如包装完好可按10%左右的比例抽验，有些物资则按其特性进行验收，如玻璃按标准箱计算、电缆按长度计算等。数量检验时，应一次完成，并采取与供货单位一致的计量方法进行检验。

质量检验是鉴定商品的质量指标是否符合规定。质量检验有直观检验和理化检验两种。直观检验一般由仓库保管员根据规定的物资进仓点验制度和商品知识，检查物资的外形、颜色、声响、气味、硬度等是否符合规定要求。凡是需要理化和生物分析检验的，可送交厂部指定的技术检验部门或专门单位负责进行检验。

④ 验收中发生问题的处理：物资到库但必要的凭证未到，仓库无法进行检验，到库物资可作为待验物资处理，应临时妥善保管，对危险品和贵重物品及时进行验收，待凭证到达后再补办手续。凡是规格、质量与规定的技术标准或订货合同不符，数量短缺或错到的物资应分别核实记录，及时向有关人员反映，以便向供货单位交涉处理。物资严重污染或外包装

严重损坏时，应做出记录，及时向供货单位进行交涉工作。

（2）物资的保管

1）ABC分类管理法　工业企业所需要的物资品种和规格特别繁多，ABC分类管理法是一种比较简单实用、化繁为简的分类管理方法。企业所需物资存在不平衡性，也就是少数品种在总供应额中占有很大比重，而占品种数很大比重的物资，在总供应额中所占的比重又很小。库存物资管理的ABC分类管理法，就是根据物资品种占用物资消耗总额的不均衡性，将其划分为A、B、C三类，对占用资金大的物资材料实行重点管理，加强控制；对占用资金少的物资材料则采取一般控制，从而加强物资管理的一种方法。A类物资品种最少，约占企业全部物资的10%左右，占用70%左右的资金，要严格控制A类物资的储备天数；B类物资品种较A类多，占20%左右，占用25%左右的资金；C类物资品种最多，约占70%左右，只占5%左右的资金，可适当增加储备天数，以减少订货次数、简化物资管理。因此，最重要的是A类，次重要的是B类，不太重要的是C类。

2）物资保管的原则和存放方法

① 物资保管的原则

a. 确保物资仓储损耗在规定的范围以内。

b. 物资存放要有利于收发和盘点方便。

c. 库区应留有便于装卸机械进出的通道。

d. 物资的存放要适合防火和安全的要求。

e. 存放物资要有利于提高仓库面积利用率。

② 物资存放方法

a. 分库、分区、分类保管。即"三分保管"法，是一种科学管理仓库的方法。分库、分区就是按物资的性能和特点，在不同地区设立不同要求的仓库，根据具体品种规格分为若干类集中存放。为便于管理和发料，分库、分区、分类一般可按企业物资（材料）目录的分类进行划分。

b. 科学垛码。垛码是指在已划定的区域里，将物资按下列要求堆放：第一，合理码堆。对不同品种、规格、型号的物资按其形状特点进行合理堆放。在确保安全的前提下，提高仓库容积。垛码与建筑物要有一定的距离，码堆之间要留有运输通道，码堆上要标明进仓日期，以便于贯彻"先进先出"的原则。第二，牢固整洁。码堆时要不偏不倚，码堆整齐，清洁美观。货架摆放可采用"四号定位""五五摆放"的方法。"四号定位"，就是对各种入库物资，按照库号、架号、层号、位号实行对号入座。每种物资占据一个货位，并和账页上的物资编号统一，发料人员只要看清物资名称规格，翻开账本一查便可找到存放位置。"五五摆放"，就是以"五"为计量基数，将入库的各种物资按五个或十个作为一个计数单元，根据各类物资的不同形状、体积大小、轻重程度等物资的外形和内在标准来堆放整齐，便于过目成数、盘点和取送发放。

3）物资养护的一般要求　确保储存物资质量完好和数量完整，主要取决于正确选择适应材料自然属性的保管条件和养护技术。各种材料都有其独特的属性，如有爆炸性、易燃性、可溶性、毒害性、锈蚀性、腐朽性、吸水性、挥发性、怕热性、怕冻性等。材料损坏的原因是多方面的，例如，动植物制成的材料易受霉菌等微生物寄生繁殖而引起霉烂变质；竹木制品、毛丝棉制品和农副土特产品要防虫蛀鼠咬；五金材料、金属制品要防止发生锈蚀；有些物资要防止挥发、溶化、渗漏、风化、分解、沉淀等损失。因此，仓库管理人员要加强对物资的科学养护，一般要求如下。

① 要做好材料的入库检查。掌握商品的性能，安排适当的存储场所。材料入库时，根据验收规定，将霉变、锈蚀、破损等有问题的材料另行存放，并及时地进行整修处理。

② 注意仓库温、湿度的管理。仓库内温、湿度变化与材料的生霉、生锈、生虫、挥发、溶化、渗漏等损失有直接关系。因此，必须注意库内温度、湿度的控制，熟悉自然气候及库内温度、湿度变化的规律，利用仓库门窗的开启和其他设备的功能来控制仓库的温度和湿度。

③ 定期对库存物资进行检查。了解物资在保管过程中的变化，以便及时采取措施，保护物资不受损失，在梅雨季节对易霉物资更需要多加检查。

④ 根据预防为主、防治结合的精神，对保管的物资可能发生的各种损失进行积极的预防。如进行晾晒通风，搞好仓库的清洁卫生，减少鼠害以及冷冻杀虫、药剂杀虫等。

(3) 物资的发放和使用

1) 物资发放　仓库是向各用料部门发放物资，并监督用料部门按定额用料、节约用料的第一道关口。物资的发放是物资管理为生产服务和节约使用物资的重要环节，物资发放工作的好坏将直接影响企业的生产和经济效益。仓库向用料单位发放物资，要求根据需要及时、准确、保质、保量地供应。采用限额（定额）供料制是一种科学的发放办法。因此，在发放物资时必须遵循内部结算的规定和依据完整、数量准确、质量完好、迅速及时等要求。

① 执行限额发料制：限额发料是企业必须执行的材料供应制度，根据作业计划和物资消耗定额，定额供料。限额发料一般有实物限额和资金限额两种。实行经济责任制的单位，应结合内部资金核算，规定任何部门或个人向仓库领取任何材料都必须实行按价收回资金本票，实行内部结算，以加强经济核算，促使用料部门精打细算，降低消耗。

② 发料依据完整：仓库物资的发放，应根据企业规定的有关凭证发料，仓库应严格按照定额供料凭证所列的材质、规格、品种、数量供料，要逐一核对内容，如发现领料单内容不全、涂改、伪造时，应拒绝发料并向有关部门反映。物资的发放应做到无计划不发料、用途不明不出库、手续不全不出库、没有领料单不出库、额外领料不出库、超计划或补领料时，经领导审批后才能发料。

③ 发料数量准确：材料的发放，是保证生产顺利进行的重要一环，如果错发、漏发或少发就会影响生产的进行，同时还会造成仓库账目的混乱，账物不符。因此，仓库发料要坚持四核对，即核对单据是否齐全，核对名称、规格、计量单位是否准确，核对库存数量是否与账卡相符，当面核对点清交领料人。

④ 发出的材料要质量完好：由于库存物资较多，物资进库时间有先有后，为了确保发出的材料质量完好，必须按先进先出的程序发料，这样做不仅可以保证物资的质量，还可以减少由于保管时间过长而带来的损耗。

⑤ 迅速及时：仓库发料一般要求随到随发，不要让工人因领料而耽误生产工时，这就要求管理人员熟悉业务，基本功过硬，做到计价快、取料快、点交快。

2) 实行送料制　为了促进生产、节省生产工人领料时间，必须坚持面向生产，努力为生产一线服务，采取送料上门的方式，做到走出仓库门，送上车间门，变"限额发料"为"定额送料"，变"交旧领新"为"送新收旧"等。实行送料制可以减少领料时间，加强物资供应的计划性，加强物资管理，堵塞物资的浪费。

对于生产和材料供应比较固定的车间，可由车间按生产计划和消耗定额提出用料计划，然后由仓库供应部门定期定额分批送料到车间、工段、班组。仓库管理人员应该深入车间、工段、班组、机台，了解生产情况，摸清生产进度和用料要求，使备料、组织送料与生产服务工作有机地结合起来。

3）及时清理账外物资的退库和废旧物资的回收

① 及时清理账外物资的退库：这是贯彻经济核算、加强物资管理、厉行节约、反对浪费的一项重要措施。账外物资是指那些在账上已经领出，而实际上并没有投入生产使用或没有全部使用完的那部分物资，也就是原来有账有物，现在成了无账有物的物资。

产生账外物资的原因有两个：一是以领代耗，开了领料单就算生产消耗；二是消耗定额过高，造成材料剩余。这些账外物资给成本核算带来了虚假因素，使产品成本缺乏准确性，同时，也给损公肥私、贪污浪费、盗窃外流开了方便之门。

为了杜绝账外物资，必须严禁以领代耗，生产中多余的物资除了应及时办理退料手续外，一般应在月底进行一次彻底的盘点，对那些连续用料的可以在办理退料手续的同时，办理下月的领料手续，实物不必退库。基建、技改项目的多余物资，在项目竣工后应立即进行清理，把多余的物资全部编制清单退库。

② 废旧物资的回收：企业综合利用废旧物资，是开源节流、降低产品成本的一个重要方法。在经济合理、不影响产品质量的前提下，对有利用价值的废旧物资，企业应积极组织回收利用。开展废旧物资回收工作，首先必须领导重视，制定回收和利用废旧物资的制度和奖励办法，广泛发动群众。然后，由供应部门具体负责这项工作，企业要下达年度回收修旧和综合利用两个指标，并作为考核供应部门经济效益的一项重要内容。供应部门为做好这项工作，必须确定各种废旧物资的回收范围和回收价格，建立核算和考核奖惩制度，以鼓励员工收集可回收物资的积极性。具体的回收方法一般有下列几种。

a. 定额回收法：是指生产过程中物资用过后，可按一定比例回收其废料或多余物资。

b. 交旧领新法：对凡是在使用过程中经过磨损，但剩余的部分仍能加以利用的物资，如工作服、工具、电器、传递皮带、轮胎等一般采用此方法。

c. 定期回收法：对于那些有利用价值的物资，如破布、各种瓶子、铁砂布等可采取经常集中、定期回收的办法。

(4) 物资的清查盘点

1）物资清查盘点的作用　企业仓库里的物资流动性大，收发频繁。库存物资的清查盘点，对于保护企业财产，确保账物相符，了解库存动态，加速储备资金周转，防止和揭露贪污盗窃，保证物资核算的真实性，维护财经纪律等，都有重要的作用。

通过清查盘点，除了要达到账、卡、物三相符外，还要及时掌握库存信息，了解物资的质量状况、保管条件、安全措施、消防条件等。

2）物资清查盘点的方法　物资的清查盘点是一项细致复杂的重要工作，也是一项经济活动分析工作。清查盘点要与订货采购相结合，与物资分配供应工作相结合，与修旧利废相结合。根据管理的需要和物资的性质，一般采用定期清查、不定期清查和永续盘点三种方法。

① 定期清查：主要是半年和年度决算之前，由物资供应、财务部门共同组织领导干部、管理人员、仓库人员三结合的清仓盘点小组，按制度规定有组织、有领导地对仓库物资进行全面的清查盘点，以保证决算报告的真实性。

② 不定期清查：根据生产和物资供应情况，对某种或某大类物资进行重点抽查。不定期清查是临时性的清查盘点，如上级布置的清产核资、开展经济核算所进行的全面清查盘

点等。

③ 永续盘点：是仓库物资管理人员每天对发生收发动态变化的物资进行检查清点的一种工作方法，并汇总成表，以便及时发现和防止收发差错。具体有两种，一是随时核对或称动态盘点，在办理物资出入库的同时，立即将库存实数与账、卡结存相核对，要求"有动必对"；二是循环清点，对储存时间较长或领发次数较少、间隔较长、存量变动不大的物资，平时有计划地分类顺序清点。做好永续盘点，不仅是保障物、卡、账三相符的关键，而且是仓库及时反馈库存情况，密切配合计划采购人员及生产车间，不使供应脱节或储备过多，共同做好消耗定额和储备定额管理的重要方法。

(5) 物资定额管理

1) 物资定额管理的含义　物资定额管理是指为了保证整个物资流通过程的经济活动顺利进行所做的计划、组织、指挥、协调和控制等一系列的工作。物资流通是伴随着商品经济的出现而产生的。随着商品经济的发展，生产规模的逐渐扩大，生产社会化程度的日益提高，合理地组织物资流通过程这一经济活动也变成一个复杂的技术经济问题。物资定额管理是企业物资管理的主要内容，是编制企业物资供应计划的主要依据之一。

物资定额管理是一门新兴的综合性科学，研究的范围涉及宏观、中观和微观各个领域的经济管理活动。物资经济活动中的宏观、中观和微观的经济管理是互相依存、互为条件、互相促进的，忽视哪一方面都会给社会经济发展带来不应有的损失。

物资定额管理问题，在20世纪50年代才逐步引起人们的重视。随着社会生产力的发展，物资分配和交换关系、供销组织和流通技术也越来越复杂，在产品的总成本中，物资流通费用所占的比重也在不断增加。这就迫使经济领导部门、经济学者和企业家去研究物资流通过程的管理工作，寻找生产资料优化配置的规律和方法，以便实现物资流通的时间最少、流程最短、费用最省、效益最高这一根本目的。

2) 物资定额管理的研究对象和内容　物资定额管理研究的对象是物资流通过程中供需矛盾发生和发展的变化规律及其解决方法。具体的研究内容主要包括如下几个方面。

① 物资计划管理　物资计划是企业生产经营计划的重要组成部分，是物资管理工作的首要职能。我国实行的是社会主义的市场经济。由于公有制经济占主体地位和主导作用，可以从总体上自觉地实行有计划、按比例地发展国民经济，这是社会主义制度优越性的表现。国家计划是宏观调控的重要手段之一，今后的主要任务是制定和实施中长期发展规划和年度计划，搞好经济发展预测、总量调控和重大项目建设，促进经济结构优化，使国民经济以较快的速度稳步协调发展。物资计划从属于整个国民经济计划，物资的分配和流通，要依靠国民经济计划来实现。物资计划管理，需要妥善解决产需不平衡的问题，把各部门、各地区、各企业对物资的生产、分配、交换、消费的主观需求和客观可能进行综合平衡，选取最优方案，最大限度地满足经济发展的需要。

② 物资消耗管理　物资消耗贯穿于产品制造的全过程，并通过价值形态转移到产品成本中去，是产品成本的重要组成部分。在多数工程和工业产品的成本中，物资消耗费用所占的比重很大。据统计，物资消耗占总成本的比例：火电站为81%，水电站为80%，机械行业为71%，纺织行业为72%。随着机械化程度的提高，劳动生产率在不断提高，物资消耗在总成本中所占比重将会更高。

③ 物资储运管理　物资流通全过程包括购、销、储、运四个基本环节。一般来说，物资购销是物资流通的起点和终点，而物资储运是物资流通过程的中间环节。物资储运业务属

于物流，即物资的实体流通。物流的发展和经济发展密切相关，没有先进的科学技术和高度发展的生产，也就不会有现代化物流的发展。相反，没有高效的物流体系，也会阻碍社会经济发展的速度。在当前社会发展水平的条件下，企业所需物资一般是不可能随时供应的，生产出来的产品也不可能立即被消费掉，为了保证生产的连续性和随时满足市场的需要，必须建立一定数量的物资储备。

④ 物资流通信息管理　物资流通是否顺畅，在很大程度上依赖信息管理的水平和质量，而且更重要的是信息管理工作要促进物资在产与需之间的畅通，缩短物资储存时间。信息管理现代化，既是物资流通现代化的重要组成部分，又是实现物资流通现代化的前提条件。

上述物资定额管理研究的内容，不仅涉及微观经济方面的许多问题，也涉及宏观经济方面的许多问题；不仅涉及管理体制、交换方式等生产关系，也涉及物资的包装、储运和物流技术等生产力；不仅涉及使用价值的运动，也涉及价值的运动。

6.3.5　企业设备管理

6.3.5.1　设备管理概述

（1）设备管理的概念

设备是指人们进行生产和服务所使用的各种机械的总称，通过购置、安装转化为有形的固定资产。设备往往具有一定的寿命，在使用过程中会产生使用费用，其自身价值也会逐渐降低。设备是现代工业生产重要的物质和技术基础。随着科学技术的发展，生产设备现代化成为企业提高经济效益的决定性因素。生产设备在固定资产中的比重逐渐加大，已经成为企业赖以生存和发展的重要物质技术基础。搞好设备管理，对于保证企业生产的正常进行，促进产品开发，提高产品质量和企业经济效益，提高企业的竞争力，都有着重要意义。

设备管理是以企业生产经营目标为依据，通过一系列的技术、经济、组织措施，对设备的规划、设计、制造、选型、购置、安装调试、使用、维护保养、修理、改造、更新直至报废的整个寿命周期全过程进行科学的管理。其任务是延长设备使用寿命，降低设备使用维护费用，提高设备综合效能。

从物资、资本两个基本面可将设备运动过程分为两种基本运动形态，即设备的物资运动形态和资金运动形态。设备的物资运动形态，是从设备的物质形态来看，是指设备从研究、设计、制造或从选购、进厂验收、安装调试、投入生产领域开始，经使用、维护、修理、更新、改造直至报废、退出生产领域的全过程，对这个过程的管理称为设备的技术管理，由技术、设备部门承担。设备的资金运动形态，是从设备资本价值形态来看，包括设备的最初投资、运行费用、折旧、维修费用、收益以及更新改造的措施和运用等，对这个过程的管理称为设备的经济管理，由财务会计部门承担。设备的技术管理与经济管理是有机联系、相互统一的，偏重于任何一个层面的管理都不符合现代设备管理的要求。

（2）设备管理的发展过程

设备管理是随着管理科学技术的发展而逐步发展起来的。伴随着设备维修方式的演变，设备管理大致可分为以下三个阶段。

① 事后维修阶段　事后维修是指设备发生故障后，再进行维修，而且修理工作仅限于修复原来的功能。设备维修只能实行事后维修，因为事先不知道故障何时发生，缺乏修理前的必要准备，修理停修时间比较长。由于维修是无计划的，常常打乱正常生产秩序，影响生产任务的完成。目前，仅在小型、不重要的设备中采用。

② 预防维修阶段　第二次世界大战前后，直至 20 世纪 60 年代，企业管理进入科学管理阶段，逐步推行预防维修管理。设备管理以预防为主，在使用过程中做好维护保养和检查工作，加强日常检查和定期检查，根据零件磨损规律和检查结果，在发生故障前有计划地进行修理。由于修理的计划性和修理前的准备工作，这种维修制度可以缩短设备停修时间，提高设备利用率。我国国有企业多采用计划预防维修制度。

③ 设备综合管理阶段　20 世纪 70 年代初，欧洲首创在设备维修预防的基础上，提出从技术、经济、管理等方面来从事设备管理，把设备管理工作扩大到设备的全过程和企业的全体员工，形成设备综合管理的概念。设备综合营理是把有关设备的研究、设计、制造、安装、使用、维修保养、报废等阶段的工程技术、经济和管理方面统筹起来，全面系统地追求设备的最长经济寿命和最高效能。日本在引进、学习的过程中，创造了日本式的设备综合管理——全面生产维修制度。

（3）设备管理的意义

机器设备是企业生产的物质技术基础，是企业固定资产的重要组成部分。设备管理的好坏，直接影响企业的生产效率和经济效益。加强设备管理具有十分重要的意义。

① 加强设备管理，提高设备管理水平，有利于企业建立正常的生产秩序，实现均衡生产。

② 设备管理水平决定企业产品的产量和质量、影响生产成本，社会化大生产中与设备有关的费用如折旧费、维修费、能耗等在产品成本中的比重不断提高，加强设备管理有利于提高企业的经济效益。

③ 加强设备管理有利于安全生产和环境保护。在设备管理中，除了保障设备高效运转外，还要有预见性，采取措施保证安全生产。

④ 重视设备管理，及时对设备进行改造和更新，提高设备的保养水平，有利于企业实现技术进步，提高企业生产现代化水平。只有使用自动化控制程度比较高的设备，才能加速实现企业生产的现代化。

⑤ 改善工人劳动条件，防止人身事故的发生。

（4）设备管理的内容

随着机器设备日益高精尖化，设备管理工作的内容、范围和要求不断更新提高。机器设备管理的对象已由单个设备发展为成套设备。工业设备种类很多，不同行业有不同的特点，但企业设备管理工作普遍包括以下内容。

① 根据技术先进、经济合理、生产可行的原则，选择和购置设备或自行设计制造设备。

② 验收、组织安装和调试设备。

③ 正确、合理使用机器设备，防止不按操作规程和使用范围使用机器设备，严禁超负荷使用，追求设备寿命周期费用最优化。

④ 做好机器设备的检查、维护保养和修理工作，防止和减少机器设备的磨损和腐蚀，推迟机器设备性能和效率的降低，保证设备在使用期内处于正常的技术状态，满足正常生产的需要。

⑤ 做好设备的改造和更新工作。研究设备的经济寿命，合理确定设备改造、更新的经济界限，随着科技进步，及时选用先进的技术装备替换陈旧设备，进行设备折旧的经济性分析，合理处理旧设备等。

⑥ 做好机器设备的日常管理工作，包括设备的登记、编号、调拨、报废等，实行设备

的全员管理。在现代工业企业中，设备数量众多、型号规格复杂，单纯依靠专业管理机构与人员难以管好，需要把企业内与设备相关的所有人员组织起来，全员参与到设备的管理工作中。

(5) 设备资产管理

设备固定资产是影响企业生产能力的重要因素，是企业主要技术的物质基础。设备资产管理是一项重要的基础管理工作，需要设备管理部门、设备使用部门、财务部门共同努力，相互配合，才能做好该工作。

① 为了确保企业资产完整，使设备处于良好的工作状态，充分发挥设备效能，提高生产技术装备水平和经济效益，更好地服务于生产，需要制定完善的设备资产管理制度。

② 设备部应建立设备账簿。

③ 建立健全设备技术档案，包括进厂验证记录、装箱单、技术资料、说明书、图纸等。

④ 严格设备报废制度。对于需要报废的设备，设备部组织相关人员进行技术鉴定，经鉴定需要报废的设备，申报主管领导批准。报废后的设备不准继续使用，并将报废设备集中存放、分类标识。

需要报废的设备应具备下列条件之一：

a. 设备主要结构、部件严重损坏，经维修无法达到技术要求；

b. 修理费用过高，在经济上不如更新划算；

c. 技术性能落后，不能满足使用要求；耗能高，无改造价值；

d. 由于意外灾害或事故，使设备无法维修；

e. 非标准专用设备、国家列为淘汰机型、超过使用年限无配件来源。

6.3.5.2 设备的选择、评价和使用

(1) 设备的选择

设备的选择是企业设备管理的首要环节，包括新建企业选择设备，老企业购置新设备，自行设计、制造专用设备，以及从国外引进技术装备。设备选择决定了设备的运行寿命、施工工期、产品质量和制造成本等。

选择设备应遵循技术先进、经济合理、生产可行的原则，保证企业生产顺利发展，提高经济效益，实现技术进步。合理地选择设备可使企业将有限的资金用于购置必要的设备，保证设备的投资能获得最佳的经济效益。

在选择设备时，必须考虑设备的生产性（即生产效率）、设备的可靠性、设备的成套性、设备的耐用性、设备的维修性、设备的节能性、设备的环保性、设备的灵活性（即适用性）、设备的安全性、设备的经济性等主要因素。这些因素要结合企业具体的生产情况、资金情况、技术情况和管理情况统筹兼顾，全面地权衡利弊。

(2) 设备选择的评价方法

选购设备时，除了要进行技术考察外，还要运用经济评价方法，在财务上对设备投资进行计算与分析，选购技术性好、经济性好的设备。

选择设备的经济评价方法有投资回收期法、费用换算法、费用效率分析法、最小年平均寿命周期费用法四种方法。下面着重介绍投资回收期法。

投资回收期法是指用设备的盈利收入来偿还设备投资支出所需要的时间，以评价其经济性的一种方法。用这种方法评价设备，首先要计算出不同备选设备的投资费用，然后计算采用新设备所带来的年节约额，把投资费用与年节约额相比，求得投资回收期。投资回收期最

短的设备方案,就是经济上最优的设备方案。其计算公式是:

设备投资回收期(年)=设备投资费用总额(元)/采用新设备后年净收益或节约额(元/年)

设备投资费用总额由设备原始费用和使用费用组成。计算出来的设备投资回收期越短,说明设备投资效果越好。在相同的条件下,选择投资回收期最短的设备为最佳设备。通常,设备投资回收期等于或小于设备使用寿命或折旧年限的1/2时,投资方案即为可取。

例 6.6 某企业购买新设备的三个投资方案的有关数据如表 6.2 所示,根据计算结果确定最佳方案。

解:通过列表法求解,相关数据及计算结果都在表 6.2 中给出。

表 6.2 某企业选购设备的三个投资方案

方 案	设备投资费用/元	采用设备后年净节约额/元	设备投资回收期计算/年	决 策
I	6000	1500	6000/1500=4	不选
II	10000	3000	10000/3000=3.3	选择
III	9000	2000	9000/2000=4.5	不选

从以上计算结果可知,企业可选择方案 II 提出的设备为最佳设备,进行购置。

考虑盈利、折旧、利润等因素时,设备投资回收期计算公式如下:

$$T = \frac{\lg R - \lg(R - iI)}{\lg(1+i)}$$

式中,T 为设备投资回收期;R 为设备年平均盈利收入;i 为年利率;I 为设备投资额。

(3) 设备的合理使用

设备的使用是设备物质流动过程中占时间最长的环节,设备的合理正确使用是设备管理工作中的重要一环,是保证设备处于良好工作状态的一项重要措施。如果设备使用合理、操作正确,就能够保持精度、减轻磨损、延长寿命,发挥其应有的工作效率,进而提高企业的经济效益。在设备的使用过程中,要求操作人员、辅助人员、管理人员严格遵守技术设备的运行使用制度,才能保证设备的正常运行。为了达到合理使用设备的目的,应该做好以下工作。

① 合理安排生产任务。不同设备的性能、精度、使用范围、工作条件各不相同,企业编制生产计划时,必须根据设备的结构、性能、使用范围和技术经济特点恰当地安排设备的生产任务和工作负荷,使产品的工艺要求与设备的使用规范相适应,以保证设备正常运转,充分发挥设备的效能。既要避免"大机小用""精机粗用",造成设备效能和能源的浪费,又要防止设备超负荷、超范围使用而造成设备和人身事故,降低设备寿命。同时,应提高设备的利用率和生产效率。

② 合理配备设备。首先,根据生产工艺特点和生产任务的要求,经济合理地为各车间、工段(工区)、班组配备好设备,使各种设备在性能、能力等方面相互配套,最大限度地发挥设备的效能。其次,随着生产任务和工艺技术的变化,及时地调整设备,以适应客观情况的变化。此外,要根据各种设备的特点及其在生产中的地位,合理确定备用设备的数量,既要确保生产的正常进行,又要防止设备积压闲置。

③ 配备合格的操作人员。为了正确使用机器设备,设备应由专人负责管理使用。操作人员必须掌握设备的性能、结构、工艺、加工范围和维修保养技术。对操作人员必须进行技

术培训，包括技术教育、安全教育、业务管理教育，技术考核合格方能上岗单独操作。对精密、稀有或关键性的生产设备，应指定责任心强、专业技术熟练的工人操作，实行定人定机，凭操作证操作。

④ 建立健全各种规章制度。设备操作维护规程是设备操作人员正确掌握设备操作技能与维护的技术性规范。企业应针对设备的不同情况和要求，建立和健全各种规章制度，如设备操作规程、岗位责任制、计划预防维修制度、维护保养制度、交接班制度等，为设备合理使用提供制度保证。严格执行这些规章制度，是合理使用设备的重要前提。

⑤ 创造良好的工作条件和环境。保持设备周围环境整齐、清洁。对于一般设备，应为其提供一个宽敞、整洁、明亮的工作场地和环境；对于高、精、尖设备，应根据设备规定的特殊要求，为其提供适宜的工作场地，根据需求设置调温、调湿、通风、防潮、防尘、防震、防腐装置等。有条件的还应配备必要的测量、控制、分析、保险用的仪器、仪表、安全保护装置。

⑥ 加大宣传教育，促进职工爱护设备。企业的各级负责人和设备管理部门，要把爱护设备的宣传教育当作经常性的工作来抓。加强对职工的思想和技术教育，教育职工精心爱护机器设备，养成自觉爱护机器的良好风气和习惯。

⑦ 完善设备检查和记录制度。设备主管部门定期组织相关人员对各部门使用设备的运转状况进行检查，检查结果做完整记录，发现问题及时通知相关人员采取措施解决。设备使用部门定期对设备进行彻底检查，检查结果做书面记录，通过检查发现需要修理和保养的，向设备主管部门报检修计划。

6.3.5.3 设备的维护与保养

设备在使用过程中会产生磨损、出现故障，使用一定时间后，需要进行修理、改造和更新。设备的维护与保养是设备管理的一个必要环节，其目的是"防患于未然"。

设备的维护与保养是指为了保持设备正常的技术状态，延长设备的使用寿命，按标准进行的检查、调整及消除隐患等一系列日常工作。设备维护与保养的目的，是及时地处理设备在运转中由于技术状态的变化而引起的大量的、常见的问题，以改善设备的技术状况，维持设备性能，保证设备正常运行，延长设备使用寿命。

设备维护与保养的内容，主要是清洁、润滑、紧固、调整、防腐，或使之整齐、润滑、安全，以保证设备的使用性能并延长修理间隔期。

设备的维护与保养工作，依据工作量大小、难易程度与作业范围，可以划分为以下三级保养。

(1) 例行保养

例行保养是操作工人每天必须进行的日常保养，不占工时。其主要内容是清洁、润滑、紧固、调整、检查零部件的完整状况。例行保养的项目和部位较少，大多数部位在设备外部，由操作工人承担。在交接班时作为检查内容，是设备维护的基础。

(2) 一级保养

一级保养是以操作工人为主，维修人员进行指导，占用工时的保养活动。一级保养时按计划对设备局部拆卸和检查，清洗、润滑规定的部位，检查润滑油路，调整设备各部位的配合间隙，紧固设备的各个部位。一级保养的范围应是企业全部在用设备，对重点设备应严格执行。一级保养的主要目的是减少设备磨损、消除隐患、延长设备使用寿命，为完成到下次一级保养期间的生产任务在设备方面提供保障。

(3) 二级保养

二级保养是以维修工人为主、操作工人参加，按照《设备保养维修计划》来执行，是占用工时较多的保养活动。二级保养列入设备的检修计划，对设备进行部分解体检查和修理，更换或修复磨损件，清洗、换油、检查修理电气部分，使设备的技术状况全面达到完好标准的要求。二级保养的主要目的是使设备达到完好标准，提高和巩固设备完好率，延长大修周期。

设备维护与保养的类型和内容，应按设备的生产工艺、结构复杂程度及不同企业的要求来规定。我国各个企业规定的设备保养制度差别较大。

6.3.5.4 设备的检查

设备的检查是对设备的运行情况、工作精度、磨损程度等进行检查和检验，通过检查掌握设备技术状况的变化，及时发现和消除设备的隐患，针对发现的问题，提出改进维护与保养的措施，并制定修理计划，做好修理前的准备工作，提高修理的效率和修理质量，缩短修理周期。设备检查可以按照检查的时间间隔、技术功能进行分类。

(1) 设备检查按检查的时间间隔分类

① 日常检查。由操作人员结合日常保养进行每日检查和交接班检查，以便及时发现设备的问题，进行必要的维护与保养以及修理工作。

② 定期检查。在操作人员的参与下，由专职维修人员按计划定期对设备进行全面检查，通过外部观察、试运转或拆卸部分部件来检查设备及零部件的技术状态，以便全面、准确地掌握设备的技术状况、零件磨损、老化的情况，从而确定是否需要修理和修理的时间、种类。编制设备缺陷一览表，以便做好修理前的准备。分析、整理从检查中获得的材料，研究、掌握零件磨损的原因以及变化发展的规律，从而制定预防故障的有效措施。定期检查按规定周期进行，未作规定的，一般每季度检查一次，最少半年检查一次。

(2) 设备检查按技术功能分类

1) 精度检查。精度检查是对设备的实际加工精度进行检查和测定，了解设备精度的劣化程度，为设备验收、修理、改造和更新提供依据。衡量设备综合精度的指标有设备能力系数和设备精度指数。

① 设备能力系数：

$$C_m = t/8\delta_m$$

式中，C_m 为设备能力系数；t 为在该设备加工的代表零件的公差带；δ_m 为设备的标准偏差。

$C_m \geqslant 1$，表示设备的综合精度满足生产工艺要求；$C_m < 1$，表示设备的综合精度不能满足生产工艺要求，需要进行调整和修理。

② 设备精度指数：

$$T = \sqrt{\frac{\sum(T_p/T_s)^2}{n}}$$

式中，T 为设备精度指数；T_p 为精度实测值；T_s 为精度容许值；n 为测定精度项目。

设备验收、使用和修理的精度指数标准应根据设备精度要求制定。$T \leqslant 0.5$ 为新设备的验收条件；$T \leqslant 1$ 为大修后的验收条件；$T < 2$ 表示设备可以使用，但需要注意调整；$2 < T < 2.5$ 时，设备应进行大修；$T < 3$ 时，设备需要大修或更新。

对设备进行检查，可以采用现场观察、分析运转记录和仪器检测等方法。对设备检查后，计算出设备能力系数和设备精度指数，据此做出决策。

2) 功能检查。功能检查是对设备的各项功能进行检查和测定，如是否漏油、漏气、漏水，零件耐高温、高压、高速的性能等，以便确定设备的各项功能是否符合要求。

6.3.5.5 设备的维修

设备使用一段时间之后，会出现技术状况劣化甚至故障，设备管理的主要任务是保障生产的正常进行，为此必须做好设备维修工作，使设备始终处于完好状态。设备修理是指通过修复或更换磨损零件，调整精度，排除故障，恢复设备原有功能而进行的技术活动，其主要作用在于恢复设备精度、性能，提高效率，延长设备使用寿命，保持生产能力。设备修理非常重要。设备修理时应实行保养与修理并重，贯彻预防为主的方针，坚持以维修促生产的原则，同时考虑费用、效益等因素。设备修理的基本手段有修复和更换零部件。

(1) 设备修理种类

设备的修理，按其对于设备性能恢复的程度和修理范围的大小、修理间隔期的长短、修理费用的多少，可分为大、中、小修理三类。

① 大修理。大修理是对机器设备进行全面的拆卸修理。大修理时要将设备全部分解拆卸，更换或修复全部磨损、老化的部件和零件并修复基准件，修复或更换电气部分及外表翻新，校正设备基准，调整整个设备，全面消除缺陷，以恢复设备原有的性能、精度和生产效率，达到设备出厂时的水平。同时，还可进行设备的改装和技术改造，改善原有设备的性能和结构，扩大工艺使用范围，提高原有设备的效率和先进性。因而，大修理具有局部再生产的性质。大修理的特点是：工作量很大，修理次数少，修理间隔期长，修理费用高。大修理费用由专项大修埋基金支付。

② 中修理。中修理是对设备进行部分解体，修复或更换主要磨损、老化的零件，主要更换件一般达到10%～30%，同时检查整个机械系统，紧固所有机件，消除扩大的间隔，校正设备基准，以保证机器设备达到应有的精度、性能等技术要求和生产能力。中修理的特点是：修理次数较多，修理间隔期较短，工作量介于小修理和大修理之间，每次修理时间较短，修理费用较多。中修理费用由生产费用开支。

③ 小修理。工作量最小的一种修理，是对设备进行局部的修理。只需恢复或更换磨损较快和使用期限等于或小于修理间隔期的磨损零件，调整设备的局部机构，以保证设备能正常运转到下一次计划修理时间。小修理的特点是：修理次数多，修理周期短，工作量小，一般在生产车间，由车间专职维修工完成。小修理费用计入生产费用。

(2) 设备修理制度

设备修理制度是指在设备的维护保养、检查、修理中，为保持、恢复设备的良好性能而采取的一系列技术组织措施的总称。设备修理制度主要有以下两种。

1) 计划预防修理制度。计划预防修理制度，是按预定计划对机器设备进行维护、检查和修理，预防设备发生故障，防止设备的各个零部件发生严重的磨损，保证设备处于良好技术状态的一种技术组织措施，包括日常维护、定期检查、计划修理三部分。其基本特点：掌握设备的故障规律，使各种零部件在损坏前就被更换或修理好，这样，不仅能有效地对磨损进行补偿，而且还能防止突发性故障的发生。

计划预防修理制度的优点是：维修的针对性强；修理周期符合零件的实际情况；有利于

做好修理前的准备工作。缺点是：过分强调专业修理，不利于调动操作工人的积极性；设备一律采用计划预防修理，不分主次，使得维修费用增加，造成"过剩保养"。

① 计划预防修理的方法。

a. 检查后修理法。根据预先规定的设备检查期进行设备检查，根据检查结果确定检修的类别以及具体内容和要求，然后编制检修计划。该法简便易行，内容符合实际，能充分利用零件的使用期限，修理费用较低。其缺点是，若修理前的准备时间短促，会导致延长设备停机修理时间。在设备修理定额资料不足等情况下，对一些简单、不重要的生产设备可采用该修理法。

b. 定期修理法。根据设备的实际使用情况和检修计划，定期检查，定期进行修理。具体的修理内容，根据修理前的检查结果再详细确定。该方法的优点是，对修理日期和内容的规定既有科学依据，又允许根据设备的实际工作状态进行适当的调整。由于有计划安排，备品、配件等修理前的准备工作比较充分，因此，可以缩短停机修理时间，提高修理质量。应用这种方法，设备修理定额等要完备，否则，计划编制缺少依据。维修基础较好的企业，通常采用这种方法。

c. 标准修理法。又叫强制修理法。它是根据设备的磨损规律和零件的使用寿命，把修理日期、修理类别、修理内容、具体要求等预先做出计划，严格按照计划进行修理，到期强制检修更换，而无需经检查去判定哪些需要更换，哪些不用更换。该法特别强调预防性，而标准化需要以丰富的检修数据及定额资料为依据，否则，容易脱离实际，造成过度修理。其优点是，便于做好修理前的准备工作，能有效地保证设备的正常运转；缺点是，修理费用高。该法适用于企业的关键性设备和安全性要求高的设备的修理，如自动生产线设备、关键设备、动力设备。

② 设备预防修理的定额标准。

a. 修理周期及其结构。修理周期是指相邻两次大修理之间设备的工作时间或从新设备交付使用起到第一次大修的时间间隔。修理周期是根据设备的主要零部件的使用期限确定的。不同的设备，其主要零部件的使用年限各不相同，所以其修理周期也不相同。设备的修理周期可以根据实验和实践经验计算。

修理间隔期是指相邻两次修理（不论大修、中修或小修）之间的间隔时间。修理间隔期主要根据设备易损零件的使用期限而定。为保证设备无故障运转，又不使修理过于频繁，修理间隔期应当适宜。

修理周期结构是指一个修理周期内大修、中修、小修（包括定期检查）的次数和排列次序。设备类型不同，修理周期结构不同。

b. 修理复杂系数。设备修理复杂系数是用来衡量设备修理复杂程度和修理工作量大小的指标，常用 F 表示。设备修理工作的劳动量是根据修理类别、设备的结构特性、工艺性能及设备的零部件的几何尺寸决定的。机器设备越复杂，修理复杂系数越高，修理工作量越大。为了计算方便，机器设备的修理复杂系数是以某种设备为标准，用类比的方法确定其他设备的修理复杂系数。

c. 修理工时定额。修理工时定额是指完成设备修理工作所需要的标准工时数。一般是用一个修理复杂系数所需的劳动时间来表示。设备修理复杂系数是用来衡量设备修理复杂程度、修理工作量大小及确定各项定额指标的一个参考单位。由于各企业维修工的技术水平和维修工作组织能力不一，因此，修理工时定额可根据各企业的具体情况自行确定。

2) 保养修理制度。设备的维护保养和修理制度是控制设备正常运转和延长设备使用寿命的必要手段。保养修理制度是由一定类别的保养和修理所组成的设备维修保养的制度。此项制度的特点是：操作工人和维修工人协作，按照规定的保养周期和保养作业范围共同维修保养设备，打破操作工人和维修工人分工绝对化的界限，由操作工人负责设备保养，把操作工人参加设备管理具体化、制度化，贯彻预防为主的方针，有利于设备的正常运转。

(3) 设备维修与管理的技术经济指标

设备维修与管理应取得两个成果：一是设备的技术状态最好；二是维修与管理费用最经济。主要有以下两个方面的指标。

① 设备技术状态的指标

$$设备完好率 = 完好设备台数/设备总台数 \times 100\%$$

$$故障率 = 故障停机时间/生产运转时间 \times 100\%$$

② 设备经济方面的指标

$$单位产品维修费用 = 维修费用/产品总产量$$

$$维修费用率 = 维修费用/总生产费用 \times 100\%$$

(4) 设备修理的组织管理

为了提高设备修理工作效率，保证修理质量，缩短设备停歇时间，降低修理费用，设备部根据设备运转情况及检查结果，制定《设备保养维修计划》并组织实施。设备问题应及时处理，连续作业的班组，当班操作人员应及时对设备出现的问题进行处理。对于突发性故障，由操作人员向调度室和设备部反馈，由维修部门负责修理，维修部门不能及时修复的故障，由设备部组织维修。

设备修理应广泛采用各种先进的组织方式和方法，搞好设备修理的组织管理。

1) 设备修理的组织方式　设备修理的组织方式应根据企业的规模、生产特点及设备修理复杂程度来确定，一般有集中型修理、分配型修理、混合型修理三种组织方式。

① 集中型修理。全厂的设备修理工作，全部由专业的修理部门负责。其优点是，有利于集中修理力量，提高修理技术水平，保证修理质量。缺点是，不利于调动生产部门积极性，容易出现生产和修理的矛盾或脱节。

② 分配型修理。是指企业各生产车间均设立维修工段或小组，全面负责自己车间的设备维修工作。其优点是，有利于协调生产和修理工作，修理灵活。缺点是，修理力量分散，难于保证修理质量，不利于提高修理的技术水平。

③ 混合型修理。把技术复杂的大修工作和大型、精密、稀有、关键机器设备的修理工作由专业的机修部门负责，一般的修理工作由生产车间维修部门负责。这种有集中有分散的组织方式，目前我国企业多数采用。

2) 设备修理的先进组织方法

① 部件修理法。事先准备好质量良好的各种部件，修理时，只需将已经损坏的部件拆下来，换上准备好的同类部件。更换下来的部件送到修理车间进行加工和修理，以备下次再用。这种方法可以提高修理工作效率，缩短设备修理停歇时间，降低修理费用，提高修理质量；但需建立一定数量的部件储备量，占用一定的流动资金。因而这种方法适用于具有大量同类型设备的企业及流水线、自动线上的关键设备。

② 分部修理法。是按照一定顺序分别对设备各个独立部分进行修理，每次只修理一部分。这种方法有利于在节假日或非生产时间进行修理，不影响设备的正常生产，可以增加设

备的生产时间，提高设备利用率。一般适用于具有一系列构造上独立的部件的设备或修理时间较长的设备。

③ 同步修理法。是将在工艺上互相联系而又需要修理的数台设备，在同一时间内安排修理，实现修理同步化，以便减少分散修理的停歇时间。这种方法常用于流水线、自动线上的设备，联动机中主、辅机以及配套设备等。

④ 计划评审法。运用网络计划技术对设备修理进行组织管理，可以使设备修理工作的各个环节紧密结合，交叉进行，缩短修理时间，降低修理费用。

6.3.6 生产过程管理

生产作业控制是指在生产作业计划执行过程中，对产品生产的数量和进度的控制。即通过监督检查，发现偏差，采取措施调节，保障生产活动有序进行。生产作业控制是生产控制的组成部分，是实现生产计划和生产作业计划的重要手段。生产作业控制的目标是保证按时、按量完成生产作业计划规定的产品生产任务。生产作业控制的基本程序是：确定控制标准→根据标准检验实际的执行情况→采取纠正偏差的措施。

科学的生产作业控制，不仅要加强事后的反馈控制，还要加强事前控制和现场控制。生产作业控制的主要内容有生产进度控制、生产调度、生产作业核算等。

(1) 生产进度控制

生产进度控制包括投产前控制和产中控制。

投产前控制是指投产前的各项准备工作控制，包括技术、物资、设备、能源、动力、劳动力等的准备，是生产过程控制的开始，以保证投产后整个生产过程能均衡、协调、连续进行。

产中控制是在投产后对生产过程的控制，即投入产出控制。分为投入控制和产出控制两个方面。投入控制是指按照生产计划要求对产品开始投入的日期、品种、数量的控制，是预先性控制。产出控制是指对产品（包括零件、部件）的出产日期、生产提前期、出产数量、出产均衡性和成套性的控制。

(2) 生产调度

生产调度是以生产作业计划为依据，在生产计划的执行过程中，对企业日常生产活动进行监督、检查和控制，对生产作业计划执行过程中已出现或可能出现的偏差及时掌握、预防和处理，保证整个生产活动协调进行。

① 生产调度工作的主要内容　生产作业计划是生产计划的实施计划，生产调度就是组织车间去实施生产作业计划。按照生产作业计划的要求，督促相关部门做好生产准备和生产服务，检查生产技术准备工作的保证程度，合理组织与调度好厂内的生产运输，对可能的设备故障及时检修和排除。最终组织全厂各部门、各车间确保生产作业计划的实现。

监督和检查各环节生产作业计划的执行情况，发现问题，及时处理，控制生产进度和在制品流转，保证生产计划保质保量按期完成。

检查各环节在制品储备定额，检查生产过程中的物资供应，合理调配劳动力，保证设备正常运转，保证各生产环节、各道工序协调工作。

及时掌握能源、动力供应和保障情况，出现问题，及时解决。

组织好企业、车间的生产调度会议，检查落实生产调度会议决定，及时协调和解决各环节之间的生产问题和矛盾。

生产作业计划完成情况的检查、记录、统计分析。

② 生产调度系统的组织　生产调度系统的组织因企业生产规模、生产类型、生产特点而不同。

大型企业：设厂部、车间、工段（小组）三级调度组织。厂部设总调度室，总调度室是全厂生产指挥中心，是对全厂日常生产活动实行集中统一指挥的管理机构。车间设调度组、调度员，工段（小组）设调度员，一般由工段长（组长）兼任。

中小型企业：设厂部、车间二级调度。

③ 调度制度与方法

调度值班制度：调度日志，严格交接班。

调度报告制度：生产日报，记录每日的生产、库存、进度等情况。

调度会议制度。

现场会议制度。

班前、班后会议制度等。

（3）生产作业核算

生产作业核算是生产作业控制的重要内容，它记录和核算生产作业计划的完成情况，也就是在生产作业计划执行过程中，对产品、零部件的实际投入量和产出量，投入期和产出期，工序进度，在制品占用量、流转和产品出产，各单位和个人完成的工作任务，以及设备运转、维修时间消耗等所进行的实际记录。

生产作业核算的主要作用是为生产调度工作反馈生产信息，对于计划进度与实际进展之间的偏差，在生产调度中迅速地解决，更好地调度和组织生产活动，保证生产作业计划的实现。

生产作业核算的基本方法是把有关生产活动记录在原始凭证上，把实际发生数和计划数进行比较，通过图表的方式表示，使生产管理人员和工人一目了然，了解生产进度的具体情况。

① 投入产出进度表　见表6.3。

表6.3　某产品（零部件）投入产出进度表

项目		日历 1		2		3		...
		当日	累计	当日	累计	当日	累计	
计划	投入	60	60	60	120	60	180	
	产出	55	55	55	110	55	165	
实际	投入	60	60	60	120	60	180	
	产出	55	55	50	105	55	160	

② 投入产出进度甘特图　见图6.8。

	产量	100	200	300	400	500	600	700	800	900	1000	1100	1200
投入	计划	---	---	---	---	---	---	---	---	---	---	---	---
	实际	---	---	---	---	---	---	---	---	---	---	---	---
产出	计划	---	---	---	---	---	---	---	---	---	---	---	---
	实际	---	---	---	---	---	---	---	---	---	---	---	---

图6.8　投入产出进度甘特图示意

③ 出产进度坐标图　见图 6.9。

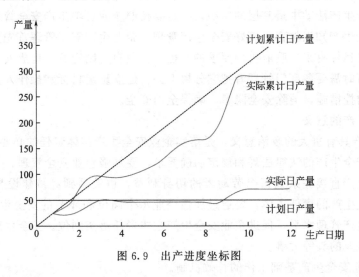

图 6.9　出产进度坐标图

6.3.7　生产安全管理

安全生产是国家和政府赋予企业的责任,是企业生产经营准入的条件,也是个人、家庭、企业的基本需要。

生产安全管理是企业生产管理的一个重要组成部分,是安全科学的一个分支。安全促进生产,生产必须安全。所谓安全是指没有受到威胁,没有危险、危害、损失,指人类的整体与生存环境资源和谐相处,互相不伤害,不存在危险、危害的隐患,是免除了不可接受的损害风险的状态。在经济高速发展、企业产能持续提升的过程中,安全的状态往往受到威胁与忽视。生产安全管理就是运用有效的资源、发挥人的智慧、采取各种有效的技术和组织管理措施,防止和杜绝在生产过程中发生意外的人身和机器设备事故,实现生产过程中人与机器设备、物料、环境的和谐,从而保护劳动者的人身安全和健康,确保机器设备、财产的安全,达到安全生产的目标。安全生产是广义的概念,不仅指企业在生产过程中的安全,还应是全社会范围内的生产安全。生产安全管理必须遵循伤亡事故预防的基本原理和原则。

安全和生产两者相互联系、不可偏废,必须同时抓紧、抓好。安全工作是企业各项工作水平的综合反映,各部门、各单位的领导及全体员工对安全工作都负有责任。生产安全管理是指为保证生产在良好的环境和工作秩序下进行,以杜绝人身、机器设备事故的发生,使劳动者的人身安全和机器设备安全得到保障而进行的一系列管理工作。生产安全管理是企业管理的一个重要组成部分,包含组织管理和技术管理两部分。

要抓好安全生产,必须掌握安全生产工作的如下基本特点。

安全生产的预防性：安全生产工作应做在事故发生之前,安全工作必须树立预防为主的思想。

安全工作的长期性：企业只要进行生产活动,就存在不安全的因素,因此安全工作是一项长期的、经常的、艰苦细致的工作。

安全工作的科学性：安全工作有自身的规律性,要经常组织广大职工群众不断学习安全的科学知识,企业才能掌握安全生产的主动权。

安全生产的群众性：安全生产与广大职工群众切身利益密切相关,安全生产应建立在广泛的群众基础上，人人重视安全，安全生产才有可靠的保证。

班组是企业生产活动中最基层的组织，一定要按照企业各项生产安全管理制度规范自身行为，抓好安全生产知识教育，搞好安全生产管理。企业生产安全管理首先要树立安全生产目标，安全生产目标有来自政府机构要求的，也有企业自行制定的，构成安全生产总目标和框架。具体执行时需要各部门管理者把它分摊下去，建立班组目标和操作人员岗位职责和指示，落实各种防控措施，消除安全隐患，确保全面安全。

(1) 安全生产的意义

① 安全生产具有重大的政治意义，是落实企业安全生产主体责任的必要途径。

国家有关安全生产的法律法规和规定明确要求，要加强企业安全管理，全面开展安全达标工作。安全生产直接关系到每个劳动者的切身利益，也关系到经济建设是否能够顺利进行。企业是安全生产的责任主体，要通过加强企业每个岗位和环节的安全生产标准化建设，不断提高安全生产管理水平，促进企业安全生产主体责任落实到位。安全生产是全国一切经济部门和生产企业的头等大事。

② 强化企业安全生产基础工作的长效机制。

安全生产标准化建设工作涵盖了提高员工安全意识、增加安全素养、提高装备设施水平、改善作业环境、深化岗位责任制落实等各个方面，是一项长期、基础性的系统工程，有利于全面促进企业提高安全生产保障水平。

③ 政府实施安全生产分类指导、分级监管的重要依据。

依据实施安全生产标准化建设考评，将企业划分为不同等级，能够客观真实地反映出各地区企业安全生产状况和不同安全生产水平的企业数量，为加强安全监管提供有效的基础数据。

④ 有效防范事故发生的重要抓手。

深入开展安全生产建设，进一步规范从业人员的安全行为，提高信息化水平，促进现场各类隐患的排查治理，推进安全生产长效机制建设，有效防范和坚决遏制事故发生，促进全国安全生产状况持续稳定好转。

⑤ 减少企业事故损失，提高经济效益和社会效益。

"安全第一"是一个永恒的主题，安全是企业最大的效益。安全可以避免损失、减少成本，为企业带来效益。发生事故会造成人员伤亡和设备损坏等直接经济损失，还会造成由事故引起的影响生产等一系列间接经济损失，经济损失巨大，给人类带来的损失更加难以估量。安全生产关系到每一个员工的生命和切身利益，关系到家庭幸福，关系到社会稳定，也关系到经济建设能否顺利进行，所以国家要求从讲政治、保稳定的高度抓安全生产。

(2) 安全生产管理原则

① 管生产必须管安全的原则。安全生产管理应基于国家宏观安全管理策略——法律法规、标准、政策等，包括"安全文化、组织结构、安全方法"三个方面。企业领导要生产、安全一起抓，要做到在计划、布置、检查、总结、评比生产工作时，同时把安全生产作为一项重要内容。

② 安全第一、预防为主的原则。根据《中华人民共和国安全生产法》的总方针和指导思想，"安全第一"从保护和发展生产力的角度，表明了生产范围内安全与生产的关系，强调了安全生产的首要位置和重要性。"预防为主"体现了事先策划、事中控制和事后总结，通过信息收集、归类分析、制定预案等过程预先发现、鉴别、判明可能引发事故的危险因

素，及时消除和控制这些因素，尽最大可能防止事故发生。

③ 以人为本、关爱生命，维护生产人员合法权益的原则。安全生产管理应遵循维护生产人员合法权益的原则，生产和生活环境应达到国家规定的安全生产、生活环境标准，应改善工作与生活条件，提供安全防护措施，把"以人为本、关爱生命"真正体现出来。

④ 职权与责任一致的原则。国家有关行政主管部门和相关部门对生产安全管理的职权与责任应该一致，其职能和权限应该明确。

(3) 安全生产管理目标

① 减少和控制危害，减少和控制事故。

② 杜绝重大人身伤亡、财产损失、设备事故、重大火灾和环境污染等事故。

③ 一般事故频率控制目标。

④ 事故造成的经济损失。如工伤造成的工作日损失天数、设备物资损失、工伤治疗、死亡抚恤费等。

⑤ 安全卫生综合治理措施的项目完成率及其他安全管理水平。

(4) 安全生产管理制度

安全生产管理制度是为了保证职工在生产过程中的安全和健康所制定的管辖、控制、计划、协调处理等方面的制度。包括以下制度。

① 安全生产责任制度。"安全生产责任制"既是安全管理的一项基本制度，也是企业岗位责任制的一个组成部分，是最基本的一项安全制度。它是根据"管生产必须管安全"的原则，以制度形式明确规定各级领导和各类人员在生产活动中应负的安全责任。规定企业各级领导人员、各职能部门、安全管理部门及企业职工的安全生产职责范围，以便各负其责，在保证完成生产任务的同时，做到安全生产。安全管理部门应该对各自的安全工作负责，管理者必须树立遵守安全管理规定的榜样，同时必须为实施安全规定提供资源保障。

② 安全生产检查制度。安全生产检查既是安全生产管理的重要内容，也是推动安全生产的一个重要方法。通过安全生产检查，能够预先发现不安全的因素，及时制定和落实整改措施，以便消除隐患，预防事故发生，做到安全生产。工人上班前，对所操作的机器设备和工具必须进行检查；生产班组必须定期对所管机具和设备进行安全检查；安全主管领导组织定期进行安全生产检查，查出问题逐条整改。设置安全监察机构，监察安全生产的方针政策贯彻情况、安全生产有关规章制度的执行情况，宣传安全生产方针；对安全措施、防护装置的状况人员技术状况以及违章作业、设备重大缺陷和隐患等进行监察；监督现场培训计划的执行，监督并配合有关部门搞好安全规程的学习、考试；参加事故调查，做好事故及安全可靠性的统计分析，编制反事故措施计划和劳动保护安全技术措施计划；迅速反馈安全经验和事故教训的信息。安全检查是生产安全管理中不可缺少的环节，一般企业都在事故多发的季节进行安全大检查。

③ 安全生产教育培训制度。安全教育就是帮助员工正确认识安全生产的重要意义，提高安全生产的责任感和自觉性，帮助职工掌握安全生产知识，提高安全生产技术水平，增强劳动者的安全生产意识、自我保护能力和预防事故能力，减少事故的发生，使员工获得长期、稳定的安全操作技能，实现安全生产。所有新员工上岗前必须接受安全生产三级教育——厂级教育、车间教育和岗位教育，经考试合格后，才准许进入操作岗位。特殊工种作业人员，必须按照国家有关要求进行特种作业专业性安全技术教育培训，经考试合格后，获得"特殊工种操作证"方可独立操作，并定期参加复审。员工调动工作应重新进行入厂三级

安全教育。采用新工艺、新技术、新装置，开发新产品之前，安全主管部门应编制新的安全技术操作规程，并进行专门培训，相关人员考试合格方可上岗操作。持续的安全培训对每个员工都非常重要，有利于使生产设施和设备保持安全工作状态。必须建立安全活动制度，加强日常安全教育，基层单位以班组为单位开展安全活动，安全管理部门定期检查，安全管理部门结合班组安全生产实际，制定班组安全活动计划。

④ 工人因工伤亡的事故报告、统计制度。认真贯彻执行国务院发布的"工人职员伤亡事故报告规程"，凡发生人身伤亡事故和重大事故隐患，必须严格执行"三不放过原则"——事故原因没有查清不放过；事故责任者和群众没有受到教育不放过；防范措施不落实不放过。重大人身伤亡事故发生后，要立即抢救，保护现场，按规定期限逐级报告，对事故责任者严肃处理。对重大事故或事故隐患要及时召开现场分析会，对因工负伤的职工和死者家属，做好善后工作。

⑤ 防火防爆制度。防火防爆制度规定了消防器材和设施的设置问题。木工车间、油库、贮气柜附近等处严禁火种；电气焊器材（乙炔发生器等）和电焊操作的防火问题；压力容器的防爆问题；化学药品堆放区要建立严格的防火防爆制度，建立动火审批制度，避免引起火灾或爆炸。

⑥ 重要劳动防护用品定点使用管理制度。

⑦ 消防保卫管理制度。

⑧ 安全生产奖罚制度。

为了保证安全生产管理制度的贯彻执行，必须建立强有力的组织措施。建立安全管理部门并设置各级专职或兼职安全技术员或安全员。安全技术员和安全员应定期活动，做好日常安全生产管理工作和季节性安全生产管理工作。

(5) 做好安全生产的主要环节

① 领导高度重视，狠抓责任落实。领导要高度重视并予以强力支持，把安全生产标准化工作作为"一把手"工程；将责任落实到每个部门、每个岗位、每名员工，加强考核与奖惩；广泛动员，营造气氛，做到所有部门全员参与。

② 标准体系融合，建立长效机制。职业健康安全管理体系是当今国际的现代安全管理模式。标准和体系的目的是一致的，都是为了加强安全生产"双基"工作（基础工作和基层工作），提高安全生产管理水平，标准和体系的有效融合，突出生产作业现场（设备、设施、环境和安全操作规程），能够从根源上降低生产安全事故的风险，构建防范事故的多级屏障，建立安全生产长效机制。

③ 精心策划，周密安排。摸清家底，制定工作方案，确定节点目标，明确责任分工，配备保障资源，确保达标工作有序进行。

④ 良好沟通，宣传培训。对外与主管部门沟通，掌握工作要求；对内传阅标准文件，加强宣传报道，营造氛围，使标准化建设工作深入人心。做好自评人员培训，使其熟悉法规标准，明晰标准要求，为标准化顺利开展打好基础。

⑤ 细致识别过去的法律法规及标准，结合单位专业特点，做辨识、查问题、找不足。把握好各项标准的内涵，结合实际，逐一对照标准条款，认真进行符合性检查，对重要项目认真开展危险辨识与风险评估，仔细排查存在的问题和隐患，找出不安全因素，逐项落实整改，消除不安全因素或将其控制在可承受范围内。

⑥ 监督检查，确保质量。根据安全目标的要求，制定实施办法，做到有具体的保证措

施。督促达标工作方案落实,及时掌握达标进展和效果,确保达标质量。

(6) 安全生产的实施

① 建立健全组织机构,制定安全生产规章制度　企业安全生产管理方面,首先要国家层面加强安全立法,立法与执法方面,制定内容具体、涉及面广、操作性强的规章制度,使安全管理做到有法可依。

法律明确规定企业必须管安全,企业内部必须设立安全管理组织机构,形成安全管理体系和企业内部安全管理运行机制。企业要建立健全完善严格的安全生产规章制度,坚持不安全不生产。在领导高度重视的前提下,合理调配资源,高效利用人才,将责任层层分摊,且保证信息的上传下达能够及时准确;另成立专业小组,起到顾问咨询的指导作用,使重难点问题有效解决或制定整改方案,杜绝推进工作的停滞与阻塞。

② 强化培训教育　安全生产工作是一项系统性工程,通过专业的培训教育能够提升企业员工对于安全生产规章制度的理解,有效推动安全生产工作的顺利进行。企业负责人、安全生产管理人员、特殊工种人员一律严格考核,有关人员根据国家有关规定持职业资格证书上岗,职工必须全部经过培训合格后上岗。

③ 及时排查安全隐患　企业要经常性开展安全隐患排查,切实做到整改措施、责任、资金、时限和预案"五到位",隐患排查是安全生产工作的重中之重。通过隐患排查、治理,能够将问题与风险集中暴露,联合讨论与研究,充分体现了员工对于安全生产的理解与认知程度。只有发现问题,才能解决问题,进而实现安全生产。隐患排查、治理活动可以分阶段、分步骤进行,重点在于查缺补漏、不留死角。

④ 问题整改与制定措施　问题的整改与解决最终决定了安全生产标准化建设工作的成效。对于存在的问题,一定要梳理分解,分类处理,由专人负责,制定整改计划和完成时间,整改结束后要进行验收取证,杜绝同类问题的反复发生,同时制定工作标准与要求,进一步提升安全生产管理水平,完善安全生产标准化工作长效机制。

⑤ 安全服务系统　安全生产必须有后勤的支援、各方的配合。负责生产管理的领导和行政管理的领导,以及职能单位和其他人员都来支持安全生产,密切配合,组成安全服务系统和贯彻安全服务责任制。

⑥ 完善安全管理模式　早期安全管理模式是"问题出发型管理",着眼点放在系统运行阶段,造成了事故预防工作跟不上技术进步的局面,对事故难以做到防患于未然。现代安全管理模式应该向"问题发现型管理"发展,即强调以事故预防为主,主动反应、积极控制的安全管理模式,以系统安全的思想为基础,推行风险预控的管理模式,把管理重点放在事故超前预防的整体效应上,从整体出发,追求预防性、全过程控制和综合管理一体化,避免事故带来的人员伤亡或财产损失。

第7章
材料技术经济学基础

技术经济学是一门由技术科学与经济科学相互交叉渗透形成的边缘学科，是研究技术领域的经济问题和经济规律，研究技术与经济的相互影响与相互作用，寻求技术与经济最佳结合的应用经济学的一门现代分支科学。技术经济学是一门决策性科学，具有综合性、系统性、预测性、实践性和选择性等特点。

随着技术经济学的发展，对其研究对象的认识大致经历以下三个层面：①技术先进与经济合理的对立统一与协调发展规律；②有效利用技术资源促进经济增长的基本规律；③技术进步与经济发展的相互作用规律，技术与经济的最佳结合方式及其实现形式。

伴随科学技术的迅猛发展，各种新技术、新设备、新工艺、新材料和新能源层出不穷，使得实现同一目标的可行方案越来越多，达到同一目标的手段也越来越多，由此产生的经济效果必然各不相同，给人们的决策与规划增加了新的复杂性。对此，技术经济学的研究与应用可以在以下三个方面发挥作用：首先，技术经济学是实现投资决策科学化的重要手段；其次，技术经济学是沟通技术和经济两大学科的桥梁和纽带；第三，技术经济学是培养优秀工程师和管理者的基本保证。此即技术经济学的基本任务和目的。

7.1 材料技术经济学基本原理

材料技术经济学是运用技术经济学基本原理，研究材料产业发展中的技术经济问题和规律，研究材料领域技术进步与经济增长之间的相互关系，研究材料技术领域内资源与能源的最佳配置，探索材料科学技术产业政策、规划、建设、生产、经营管理和稳定发展的最佳经济学分析、比较和评估以谋求国民经济可持续发展的新兴学科。

材料技术经济学的研究对象可归纳为材料技术领域的经济活动规律，经济领域的材料技术发展规律以及材料技术发展的内在规律三大领域，包括工程（项目）、企业、产业和国家四个层面的材料技术经济问题。其学科构成主要包括基础理论、基本方法以及工程应用三个方面。

材料技术经济学的研究方法是把研究的材料产业发展的技术问题置于特定时空的经济建设环境的大系统之中，用系统的观点和方法进行各种技术经济问题的研究；把定性研究和定量研究结合起来，并采用相应数学模型进行分析评价。同时注重在研究中采用两种以上的技术方案进行分析比较，从中选择经济效果（及社会效益）最好的方案。基本研究方法包括以下三个层面：

① 系统综合，即采用系统分析、综合分析的研究方法和思维方法，对新材料产业相关

技术的研制、应用与发展进行估计。

② 方案论证，即运用技术经济普遍采用的传统方法，如经济效果指标评价体系，对完成同一目标的不同技术方案的价值型、效率型或时间型指标进行计算、分析和比较。

③ 效益分析，是通过劳动成果与劳动消耗的对比分析、经济效益与生产成本的对比分析、产业发展与环境影响的对比分析，对技术方案的经济效益和社会效益进行评价，评价的原则通常是效益最大原则。

7.1.1 材料、科学、技术与经济的关系

7.1.1.1 材料的含义

材料是人类用以制造生活和生产中的物品、器件、构件、机器和其他产品的物质。材料是物质，但不是所有的物质都可以成为材料，如食物和药物，一般都不算材料。现在把炸药、燃料也常称为"含能材料"。

严格地说，材料是指有用的并能用来制造物品（件）的物质；一般是指固态的、可用于工程上的物质；作为材料科学研究对象的材料则主要是那些用于制造器件或物品的人造物质。就是说，材料是人类社会所能接受的、可经济地用于制造生活和生产中使用的机器、构件、器件和产品的物质，是人类赖以生存和发展的物质基础。

材料的判据：
- 战略判据　人类社会所能接受的——资源，能源，环保。
- 经济判据　可经济地——经济性指标，包括经济效益和社会效益。
- 质量判据　制造有用物件等——具有各种性能。

资源、能源、环保为战略性判据；经济和性能则俗称为"价廉物美"。

图 7.1 为材料与科学、技术、经济的关系示意图。粗实线代表直接相互作用，科学与经济为弱相互作用，科学与技术、技术与经济为强相互作用。

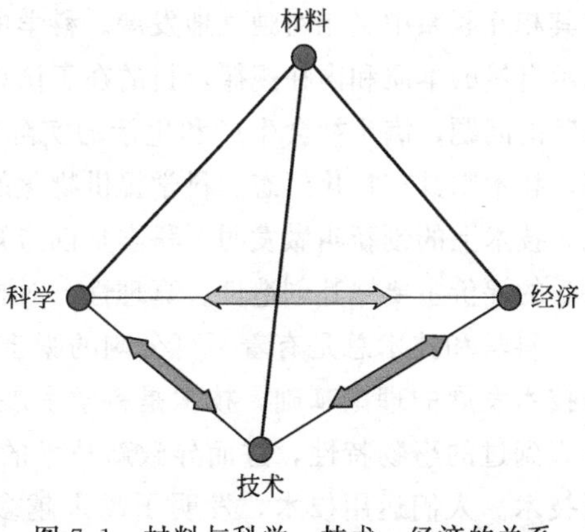

7.1.1.2 科学的含义

科学是指将人类对物质世界和精神世界探索的结果（包括事实、信息的描述以及在教育和实践中获得的技能）通过细化分类，运用范畴、定理、定律等思维形式反映客观世界各种现象的本质和规律，而形成逐渐完整的知识体系。

"科学"一词由近代日本学界用于对译英文

图 7.1　材料与科学、技术、经济的关系

中的"science"及其他欧洲语言中的相应词汇（欧洲语言中该词来源于拉丁文"scientia"，意为"知识""学问"），在近代侧重关于自然的学问。按研究对象的不同，科学一般分为自然科学、社会科学和思维科学，以及总括和贯穿于这三个领域的哲学和数学。按与实践的不同联系，科学可分为理论科学、技术科学、应用科学等。科学来源于社会实践，服务于社会实践。科学对人类历史的发展起推动作用，同时其发展和影响又受到社会条件的制约。现代科学正沿着学科高度分化和高度综合的整体化方向蓬勃发展。

经典的科学研究方法可分为两大类，即实验方法和推理方法，也就是归纳法和演绎法。前者是将特殊陈述上升为一般陈述（或定律、定理、原理）的方法，后者是应用一般陈

述导出特殊陈述或从一种陈述导出另一种陈述的方法。科学方法使用可再现的方法解释自然现象——科学研究者提出假说，然后设计实验来检验这些假说，而这种实验需要在可控条件下模拟自然现象并能够为他人所重复验证。

科学通常对经济不发生直接作用，但其对技术、经济和社会的影响一般久远而广泛。

7.1.1.3 技术的含义

人类对技术的含义、本质和意义的认知由来已久。亚里士多德最早将技术看作制作的技艺，狄德罗（Denis Diderot，1713—1784）则将其厘定为"技术是为某一目的共同协作组成的各种工具和规则体系"。显然，后者包含更多现代技术的内涵。世界知识产权组织（WIPO）的定义是："技术是制造一种产品的系统知识、所采用的一种工艺或提供的一项服务，不论这种知识是否反映在一项发明、一项外形设计、一项实用新型或者一种植物新品种，或者反映在技术情报或技能中，或者反映在专家为设计、安装、开办或维修一个工厂或为管理一个工商业企业或其活动而提供的服务或协助等方面。"实际上，WIPO把世界上所有能带来经济效益的科学知识都定义为技术。

根据技术的物质属性可将其分为硬件技术和软件技术两大类，前者包括劳动者用以改变和影响劳动对象的一切物质资料（特别是劳动工具），后者指知识形态和技能形态的技术，如工艺规程、管理规范、专利、图纸、决策、规划、仿真、统计、咨询等。

技术是生产力诸要素中最活跃的，并处于不断发展和变化之中。技术进步就是技术不断创新、发展、完善的过程。狭义的技术进步一般指工程技术及生产劳动体系手段的变革，广义的技术进步则包括科学研究、生产技术和管理方法不断变革与创新，并因此推动经济发展和社会进步的过程。

科学与技术的关系一方面表现为密不可分，另一方面二者的任务、目的和实现过程不同，在其相互联系中又相对独立地发展。科学的任务是通过回答"是什么"和"为什么"的问题，揭示自然的本质和内在规律，目的在于认识自然。技术的任务是通过回答"做什么"和"怎么做"的问题，满足社会生产和生活的实际需要，目的在于改造自然。科学主要表现为知识形态，技术则具有物化形态。科学提供物化的可能，技术提供物化的现实。科学上的突破叫做发现，技术上的创新叫做发明。科学是创造知识的研究，技术是综合利用知识于需要的研究。对科学的评价主要视其创造性、真理性，对技术的评价则首先看是否可行，能否带来经济效益。

科学和技术总是有着不可分割的紧密联系，它们相互依存、相互渗透、相互转化。科学是技术发展的理论基础，技术是科学发展的手段。科学常常可以启发我们提出新的、以前没有想到过的事物特性，进而导致新技术的产生。新技术常常需要新思想，新研究也常常需要新技术。人们运用技术，发明了越来越多的新仪器和新技艺，进而推动了各方面的科学研究。技术不仅为科学研究提供了工具，而且还可以激励理论研究动机并提供方向。

随着现代科学革命和技术革命的兴起，科学与技术越来越趋向一体化。技术与科学的联系越来越紧密。许多新兴技术尤其是许多新材料技术和产业的兴起和发展就直接来自现代科学的成就。科学是技术的升华，技术是科学的延伸。科学与技术的内在统一和协调发展已成了当今"大科学"的重要特征。

7.1.1.4 经济的含义

经济是一个多义词。其一，经世济民；其二，指财力、物力；其三，指治国的才干；其四，价值的创造、转化与实现；其五，一国之国民经济，或国民经济各部门；其六，社会生产关系之总和；其七，物质资料的生产、交换、分配和消费；其八，节约或俭省，耗费少而收益多，含效益追求之意。其中一、四、七、八项侧重经济活动，二、三、五、六项多指经济状态。在古希腊，"经济"一词还有"管理家庭""谋生技能"的含义。现代经济学着重对经济活动的理解和干预，一般认为经济就是对物资的管理，是对人们生产、处置、分配、使用一切物资这一整体动态现象的总称。在这一动态整体中，包括人类生产、储蓄、交换、分配的各项活动；生产是这一动态的基础，分配是这一动态的终点。

经济增长和经济发展是现代经济生活中经常涉及的两个相互关联又有区别的概念。经济增长通常是指在一个较长的时间跨度上，一个国家人均产出（或人均收入）水平的持续增加，通常以国民生产总值（GNP）、国内生产总值（GDP）或国民收入（NI）以及人均数值来衡量。决定经济增长的直接因素包括投资量、劳动量和生产力水平，其中后者与科学技术水平密切相关。经济发展则指伴随经济增长而产生的经济结构、社会组织和政治体制的变革。通常，经济发展以经济增长为前提，但经济增长并不必然导致经济发展，即存在"有增长无发展"或"没有发展的经济增长"。

7.1.1.5 技术与经济的关系

众多技术集合在一起，创造了一种我们称之为"经济"的东西。经济从技术中泛现，并不断从它的技术中创新自己，决定哪种新的技术将会融入其中。经济是技术的一种表达，并被这些技术的进化而进化。通俗一些讲就是，技术进步与经济发展是相互联系、相互促进且相互制约的辩证关系，而这种关系是由它们的本质属性与发展机制所决定的，主要表现在以下三个方面。

第一，科学技术对经济发展和社会进步的推动作用。一般可以从科学技术的指数效应、变革效应和渗透效应归纳分析科学技术何以成为第一生产力的内涵及其对经济和社会发展的巨大作用。

① 科学技术的指数效应：伴随科学技术的发展，社会分工更加科学和精细，劳动者素质得以大幅度提高，各种技术装备（劳动工具）快速步入机械化、自动化和智能化阶段，与此同时，劳动对象（资源、能源）范围不断扩大，管理方法不断改革。此指数效应可用式（7.1）表示：

$$生产力 = (劳动力 + 劳动工具 + 劳动对象)^{科学技术} \tag{7.1}$$

② 科学技术的变革效应：从世界近代史的发展脉络不难发现，大科学技术在推动历史发展和社会变革方面功勋卓著。社会经济结构和产业结构的变迁，体力劳动与脑力劳动组成的反转，硬件经济（传统产业）和软件经济（知识经济）的消长，无不显示出科学技术的强大助力。

③ 科学技术的渗透效应：科学技术的发展与进步首先不断开拓了人与自然关系的领域，使人类能够更加有效地利用资源、控制人口和改善环境，进而影响人们的审美观和宇宙观，改变人们的衣食住行方式，启迪人们的科学思想，培育人们的科学精神，从而形成建设人类现代文明的强大基础。

④ 拉动经济发展对技术的需求：自第一次工业革命至今，无论是在世界范围，还是对一个国家、一个地区、一个企业来说，科学技术的这一作用几乎都是不言而喻的。而新材料产业的发展尤其催生了无数更新更快的新经济手段。

第二，经济发展对科技进步的促进作用。发展经济，改善生活，增强国力，始终是每个国家发展的根本任务，同时，也是科学技术发展的基本保证。对此，我们可以从以下四个方面理解。

① 经济发展是技术进步的动力：经济发展扩大并拓展了社会需求，推动生产力向更高

水平前进,因而在劳动手段、劳动工具、劳动对象供给、劳动者能力,资源配置,产业组织等各个方面会不断提出更多的新问题和新需求,而解决这些问题和满足这种需求,正是科学技术发展的主要动力。

② 经济发展决定技术发展的方向:经济发展的不同水平,不同行业和地区经济发展的平衡,国内外市场需求和经济环境的动态变化,无不要求科学技术的及时跟进与配合。对科学技术的发展必须考虑经济发展的战略重点、薄弱环节和关键问题,预测和规划科学技术发展的方向。

③ 经济发展是技术发展的物质基础:科学技术的发展从来离不开国家和企业的财政支持和资金投入,许多高新技术、国防技术和关键技术的发展尤其如此。世界发达国家对科学技术的投入(GDP 占比和人口占比)长期远远高于发展中国家也说明了这一点。

④ 经济发展改善技术进步的条件和环境:经济发展深化了国际分工与交流,改善了全球资源配置,加速了信息交流,完善了生产要素的市场体系,促进了文化教育事业的发展,提高了国民物质生活水平,增进了社会的稳定。所有这一切,都是在为科学技术的发展与进步创造良好的外部条件。

第三,技术与经济的相互制约和协调发展。正如经济增长不一定必然导致经济发展那样,科学技术的进步同样有可能影响社会稳定,尤其造成国家之间和地区之间经济发展的极端不平衡,成为世界和平和地球生态平衡的一种不安定因素。为此,我们需要在以下两个方面有清醒的认识。

① 技术与经济各有其自身的发展规律,二者之间不存在简单的正负相关关系。就技术进步而言,其成熟周期并不总是与经济环境条件合拍,更无同步发展的必然性,盲目追求高新技术有可能造成经济上的浪费和环境安全的隐患。就经济发展而言,科学技术从来不是其全部依赖,而经济发展也不必然导致科学技术预期的进步。

② 技术与经济的各种矛盾是显而易见的。例如技术可行性与经济可行性的矛盾,技术先进与经济合理(适用性、经济性、可靠性等)的矛盾,技术效益预期与现实盈利实效的矛盾,技术研发成本与新增经济效益的矛盾,技术进步倍增效应与经济投入边际效应的矛盾等。

如果将科学、技术、经济、材料、管理五要素综合起来考察,我们或许可以发现一些更具建设性的启示。简而言之,就材料产业自身的特点而言,材料对科学、技术、经济和管理的依赖都非常直接与迫切,而材料的发展也能够最快速地促进科学、技术、经济和管理的发展(图 7.2 中用粗实线表示这种比较稳定的正相关关系)。于是,材料与科学、技术、经济和管理形成一个相互促进的良性循环有机体,造就了现代科学技术,以及经济和社会快速发展的良好环境。对于科学与

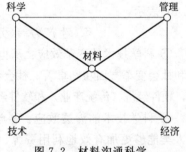

图 7.2 材料沟通科学、技术、经济、管理

技术、经济与管理、科学与管理之间关系的论述已有很多,这里不再赘述。

7.1.2 技术经济学的理论基础

7.1.2.1 剩余价值理论与扩大再生产理论

(1) 剩余价值

"剩余价值"概念是马克思主义政治经济学的核心概念。马克思认为,剩余价值就是指

雇佣工人在生产过程中所创造的、被资本家无偿占有的、超过劳动力价值的那一部分价值。资本主义社会生产的实质就是剩余价值的生产,剩余价值规律是资本主义社会的基本经济规律,它决定着资本主义社会的一切主要方面和矛盾发展的全部过程;决定着资本主义生产的高涨和危机;决定着资本主义的发展和灭亡。

马克思剩余价值概念中的劳动力价值,本质上也就是劳动者的"自用价值",因劳动力价值是由维持劳动力的生产和再生产所需要的生活资料的费用决定的,其中包括劳动者本人的培养、教育费用和维持其家庭成员生活的费用,而这恰恰就是劳动者创造的价值中自身及家庭需要的部分——自用价值。广义的"剩余价值"即是与"自用价值"相对的概念,可泛指劳动者创造的超过自身及家庭需要的那部分价值;如劳动者创造的价值不够或仅够满足自身及家庭的需要,没有一点剩余,那他便没有创造剩余价值。从这个角度理解剩余价值,则具有更普遍的意义,可用以解释一切与自用价值相对的剩余价值。

显然,在这个意义上,剩余价值的生产并非仅存在于资本主义社会,在其他社会形态——包括社会主义社会——也广泛存在,而劳动者创造的剩余价值正是企业利润和国家财政收入的源泉。众所周知,由于我们的社会主义初级阶段仍然存在雇佣关系的私有企业、合资企业、股份制企业等形态,它们当然生产剩余价值。另一方面,作为社会主义经济主体的公有制经济也同样生产剩余价值。这是因为公有制企业的职工并没有为满足自己的需要而将自己创造的价值全部占有,而是留一部分成为企业利润和国家利税,而这实际就是公有制企业职工创造的剩余价值。至于个体经济的业主向国家纳税实际上就是个体经济劳动者创造的剩余价值。可见不论任何经济形态,如果劳动者创造的价值不够或仅够满足自身及家庭的需要,没有一点剩余,那么企业就挣不到任何利润,国家财政也不会有收入,从而社会经济就会停止运行,国家机器就会停止运转。

(2) 剩余价值在社会生活中的地位和作用

剩余价值在社会生活中居于十分重要的地位,起着非常重要的作用。劳动者创造的剩余价值的多少是衡量社会生产力水平高低、人生价值大小及国家财力强弱的重要标尺。

首先,劳动者创造的剩余价值的多少与社会生产力水平的高低成正比。社会生产力水平越低,劳动者创造的剩余价值便越少;而社会生产力水平越高,则劳动者创造的剩余价值便越多。故劳动者创造的剩余价值的多少是衡量社会生产力水平高低的重要标尺。

其次,虽然对人生价值的具体解释纷纭不一,但人的贡献大、影响显著,则人生价值便越大,却是人人都同意的观点。而人为社会创造的剩余价值越多,则贡献便越大,影响便越显著,故人生价值便也越大;相反,如人为社会创造的剩余价值越少,则贡献便越小,影响便越轻微,故人生价值也越小;如不能为社会创造任何剩余价值,则人生便毫无价值。这样,为社会创造的剩余价值的多少便成了衡量人生价值大小的重要标尺。

第三,虽然人们已经习惯用国民生产总值或人均国民收入来衡量国家财力(综合国力)的强弱,但这个指标很不准确。这是因为国民生产总值确实与国家财力强弱密切相关,但在很大程度上又取决于国家的大小和人口的多寡。人均国民收入虽可准确反映国民的富裕程度,但如国家太小,即使人均国民收入很高,国家财力也不可能太强,仍会受制于人。如用劳动者为社会创造的剩余价值总量衡量——即国民生产总值减去国民消费总量所得之差,则可以更准确地反映一个国家能够掌握及可以调度的财富数量,可准确衡量国家财力的强弱。

综上所述,通过对马克思主义政治经济学"剩余价值"概念的准确解释,便可使这一概念的理论价值大大提高,不仅适用于资本主义社会,而且适用于其他社会,可解释、解决经济问题，而且可解释、解决人生、社会等一系列问题。也必然是分析、比较和评估材料技术进步与经济发展关系的重要依据。

(3) 扩大再生产

扩大再生产就是生产规模比原来扩大的再生产。具体来讲，就是社会生产的新产品除了用于补偿已消耗的生产资料和消费资料外，还有多余的部分用于扩大生产的规模。相对比的概念是简单再生产，即规模不变的再生产。例如，一个锂电池生产商，如果每年都用同样多的工具、设备、原材料和劳动力，生产同样多（品种和数量）的锂电池，这就是简单再生产；如果他在第二年增加了工具、设备、原材料，也多雇用了劳动力（不必同时增加），生产的锂电池（品种或/和数量）也大大增加，这就是扩大再生产。

任何一个社会（或经济体），要想取得可持续发展，都必须采用扩大再生产的方法。一般说来，扩大再生产可分为两种类型，即外延式的扩大再生产和内涵式的扩大再生产。外延式的扩大再生产是通过增加生产要素的数量而实现的扩大再生产。如上例中我们所举的锂电池生产商，如果他在生产技术、工艺水平、生产流程都不变的情况下，仅仅是靠增加工具、设备、劳动力等生产要素的数量而形成的扩大再生产，就是外延式的扩大再生产。而内涵式的扩大再生产是通过提高生产要素的使用效率而实现的扩大再生产，就是在厂房、机器设备和劳动力等生产要素数量基本不变的情况下，主要通过技术进步、加强管理、提高生产要素的质量（和效率）等方法，使生产规模不断扩大的再生产。在现实经济生活中，外延式的扩大再生产同内涵式的扩大再生产往往是结合在一起的，很难把它们两者完全独立开来。但是，随着社会生产力水平的发展和科学技术的进步，随着可持续发展战略被越来越多的国家所认同并采用，内涵式的扩大再生产在整个社会再生产中所占的比重将越来越大，并将会成为扩大再生产的主要方式。

扩大再生产的前提条件有两个：

第一，第一部类的可变资本价值 (V) 与剩余价值 (M) 之和，必须大于第二部类的不变资本价值 (C)，为扩大再生产提供可追加的生产资料，即 Ⅰ$(V+M)$＞ⅡC。

第二，第二部类的不变资本价值与用于积累的剩余价值（$M-M/x$；M/x 表示剩余价值中的消费部分 x 通常为大于1的设定正数）之和，必须大于第一部类的可变资本价值与剩余价值 (M/x) 之和，为扩大再生产提供可追加的消费资料，即Ⅱ$(C+M-M/x)$＞Ⅰ$(V+M/x)$。

扩大再生产的实现条件有三个：

第一，第一部类原有可变资本价值、追加的可变资本价值 (ΔV) 与本部类剩余价值 (M/x) 三者之和，必须等于第二部类原有的不变资本价值与追加的不变资本价值 (ΔC) 之和，即Ⅰ$(V+\Delta V+M/x)$＝Ⅱ$(C+\Delta C)$。

第二，第一部类全部产品的价值必须等于两大部类原有不变资本价值和追加的不变资本价值之和，即Ⅰ$(C+V+M)$＝Ⅰ$(C+\Delta C)$＋Ⅱ$(C+\Delta C)$。

第三，第二部类全部产品的价值必须等于两大部类原有的可变资本价值、追加的可变资本价值以及剩余价值之和，即Ⅱ$(C+V+M)$＝Ⅰ$(V+\Delta V+M/x)$＋Ⅱ$(V+\Delta V+M/x)$。

在这三个实现条件中，第一个条件是基本条件，第二个条件和第三个条件则是由第一个条件派生而来的。社会资本扩大再生产的三个实现条件共同表明了保持两大部类适当比例关系的重要性。

7.1.2.2 边际效用理论和边际生产力理论

(1) 边际效用

边际效用（Marginal Utility）指在一定时间内消费者增加一个单位物品（商品或服务）所带

来的新增效用。也就是在其他条件不变的情况下，随着消费者对某种物品消费量的增加，他从该物品连续增加的每一消费单位中所得到的满足程度。边际的含义是增量，指自变量增加所引起的因变量的增加量。在边际效用中，自变量是某物品的消费量，而因变量则是满足程度或称效用。

在其他条件不变的情况下，随着消费者对某种物品消费量的增加，他从该物品连续增加的每一消费单位中所得到的满足程度越来越小。这种现象普遍存在，被人们称为边际效用递减规律。递减原因来自两个基本层面：其一，人的欲望虽然多种多样、永无止境，但生理等自然因素决定了每个具体的欲望满足都是有限的。最初欲望大，因而消费第一单位商品时得到的满足也大，随着商品消费次数的增加，欲望也随之减少，从而感觉上的满足程度递减，甚至当欲望消失时还增加消费的话，反而会引起讨厌的感觉。其二，物品有多种多样的用途，并且各种用途的重要程度不同，人们总会把它先用于最重要的用途，也就是效用最大的地方，然后才是次要的用途，故后一单位的物品给消费者带来的满足或提供的效用一定小于前一单位。显然，由人类天性和商品属性共同决定的这一重要经济学规律告诉我们，创新已然成为技术进步和经济发展的根本动力。

边际效用理论还可以解释经济学中著名的"价值悖论"。价值悖论又称价值之谜，指有些东西效用很大，但价格很低（如水），有些东西效用很小，但价格却很高（如钻石）。因为消费者购买商品是为了取得效用，对边际效用大的商品，消费者就愿意支付较高价格，即消费者购买商品支付价格以边际效用为标准。购买商品越多，边际效用越小，商品价格越低；反之，购买商品越少，边际效用越大，商品价格越高。因此，商品需求量与价格成反方向变化，这就是需求定理。人们愿为边际效用高的钻石支付高价格、为边际效用低的水支付低价格都是一种理性的行为。而"物以稀为贵"的道理正在于"稀"的物品边际效用高。

(2) 边际生产力

边际生产力 (Marginal Productivity) 理论是用于阐明在生产中相互合作的各种生产要素或资源所得到的报酬的一种方法。通常情况下，当其他要素数量不变，而单位某种生产要素离开（或加入）生产过程时所引起的商品产值的减少（或增加）量，就等于该种生产要素一个单位的服务报酬或其他报酬。这里很明显，决定生产要素的报酬是取决于生产过程中的技术条件。一般用生产函数来表明这种投入和产出的技术关系。

在西方经济学中，生产要素一般被划分为劳动、土地、资本和企业家才能这四种类型。边际生产力理论有两要素形式和多要素形式来说明生产要素的需求量。两要素是指总资本和总劳动，在这种形式下，生产函数的形式是 $Y=F(L,K)$，这里 L、K 分别是生产过程中投入的劳动和资本的数量。多要素是指在现代经济中，生产要素也在多元化，科学技术、知识、教育等因素加入到生产函数中去，生产函数成了 $Y=F(L,K,T,I,E,\cdots)$，从而使生产函数变得越来越复杂，这样处理之后，生产函数就成为线性齐次性，就可以满足于总额相符，从而就使边际生产力学说更加完美，甚至进一步找出科技、知识、教育等在生产过程中的作用来。

不过，这种学说存在着一个明显的错误：生产要素起着两个方面的作用，一是生产过程的投入物，二是要在生产过程中得到相应的报酬。尽管我们可以通过复杂的计算得出科技、知识和教育的边际生产力，但是是谁根据这些要素的边际生产力而得到它的报酬呢？是工人，还是企业家，还是科学家？另外，科技和知识都是体现在劳动和资本中，不能从劳动和资本中独立出来，生产函数的形式应该是 $Y=F[L(T,I,E,\cdots),K(T,I,E,\cdots)]$，这样，从数学的逻辑上分析，自变量之间必然是独立的，即有完全的自由度。如果技术、知识、教育和劳动、资本之间存在着相关性，它们就不可能同时作为生产函数的自变量，即同时成为生产要素。因此，用多生产要素的生产函数使之成为线性齐次性，从而可以使之满足总额相符的方法，存在着逻辑矛盾。

一种修正的方法是采用改变生产函数的方法，假设生产函数是不断变动的，即将生产函数动态化而成为 $Y=F(L, K, t)$，t 代表着时间。在静态情况下，不存在规模报酬递增，只存在规模报酬不变的现象。之所以存在规模报酬递增，是因为随着时间的变化，生产函数发生了变动，而这种变动的主要原因还是归因于技术进步导致了生产函数的移动。随着时间的改变，技术进步改变了生产函数的位置，这样在每个静态的时点上，生产函数是线性齐次性，因此可以满足总额相等原理，从而生产要素可以按照边际生产力得到相应的报酬。而在不同时间上，这种生产函数的移动体现的是技术进步对生产过程的影响。

7.1.2.3 产权经济理论

产权（Property Ownership or Right to Property）包括财产的所有权、使用权、收益权和处置权。通常指不动产的产权。近代以来又将对智力活动成果所享有权利称作知识产权。在市场经济条件下，产权的属性主要表现在三个方面：产权具有经济实体性、产权具有可分离性、产权流动具有独立性。产权的功能是指产权作为一种社会强制性的制度安排所具有的界定、规范和保护人们的经济关系，形成经济生活和社会生活的秩序，调节社会经济运行的作用——激励功能、约束功能、资源配置功能和协调功能。

以法权形式体现所有制关系的科学合理的产权制度，是用来巩固和规范商品经济中财产关系、约束人的经济行为、维护商品经济秩序、保证商品经济顺利运行的法权工具。产权理论的内容非常丰富，不同时期的许多经济学家都从不同层面或角度论及产权问题。例如，德姆塞茨认为，产权是一种社会工具，其重要性在于事实上它能帮助一个人形成他与其他人进行交易时的合理预期。所以产权是一种人与人之间的关系，而非人与物之间的关系。但是，产权经济学作为一个相对独立的经济学分支，并形成比较完整的理论体系，却是现代的事情。其富有活力，已经产生了巨大影响，而且这种影响还在继续。但是，在繁荣和活跃的同时，产权经济学也存在着某种混乱，许多问题的研究都有待于深入和扩展。例如，所谓产权的界定、变更和维持，其实是产权制度的建立或确认、变革和维护，降低交易费用就是降低制度的运行费用，从而提高资源配置的效率。因此，产权经济学无疑属于制度经济学。故著名产权经济学家威廉姆森又把产权经济学命名为"新制度经济学"。又由于属于当代经济理论中强调自由放任理论与政策的经济学体系和流派，产权经济学也被称为"新自由主义经济学"。因为分析产权经济问题一定离不开经济制度、政治制度和法律制度，产权经济学还被归属于"新政治经济学"。虽然产权不等于法权，产权制度不等于法律制度，但是，产权的界定、保护、交易，产权制度的建立和变革，无不与法律密切相关，不仅与宪法，而且与财产法和其他法律相关，因而必然会融合法学与经济学的一些基本原理和方法，故产权经济学也被称为"法经济学"。此外，产权经济学的全部分支或理论内容，都建立在"交易费用学说"的基础上，或者说，都是这一学说的运用，故把产权经济学称为"交易费用经济学"就是以其重要和显著的标志来命名的。

经济学总是离不开一些基本的假设前提，特别是对人类行为的假设。只不过有些假设是明显的或公开的存在的基本事实，而有些是隐含的或不易察觉的。现代产权经济学的基本假设包括如下。

① "经济人"人格假设：传统经济学所谓"经济人"就是将人抽象为利己主义、追求个人利益最大化的化身，否定了人作为社会存在的其他一切特征，其一切行为都表现为趋利避害，谋求自身利益最大化。产权经济学进而假设"经济人"的追求还包括主观效用最大化，且为了适

应于数学逻辑,将"效用"加以货币计量,从而"经济人"也就成了符合数字规则的计算机器。

②"资源稀缺性"假设:这同样是全部经济学的基本假设。相对于人们的需要而言,绝大多数资源都是稀缺的,属于产权部分的资源尤其如此。不稀缺的东西不是经济物品,不在经济学的研究范围之内。而产权经济学特别将历史上被其他经济学派,尤其是正统经济学,划在"稀缺性资源"以外的"制度"本身纳入了"稀缺物品"范围之中。由此产生下面的几个经济学新假设。

③"不确定性"和"复杂性"假设:不同于新古典经济学,制度经济学假设"经济人"的需求偏好并非单一不变,甚至制度亦可变。设计合理的制度或改变制度,就是要力求降低"不确定性"和"复杂性",从而降低交易费用,因"不确定性"和"复杂性"是导致交易费用上升的重要因素。

④"非完全竞争"的市场假设:新古典经济学的市场被假定为没有垄断、没有摩擦、自动保持均衡的市场,市场参与者也都能获取充分的、而且是对称的信息。若无此假定,整个新古典体系就不可能存在,或者说要完全重建。因为如果市场不是充分竞争的和自动均衡的,整个边际分析和机械式均衡分析及通过这种分析建立起来的静态均衡理论就失去了逻辑起点。

⑤"有限理性"假设:这也是不同于正统经济学假设的。产权经济学认为,理性不仅是一种行为方式,而且是一种能力;不仅是一种能力,而且是一种理性意识或自觉性。当然,"理性行为"包含具备"实施理性行为的能力"和"理性意识"。

⑥"交易费用为正"的基本假设:对零交易费用假设的批判、对正交易费用及其存在原因的揭示、对交易费用的内涵界定和分类及交易作为一种分析手段的运用,一起构成"交易费用理论"。产权经济学与正统经济学一样,都研究资源配置问题。不同的是,正统经济学假定制度既定,运转费用即交易费用为零。而产权经济学假定制度存在着正交易费用,而且制度是变动的。确认了"交易费用为正",并不等于对制度对资源配置的分析已经完成,也不等于这种分析本身,而是提供了一个与"交易费用为零"不同的假设前提。从这个意义上说,"交易费用为正"又是整个产权经济学的一个基本假设。在这个前提下所构建的关于资源配置的理论不同于正统经济学的资源配置理论。它主要揭示产权制度通过交易费用而影响资源配置效率,通过优化制度结构而改善资源配置。

7.1.3 技术经济分析的基本要素

7.1.3.1 项目投资

项目投资是一种以特定项目——直接与新建项目或更新改造项目有关——为对象的长期投资行为。与其他形式的投资相比,项目投资具有投资内容独特(例如每个项目都至少涉及一项固定资产投资)、投资数额多、影响时间长、发生频率低、变现能力差和投资风险大的特点。毫无疑问的是,自21世纪以来,新材料产业始终是全球范围内发达国家和地区以及经济快速增长的发展中国家和投资者的热点投资领域。

一般来说,按照投资时间,项目投资可分为短期投资和长期投资。短期投资又称流动资产投资,是指在一年内能收回的投资。长期投资则是指一年以上才能收回的投资。由于长期投资中固定资产所占的比重最大,所以长期投资有时专指固定资产投资。从决策的角度看,可把投资分为采纳与否投资和互斥选择投资。采纳与否投资是指决定是否投资于某一独立项目的决策。在两个或两个以上的项目中,只能选择其中之一的决策叫做互斥选择投资决策。项目投资按其涉及内容还可进一步细分为单纯固定资产投资项目和完整工业投资项目。单纯固定资产投资项目特点在于，在投资中只包括为取得固定资产而发生的垫支资本投入而不涉及周转资本的投入；完整工业投资项目则不仅包括固定资产投资，而且还涉及流动资金投资，甚至包括其他长期资产项目（如无形资产、长期待摊费用等）的投资。

显然，根据新材料产业的基本特点，有关新材料产业的创业、技术改造和重大设备更新等项目投资多属于完整工业投资项目的长期互斥选择投资。

项目投资的构成主要指项目计算期的投资构成。项目计算期是投资项目从投资建设开始到最终清理结算过程的全部时间，包括建设期和运营期。建设期是指项目资金正式投入开始到项目建成投产为止所需要的时间。从项目投产日到投资清算日之间的时间间隔称为运营期，其中又包括试产期和达产期两个阶段。试产期是指项目投入生产，但生产能力尚未完全达到设计能力时的过渡阶段；达产期是指生产运营达到设计预期水平后的时间。在实践中，通常应参照项目建设的合理工期或项目的建设进度计划合理确定建设期，而运营期一般应根据项目主要设备的经济使用寿命期确定。

项目投资评价是可行性研究的重要组成部分（详见第8章），它包括技术评价、经济评价和社会评价三个部分。技术评价主要是根据市场需求预测和原材料供应等生产条件的调查，确定新材料产品方案和合理生产规模，根据项目的生产技术要求，对各种可能拟定的建设方案和技术方案进行技术经济分析、比较、论证，从而确定投资项目在技术上的可行性。经济评价是项目投资评价的核心，分为企业经济评价和国民经济评价。企业经济评价亦称财务评价，它从企业角度出发，按照国内现行市场价格，计算出项目在财务上的获利能力，以说明项目在财务上的可行性。国民经济评价从国家和社会的角度出发，按照影子价格、影子汇率和社会折现率，计算项目的国民经济效果，以说明项目在经济上的可行性。社会评价是分析项目对国防、政治、文化、环境、生态、劳动就业、储蓄等方面的影响和效果。

项目投资实施方案不同于项目初步设计，其设计更为详尽。不仅需要对项目做计划描述，而且要将计划的内容具体化，提供详尽的实施措施，也需对项目所可能遇到的风险进行评估、取得的效益进行预测等。主要包括以下几个方面的工作：

① 项目概况（包括项目名称、项目建设地点及选择依据、项目建设目标、项目建设内容与规模、项目建设期及进度、项目投资概算及资金来源、前期准备情况）；

② 项目投资实施方案编制的指导思想、原则及依据；

③ 项目投资实施的可行性和必要性；

④ 项目投资地区概况；

⑤ 项目建设内容（项目建设规模、建设期及进度、主要技术方案）；

⑥ 投资概算与资金筹措（项目投资概算、资金筹措方案、资金计划安排）；

⑦ 投资项目效益预测（经济效益、社会效益、环境生态效益）；

⑧ 项目招标方案（编制依据、工程概况、招标方案）；

⑨ 项目的组织管理（组织领导、规范技术指标、项目资金管理、项目公示制、监督检查、建后管护）等。

项目投资管理环节的审计首先应按照国家规定的建设项目的项目法人责任制、招标投标制、工程监理制、合同管理制的要求对建设项目进行符合性测试。通过查阅规章制度、调查访谈和现场观察等方式，对大量原始资料进行分析、统计和归纳，对项目管理中存在的薄弱环节，根据其重要程度，确定实质性测试的范围和重点，将实质性测试与符合性测试有机地结合起来。审计中应特别注意检查项目是否按照《中华人民共和国招标投标法》有关规定，对应该实行招投标的工程、物资设备采购等行为履行合法程序，实行招投标管理，公开、公平、公正地选择施工队伍和物资设备。

从宏观的角度看，项目投资有以下两方面积极意义：第一，项目投资是实现社会资本积累功能的主要途径，也是扩大社会再生产的重要手段，有助于促进社会经济的长期可持续发展；第二，增加项目投资，能够为社会提供更多的就业机会，提高社会总供给量，不仅可以满足社会需求的不断增长，而且会最终拉动社会消费的增长。

从微观的角度看，项目投资有以下三个方面积极意义：第一，增强投资者技术经济实力。投资者通过项目投资，扩大其资本积累规模，提高其收益能力，增强其抵御风险的能力。第二，提高投资者创新能力。投资者通过自主研发和购买知识产权，结合投资项目的实施，实现科技成果的商品化和产业化，不仅可以不断地获得技术创新和利润，而且能够为科技转化为生产力提供更好的业务操作平台。第三，提升投资者市场竞争能力。市场竞争不仅是人才的竞争、产品的竞争，而且从根本上说是投资项目的竞争。一个不具备核心竞争能力的投资项目，是注定要失败的。因而，无论是投资实践的成功经验还是失败的教训，都有助于促进投资者自觉按市场规律办事，不断提升其市场竞争力。

7.1.3.2 经济效益

经济效益是指社会经济活动中劳动耗费（包括活劳动和物化劳动的支出，如资金占用、成本支出等）和劳动成果（包括生产和经营成果，即能满足社会需求的产品量或所取得的利润额）的比较。所谓提高经济效益，就是以尽量少的劳动耗费取得尽量多的劳动成果，或者以同等的劳动耗费取得更多的劳动成果。经济效益不仅从生产建设角度来考察劳动耗费和劳动成果的比较，而且还把经济分析渗入到经营管理体制中去，其经济学意义更加广泛。提高社会、企业和经营者的经济效益是社会主义经济建设和经济管理的一项根本原则。

由于使用范围不同、看问题的角度不同和观察效益的视野不同，因而出现了不同形态、不同种类的经济效益。一般来讲，经济效益按以下方法进行分类。

① 按部门分类：经济效益分为工业经济效益、农业经济效益、建筑业经济效益、运输业经济效益和商业经济效益等。这种分类方法便于国民经济统计分析大数据构建、国家主要经济部门发展战略规划与宏观调控。不难想象，新材料产业的技术进步可以为这些部门带来不同程度丰厚的经济效益。

② 按层次分类：经济效益按不同层次可分为宏观经济效益、中观经济效益和微观经济效益。宏观经济效益多指全社会的经济效益、整个国民经济的经济效益，是社会再生产全过程的经济效益，是社会生产、分配、交换、消费等整个经济活动的经济效益。微观经济效益是宏观经济效益的基础，通常指一个企业或单位的经济效益，甚至是一个项目的经济效益。中观经济效益是介于宏观与微观之间的地区、部门（多指跨地区、跨部门）的经济效益。显然，这里的宏观、中观、微观都是相对而言，并没有严格的量的界限和统一的标准。在新材料产业发展过程中，一般应遵循微观经济效益服从宏观经济效益的原则。

③ 按受益面分类：经济效益按受益面可分为直接经济效益与间接经济效益。直接经济效益是指技术方案采纳者通过实施方案直接得到的经济效益，通常为相关企业、部门和单位的经济效益总和；间接经济效益指方案实施者给项目投资者和产品消费者带来的经济效益。在新材料产业发展和技术进步中，需要兼顾直接经济效益和间接经济效益。

④ 按时间分类：经济效益按时间长短可分为近期经济效益、中期经济效益和远期经济效益。近期一般指 2~3 年或 3~5 年，中期一般指 5~15 年，远期一般指 15 年以上。这种

时间划分并不是绝对的，这种分类方法也是人为的，但在研究分析经济效益，特别是在对各种技术方案、技术措施、技术政策进行决策时，不仅必须考虑时间因素，而且也必须协调好近期、中期、远期的经济效益。

⑤ 按评价标准分类：经济效益按评价标准可分为国民经济效益与企业经济效益。国民经济效益是指某项实践活动或某工程建设项目给整个国民经济带来的效益，即全局效益；企业经济效益是指该实践活动给企业带来的效益，属局部效益。这种分类方法对我国经济效益评价，特别是对技术引进经济效益的评价有重要意义。因为国民经济效益是我国经济效益评价的最高准则，当国民经济效益与企业经济效益发生矛盾时，企业经济效益应服从国民经济效益。

⑥ 按决策要求分类：经济效益按决策要求可分为事前经济效益、事中经济效益、事后经济效益和跟踪经济效益。事前经济效益是指投资决策前估算的经济效益，是评价各种技术方案、技术实践活动的科学依据；事中经济效益是指生产建设过程中或设计施工过程中的经济效益，是评价现有生产要素及其利用状况的重要标准，也是评价该项建设、该项施工投资效益好坏，或是否追加投资的合理界限；事后经济效益是指建成投产后的经济效益，是评价该项生产经济活动经济效益的重要步骤和手段；跟踪经济效益是指对建成投产后项目的经济效益情况跟踪若干年，并观察其稳定程度与变化情况，从而对投资与投资运行的全部情况进行经验总结，探求投资决策、项目建设施工与管理的客观规律。

上述各种类型的经济效益，虽各有其特点和用途，但在实际经济活动中，又都有"产出与投入、成果与消耗、所得与所费"的共性。因此，在经济效益的表示方法、评价标准以及指标体系的设计上，都存在一定程度的相互通用、相互补充和相互借鉴。

提高经济效益具有十分重要的意义：第一，提高经济效益，意味着生产更多更丰富的产品和产生更多的劳务需求，从而更好地满足人民不断增长的物质和文化生活需要；第二，提高经济效益，意味着增加企业盈利和国家收入，增加资金积累，从而有利于国民经济和社会的发展，促进技术进步；第三，提高经济效益，意味着提高投资效益和资源利用效益，从而有利于缓解中国人口多与资源相对不足、资金短缺的矛盾，提高经济增长的速度，并有利于可持续发展战略的实施与落实。

当然，经济效益与经济增长速度之间既可能协调一致，又可能相互制约。速度和效益存在着不一致性，经济增长速度快，经济效益不一定好。反之亦然。因为，经济增长速度是同一指标（产量或产值）在动态上的比较，而经济效益则是资金占用、成本耗费与有用生产成果的比较。经济增长速度快，可能伴随资金占用多、消费大、产品积压，最终导致经济效益变差。

7.1.3.3 固定资产折旧

固定资产是指企业、机关、事业单位或其他经营组织中，为生产产品、提供劳务、服务或者经营管理而持有的、使用时间超过12个月的、价值达到一定标准的非货币性劳动资料和消费资料。固定资产可以按其经济用途、使用情况、产权归属、实物形态和使用期限进行分类核算。一般来讲，固定资产可分为房屋和建筑物、一般办公设备、专用设备、文物和陈列品、图书、运输设备、机械设备、其他固定资产八大类，各企业的后勤物资部门还可根据本企业的具体情况，更加详细地规定各类固定资产目录。

固定资产通常具有以下特征：其一，价值比较大，使用时间比较长，能长期地、重复地参加生产过程。其二，在生产过程中虽然发生功能的、外观的或效率的某种程度的损耗，但并不改变其本身的实物形态。在企业中，这一损耗通过折旧分期计入生产成本或商品流通费用，即固定资产折旧。其他单位的固定资产一般不进行折旧清算。

一项资产如要作为固定资产加以确认，首先需要符合固定资产的定义，其次还要符合固定资产的确认条件：与该固定资产有关的经济利益很可能流入企业，同时该固定资产的成本能够可靠地计量。另外，固定资产的各组成部分具有不同使用寿命或者以不同方式为企业提供经济利益，适用不同折旧率或折旧方法的，应当分别将各组成部分确认为单项固定资产。

新材料产业因其生产工艺特点，往往需要较为完备的生产安全保障设施和环境保护装备。这些专门的硬件设施、装备和设备虽然不能直接给企业带来经济利益，但有助于企业从其他相关资产的使用获得未来经济利益或者获得更多的未来经济利益和社会效益，也应确认为固定资产。

固定资产的价值是根据它本身的损耗程度逐渐转移到新产品中去的，它的损耗分有形损耗和无形损耗两种情况。有形损耗又称物质损耗，是设备或固定资产在生产过程中使用或因自然力影响而引起的功能和价值上的损失。无形损耗又称精神损耗，是设备或固定资产由于科学技术的进步而引起的贬值。在新材料产业发展初期，这类损耗一般大于多数传统行业，投资者、经营者和管理者均需予以足够的重视。

固定资产折旧是指固定资产在使用过程中因损耗而转移到产品成本或商品流通费中去的那部分价值，即在固定资产使用寿命内，按照确定的方法对应计折旧额进行的系统分摊。使用寿命是指固定资产的预计寿命，或者该固定资产所能生产产品或提供劳务的数量。应计折旧额是指应计提折旧的固定资产的原始价值扣除其预计净残值后的金额。系统分摊即折旧的计算方法，由国家统一规定或由会计准则进行规范。除国务院财政、税务主管部门另有规定外，固定资产计算折旧的最低年限如下：①房屋、建筑物，20年；②飞机、火车、轮船、机器、机械和其他生产设备，10年；③与生产经营活动有关的器具、工具、家具等，5年；④飞机、火车、轮船以外的运输工具，4年；⑤电子设备，3年。

固定资产原始价值也称历史成本、原始成本，它是指企业为取得某项固定资产所支付的全部价款以及使固定资产达到预期工作状态前所发生的一切合理、必要的支出。采用原始价值计价的主要优点在于原始价值具有客观性和可验证性；同时，原始价值可以如实反映企业的固定资产投资规模，是企业计提折旧的依据。其缺点在于，在经济环境和社会物价水平发生变化时，原始价值与现时价值之间产生较大差异，原始价值不能反映计提固定资产的现时价值。特别是在一般新兴产业发展初期或社会经济增长速度比较快的时期，这种情况比较容易发生且差额巨大。为弥补这种计价方法的缺陷，企业可以在年度会计报表附注中公布固定资产的现时重置成本。现时重置成本即重置完全价值，它是指在当前的生产技术条件下重新购建同样的固定资产所需要的全部支出。按重置完全价值计价可以比较真实地反映固定资产的现时价值。但是这种方法缺乏可验证性，具体操作也比较复杂，一般在无法取得固定资产原始价值或需要对报表进行补充说明时采用。

净值也称折余价值，是指固定资产的原始价值或重置完全价值减去已提折旧后的净额。固定资产净值可以反映企业一定时期固定资产尚未磨损的现有价值和固定资产实际占用的资金数额。将净值与原始价值相比，可反映企业当前固定资产的新旧程度。预计残值是指企业被评估固定资产在清理报废时净收回的金额。而预计净残值是指假定固定资产预计使用寿命已满并处于使用寿命终了时，企业目前从该项资产处置中获得的扣除预计处置费用后的金额。

在传统的会计实务中，折旧是固定资产成本摊销的基本形式。因此，固定资产的账面价值是取得日的初始成本扣减累计折旧后的剩余价值，即尚未摊销的固定资产的获取成本。不同于存货和短期投资等流动资产，固定资产账面价值一般都不考虑市价变动的影响。人们根据持续经营的基本会计假设，认为固定资产是供生产与销售过程中长期使用的，并不需要在短期内出售变现，所以过去总是坚持以历史成本（原始获取成本）为计价基础。

固定资产提取的折旧额大小受计提折旧基数、净残值、折旧年限、折旧方法等因素的影响，《企业会计准则》（简称准则）和《中华人民共和国企业所得税法》及其实施条例（简称税法）分别对固定资产折旧的提取作了相应规定。只有把握固定资产计提折旧的因素，才能保证计提的折旧额正确，纳税不受影响。

企业应根据固定资产所含经济利益的预期实现方式选择折旧方法。折旧方法一经确定，不得随意变更。如需变更，应在会计报表附注中予以说明。为体现一贯性原则，在一年内固定资产折旧方法不能修改。在各折旧方法中，当已提月份不小于预计使用月份时，将不再进行折旧。本期增加的固定资产当期不提折旧，当期减少的要计提折旧应符合可比性原则。

企业计提固定资产折旧的方法有多种，基本上可以分为两类，即直线法（包括年限平均法和工作量法）和加速折旧法（包括年数总和法和双倍余额递减法）。企业应当根据固定资产所含经济利益预期实现方式选择不同的方法。企业折旧方法不同，计提折旧额相差很大。此外，企业应当按月计提固定资产折旧。当月增加的固定资产，当月不计提折旧，从下月起计提折旧；当月减少的固定资产，当月仍计提折旧，从下月起停止计提折旧。提足折旧后，不管能否继续使用，均不再提取折旧；提前报废的固定资产，也不再补提折旧。

7.1.3.4 成本和费用

（1）成本

成本是企业为生产商品和提供劳务等所耗费物化劳动、活劳动中必要劳动的价值的货币表现，是商品价值的重要组成部分。可以从以下几个方面来理解成本的含义：①成本是生产和销售一定种类与数量产品以耗费资源用货币计量的经济价值。企业进行产品生产需要消耗生产资料和劳动力，这些消耗在成本中用货币计量，就表现为材料费用、折旧费用、工资费用等。企业的经营活动不仅包括生产，也包括销售活动，因此在销售活动中所发生的费用，也应计入成本。同时，为了管理生产所发生的费用，也应计入成本。②成本是为取得物质资源所需付出的经济价值。企业为进行生产经营活动，购置各种生产资料或采购商品而支付的价款和费用，就是购置成本或采购成本。随着生产经营活动不断进行，这些成本就转化为生产成本和销售成本。③成本是为达到一定目的而付出或应付出资源的价值牺牲，它可用货币单位加以计量。④成本是为达到一种目的而放弃另一种目的所牺牲的经济价值。

国家规定成本的构成内容主要包括：①原料、材料、燃料等费用，表现商品生产中已耗费的劳动对象的价值；②折旧费用，表现商品生产中已耗费的劳动对象的价值；③工资，表现生产者的必要劳动所创造的价值。

在实际工作中，为了促使企业厉行节约，减少损失，加强企业的经济责任，对于一些不形成产品价值的损失性支出（如材料生产过程的废品损失、停工损失等），也列入产品成本之中。此外，对某些应从为社会创造的价值中进行分配的部分（如财产的保险费用等）也列入产品成本。

根据成本核算和成本管理的不同要求，按不同的标准对成本进行分类。例如，按成本概念形成，可分为理论成本和应用成本；按成本应用场合，可分为财务成本和管理成本；按成本产生依据，可分为实际成本和估计成本；按成本发生情况，可分为原始成本和重置成本；按成本形成时间，可分为历史成本和未来成本；按成本计量单位，可分为单位成本和总成本；按生产过程中的顺序关系，可分为车间成本和工厂成本；按生产经营范围，可分为生产成本和销售成本；按与现金支出关系，可分为付现成本和沉没成本；按与计划的关系，可分为计划成本和预计成本；按成本数量变化关系，可分为边际成本、增量成本和差别成本；按可否推迟发生，可分为可递延成本和预计成本；按成本性态，可分为变动成本和固定成本；按成本发生与产品生产的关系，可分为直接成本和间接成本；按产品成本的构成情况，可分为主要成本和加工成本等。为了便于进行成本管理，还可运用其他一些成本分类概念，如机会成本、责任成本、定额成本、目标成本、标准成本等。

成本在经济活动中的重要作用可以概述如下。

① 成本是补偿生产耗费的尺度。企业为了保证再生产不断进行，必须对生产耗费，即资金耗费进行补偿。企业是自负盈亏的商品生产者和经营者，其生产耗费须用自身的生产成果，即销售收入来补偿，以维持企业再生产按原有规模进行。而成本就是衡量这一补偿份额大小的尺度。

② 成本是制定产品价格的基础。产品价格是产品价值的货币表现。但在现阶段，人们还不能直接地准确计算产品的价值，而只能计算成本。成本作为价值构成的主要组成部分，其高低能反映产品价值量的大小，因而产品的生产成本成为制定产品价格的重要基础。也正是如此，需要正确地核算成本，才能使价格最大限度地反映社会必要劳动的消耗水平，从而接近价值。当然，产品的定价是一项复杂的工作，还应考虑其他因素，如国家的价格政策及其他经济政策法令、产品在市场上的供求关系及市场竞争的态势等。

③ 成本是计算企业盈亏的依据。企业只有当其收入超出其为取得收入而发生的支出时，才有盈利。成本也是划分生产经营耗费和企业纯收入的依据。因为成本规定了产品出售价格的最低经济界限，在一定的销售收入中，成本所占比例越低，企业的纯收入就越多。

④ 成本是企业进行决策的依据。企业要努力提高其在市场上的竞争能力和经济效益，首先必须进行正确可行的生产经营决策，而成本就是其中十分重要的一项因素。成本作为价格的主要组成部分，其高低是决定企业有无竞争能力的关键。因为在市场经济条件下，市场竞争在很大程度上就是价格竞争，而价格竞争的实际内容就是成本竞争。企业只有努力降低成本，才能使自己的产品在市场中具有较高的竞争能力。

⑤ 成本是综合反映企业工作业绩的重要指标。企业经营管理中各方面工作的业绩，都可以直接或间接地在成本上反映出来，如产品设计好坏、生产工艺合理程度、产品质量高低、费用开支大小、产品产量增减以及各部门各环节的工作衔接协调状况等。正因如此，可以通过对成本的预测、决策、计划、控制、核算、分析和考核等来促使企业加强经济核算，努力改善管理，不断降低成本，提高经济效益。

加强成本管理，降低生产经营耗费，是扩大生产经营的重要条件，有利于促使企业改善生产经营水平，提高经济效益，并为国家积累资金奠定坚实的基础。一般来说，降低成本的基本途径与措施包括：a. 节约材料消耗，降低直接材料费用；b. 提高劳动生产率，降低直接人工费用；c. 推行定额管理，降低制造费用；d. 加强预算控制，降低期间费用；e. 实行全面成本管理，全面降低成本费用水平。

成本审核的基本内容包括：a. 评价有关成本费用的内部控制是否存在、有效且一贯遵守；b. 获取相关成本费用明细表，复核计算是否正确，并与有关的总账、明细账、会计报表及有关的申报表等核对；c. 审核成本费用各明细子目内容的记录、归集是否正确；d. 对大额业务，抽查其收支的配比性，审核有无少计或多计业务支出；e. 审核会计处理的正确性，注意会计制度与税收规定间在成本费用确认上的差异。

(2) 费用

狭义的费用概念将费用限定于获取收入过程中发生的资源耗费；广义的费用概念则同时包

括了经营成本和非经营成本。我国现行制度采用的是狭义的费用概念，即企业为销售商品、提供劳务等日常活动所发生的、会导致所有者权益减少的、与向所有者分配利润无关的经济利益的总流出，包括计入生产经营成本的营业成本和计入当期损益的期间费用两大部分。营业成本是与营业收入直接相关的，已经确定了归属期和归属对象的各种直接费用。营业成本主要包括主营业务成本和其他业务成本。期间费用是指虽与本期营业收入的取得密切相关，但不能直接归属于某个特定对象的各种费用。期间费用是企业当期发生的费用中重要的组成部分。

由此可以看出费用的基本特征：①费用是在企业的日常活动中所产生的，而不是在偶发的交易或事项中产生的。所谓日常活动是指企业为完成其经营目标所从事的经常性活动以及与之相关的活动。②费用会导致企业所有者权益的减少。③费用会导致企业负债的增加，或企业资产的减少，或者二者兼而有之。

成本与费用的区别和联系：成本是指企业为生产产品、提供劳务而发生的各种耗费，是对象化的费用，其所针对的是一定的成本计算对象；费用是指企业为销售商品、提供劳务等日常活动所发生的经济利益的流出，是针对一定的期间而言的。成本和费用都是企业除偿债性支出和分配性支出以外的支出的构成部分；成本和费用都是企业经济资源的耗费；期末应将当期已销产品的成本结转进入当期的费用。

费用的确认与计量：费用作为为获取收入所发生的资产流出或资源牺牲，实质上是已经耗用的资产。费用的确认和计量与资产的确认和计量密切相关。从理论上分析，基于费用和资产的特殊联系，费用可以根据投入价值基础和产出价值基础，分别采用历史成本、现行成本、变现价值等不同的计量属性进行计价；按照历史成本（实际成本）进行费用的计量因其易于验证，已经成为各国会计实务中广泛采用的费用计量属性。根据我国现行制度的规定，企业应当按实际发生额核算费用和成本。

① 主营业务成本：用于核算企业因销售商品、提供劳务或让渡资产使用权等日常活动而发生的实际成本。"主营业务成本"账户下应按照主营业务的种类设置明细账，进行明细核算。

② 其他业务支出：用于核算企业除主营业务成本以外的其他销售或其他业务所发生的支出，包括销售材料、提供劳务等而发生的相关成本、费用，以及相关税金及附加等。"其他业务支出"账户下，应按其他业务的种类，如"材料销售""代购代销""包装物出租"等设置明细账，进行明细核算。

③ 管理费用：主要指企业行政管理部门为组织和管理生产经营活动而发生的各种费用。具体包括的项目有：工资福利费、折旧费、工会费、职工教育经费、业务招待费、房产税、车船使用税、土地使用税、印花税、技术转让费、无形资产摊销、咨询费、诉讼费、坏账损失、公司经费、劳动保险费、董事会会费等。

④ 财务费用：是指企业为筹集生产经营所需资金等而发生的费用，包括企业生产经营期间发生的利息支出（减利息收入）、汇兑损失、金融机构手续费，以及筹资发生的其他财务费用如债券印刷费、国外借款担保费等。

⑤ 销售费用：销售费用即产品营业费用，指销售产品、自制半成品和提供劳务过程中所发生的费用，是与企业取得销售收入密切相关的费用。

7.1.3.5 销售收入、利润和税金

（1）销售收入

销售收入也叫营业收入或者经营收入，是指企业发生在商品产品、自制半成品或提供劳务，使商品产品所有权转到顾客，收到货款、劳务价款或取得索取价款凭证，而认定的收

入。销售收入的具体内容包括如下。

① 主营业务收入：这一收入又称基本业务收入，是企业生产经营的主要收入。不同行业的主营业务收入不同：a. 在商品流通企业，是商品的销售收入，包括自购自销商品的销售收入以及代理的销售收入和接受其他单位代销商品的销售收入以及代购代销手续收入。b. 在制造企业，是指产品销售收入，包括产成品、自制半成品、代制代修等取得的收入。c. 在施工企业，是指承包工程实现的工程价款结算收入和向发包单位收取的各种索赔款。d. 在房地产开发企业，是指对外转让、销售结算和出租开发产品等所取得的收入。e. 在运输企业，是指各类客运、货运及装卸费用收入。

② 其他业务收入：这类收入，亦称附属业务收入，是指主营业务以外的其他业务或附营业务所发生的收入。

销售收入确定的方法较多，根据会计准则的规定包括：a. 销售成立时确认营业收入；b. 在收到货款时确认营业收入；c. 根据生产完成程度确认营业收入，属于权责发生制范畴，或属于收付实现制范畴，而我国一般采用权责发生制，即以商品产品所有权的转移即收到销售货款或取得收款凭证的权利为准。

权责发生制确认销售收入的条件是：a. 与收入相关的交易行为已经发生或商品的所有权已经转移；b. 获取收入的过程已经完成或已得到取得货币资金的权利。

不同的销售方式下，销售收入的确认方法有：a. 用直接收款方式销售；b. 托付承收和委托银行收款结算的方式销售；c. 采取分期收款方式销售；d. 预收货款方式销售；e. 用委托其他单位代销方式销售；f. 出口商品的销售；g. 自营进口商品销售；h. 采用商业汇票方式销售等。

为了总括地反映企业产品销售收入的实现与转销，应设置"商品销售收入"账户。这是一个损益表账户，实现商品销售收入时贷记该账户；本月发生销售退回，销售折让及销售折扣，应冲减本月商品销售收入即借记该账户；期末，应将本期商品销售收入结转至"本年利润"账户。

(2) 利润

① 会计利润　指会计学中的利润，即企业在一定会计期间的经营成果。利润包括收入减去费用后的净额、直接计入当期利润的利得和损失等。利润按其构成的不同层次可划分为：营业利润、利润总额和净利润。利润是衡量企业优劣的一种重要标志，往往是评价企业管理层业绩的一项重要指标，也是投资者等财务报告使用者进行决策时的重要参考。直接计入当期利润的利得和损失，是指应当计入当期损益、最终会引起所有者权益发生增减变动的、与所有者投入资本或者向所有者分配利润无关的利得或损失。利得是指由企业非日常活动所形成的、会导致所有者权益增加的、与所有者投入资本无关的经济利益的流入，分为直接计入所有者权益的利得和直接计入当期利润的利得。损失是指由企业非日常活动所发生的、会导致所有者权益减少的、与向所有者分配利润无关的经济利益的流出，分为直接计入所有者权益的损失和直接计入当期利润的损失。

② 经济利润　指经济学中的利润概念，等于总收入减去总成本的差额。总成本既包括显性成本也包括隐性成本。因此，经济利润与会计利润不同。隐性成本是指稀缺资源投入任一种用途中所能得到的正常的收入，如果在某种用途上使用经济资源所得的收入还抵不上这种资源正常的收入，该厂商就会将这部分资源转向其他用途以获得更高的报酬。因此，西方经济学中隐性成本又被称为正常利润。将会计利润再减去隐性成本，就是经济学中的利润概念，即经济利润。企业所追求的利润就是最大的经济利润。在西方经济学中经济利润对资源

配置和重新配置具有重要意义。经济利润可以为正、负或零。如果某一行业存在着正的经济利润，这意味着该行业内企业的总收益超过了机会成本，生产资源的所有者将要把资源从其他行业转入这个行业中。因为他们在该行业中可能获得的收益，超过该资源的其他用途。反之，如果一个行业的经济利润为负，生产资源将要从该行业退出。正的经济利润是资源进入某一行业的信号；负的经济利润是资源从某一行业撤出的信号；只有经济利润为零时，企业才没有进入某一行业或从中退出的动机。

③ 利润总额的构成　根据我国现行《财务通则》规定，企业的利润总额主要由营业利润、投资净收益和营业外收支净额构成，其关系为：

$$\text{企业的利润总额} = \text{营业利润} + \text{投资净收益} + \text{营业外收支净额} \quad (7.2)$$

此公式只是一个基本的规范。行业财务会计制度对企业利润总额的构成的具体规定如下。

a. 工业企业：

利润总额＝营业利润＋投资收益＋营业外收入－营业外支出

营业利润＝主营业务利润＋其他业务利润－（管理费用＋营业费用＋财务费用）

主营业务利润＝主营业务收入－（主营业务成本＋主营业务税金及附加）

b. 商业企业：

利润总额＝营业利润＋投资收益＋营业外收入－营业外支出

营业利润＝主营业务利润＋其他业务利润－管理费用－经营费用－财务费用

主营业务利润＝商品销售加代购代销收入

商品销售利润＝商品销售收入－销售折扣与折让的商品销售收入净额－商品销售成本－商品销售税金及附加

c. 施工企业：

利润总额＝营业利润＋投资收益＋营业外收入－营业外支出

营业利润＝工程结算利润＋其他业务利润－管理费用－财务费用

工程结算利润＝工程结算收入－工程结算税金及附加

由此可见，企业的利润构成分为三个层次：先是主营业务收入，其次是营业利润，最后是利润总额。其关系是

主营业务利润＝主营业务收入－营业成本－期间费用－进货费用（商业）－营业税金

营业利润＝主营业务利润＋其他业务利润

利润总额＝营业利润＋投资净收益＋营业外收入－营业外支出

(3) 税金

税金，一般指企业发生的除企业所得税和允许抵扣的增值税以外的企业缴纳的各项税金及其附加。即企业按规定缴纳的消费税、营业税、城乡维护建设税、关税、资源税、土地增值税、房产税、车船税、土地使用税、印花税、教育费附加等产品销售税金及附加。

国家和地方自治体（各级政府）的大部分工作都以各种形式与我们的日常生活紧密相关。国家负责外交国防、基础设施、经济政策等与整个国家相关的工作。而地方自治体负责福利、教育、卫生、公安、消防等以生活环境为中心、与各区域紧密相关的工作。公民（自然人）和企业（法人）则以"税金"的形式负担着以上各项工作的所需费用。

企业所得税是对我国内资企业和经营单位的生产经营所得和其他所得征收的一种税。纳税人为所有实行独立经济核算的中华人民共和国境内的内资企业或其他组织，包括以下六类：国有企业，集体企业，私营企业，联营企业，股份制企业，有生产经营所得和其他所得

的其他组织。企业是指按国家规定注册、登记的企业。有生产经营所得和其他所得的其他组织，是指经国家有关部门批准，依法注册、登记的，有生产经营所得和其他所得的事业单位、社会团体等组织。独立经济核算是指同时具备在银行开设结算账户，独立建立账簿并编制财务会计报表以及独立计算盈亏等条件。

企业所得税的税率即据以计算企业所得税应纳税额的法定比率。根据《中华人民共和国企业所得税法》（2018）的规定，居民企业所得税采用25%的比例税率，非居民企业取得本法第三条第三款规定的所得，适用税率为20%；符合条件的小型微利企业，减按20%的税率征收企业所得税；国家需要重点扶持的高新技术企业，减按15%的税率征收企业所得税。

企业所得税基本计算公式为：

应纳所得税额＝应纳税所得额×税率－减免税额－抵免税额

其中　应纳税所得额＝收入总额－不征税收入－免税收入－各项扣除－允许弥补的以前年度亏损

《中华人民共和国企业所得税法》第五条规定，企业每一纳税年度的收入总额，减除不征税收入、免税收入、各项扣除以及允许弥补的以前年度亏损后的余额，为应纳税所得额。

企业所得税法实施条例规定，企业应纳税所得额的确定，是企业的收入总额减去成本、费用、损失以及准予扣除项目的金额。除此以外，在计算企业应纳税所得额时，对纳税人的财务会计处理和税收规定不一致的，应按照税收规定予以调整。如利息支出的扣除，计税工资的扣除，职工工会经费、职工福利费、职工教育经费的扣除，捐赠的扣除，业务招待费的扣除，职工养老基金和待业保险基金的扣除等十六类。同时规定在计算企业应纳税所得额时，资本性支出、无形资产受让、开发支出、自然灾害或者意外事故损失有赔偿的部分、各种赞助支出等八类支出不得扣除。

增值税是指对纳税人生产经营活动的增值额征收的一种间接税。是以商品（含应税劳务）在流转过程中产生的增值额作为计税依据而征收的一种流转税。从计税原理上说，增值税是对商品生产、流通、劳务服务中多个环节的新增价值或商品的附加值征收的一种流转税。实行价外税，也就是由消费者负担，有增值才征税，没增值不征税。

增值税的纳税人是在中华人民共和国境内销售货物或者提供加工、修理修配劳务和应税服务以及进口货物的单位和个人。中华人民共和国境外的单位或者个人在境内提供应税劳务和应税服务，在境内未设有经营机构的，以其境内代理人为扣缴义务人；在境内没有代理人的，以购买方为扣缴义务人。增值税征收范围为在中华人民共和国境内销售的货物或者提供的加工、修理修配劳务和应税服务以及进口的货物。通常涉及生产、流通或消费过程中的各个环节。具体税目和税率参见《中华人民共和国增值税暂行条例》和《中华人民共和国增值税暂行条例实施细则》。

根据对外购固定资产所含税金扣除方式的不同，增值税可以分为以下三类。

① 生产型增值税：指在征收增值税时，只能扣除属于非固定资产项目的那部分生产资料的税款，不允许扣除固定资产价值中所含有的税款。该类型增值税的征税对象大体上相当于国民生产总值，因此称为生产型增值税。

② 收入型增值税：指在征收增值税时，只允许扣除固定资产折旧部分所含的税款，未提折旧部分不得计入扣除项目金额。该类型增值税的征税对象大体上相当于国民收入，因此称为收入型增值税。

③ 消费型增值税：指在征收增值税时，允许将固定资产价值中所含的税款全部一次性

扣除。这样，就整个社会而言，生产资料都排除在征税范围之外。该类型增值税的征税对象仅相当于社会消费资料的价值，因此称为消费型增值税。中国从 2009 年 1 月 1 日起，在全国所有地区实施消费型增值税。

7.2 现金流量与等值计算

7.2.1 现金流量及其构成

7.2.1.1 现金流量的概念

（1）现金流量的定义

现金流量是特定的经济系统（一个项目、一个企业、一个地区、一个部门或者一个国家）在一定的时期内（季度、年等）以货币形式（现金和其他货币支付形式）体现的资金流入和资金流出，包括投入的资金、花费的成本、获取的收益等。

经济系统在同一时点上，实际发生的现金流入与现金流出的差额称为净现金流量，用 $CI-CO$ 表示。

$$净现金流量 = 现金流入 - 现金流出 = CI - CO$$

净现金流量有正、负和零，零表示盈亏平衡。

现金流量表达了技术方案整个寿命期内资金运动的全貌。技术经济分析的目的就是考察经济活动过程中的现金流入与现金流出，以获得最佳的经济效果。

（2）现金流量的特点

每一笔现金流入和现金流出都有明确的发生时点。

现金流量是实际发生的，不受经济系统内部现金转移和人为调整的影响。

对同一项经济活动的现金流量的考察与分析，因考察角度、立场、出发点的不同会产生不同的结果。例如，国家对企业经济活动征收的税金，从企业角度看是现金流出，从整个国民经济的角度看，是在国家范围内资金分配权与使用权的转移，既不是现金流出也不是现金流入。

（3）现金流量图

现金流量图是能反映经济系统现金流量运动状态的图形，即把经济系统的现金流量绘入一个时间坐标图中，表示出现金流入、流出与相应时点的对应关系。现金流量图直观、形象地描述了一个经济系统在不同时点的现金流量的流向、数额和发生时间，在技术经济分析和计算中非常有用。

现金流量图通常用箭线法表示，如图 7.3 所示。图中水平线（横轴）为时间轴，表示技术方案整个寿命期，一般以年为时间单位。在每个时点上，垂直于时间轴的箭头线（纵轴）

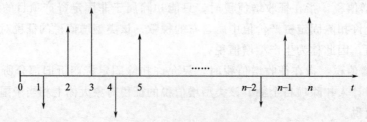

图 7.3 现金流量图

为现金流量坐标，表示不同时点的现金流量的大小和方向，一般规定横线上方的箭头线表示现金流入、横线下方的箭头线表示现金流出；箭头线长度与现金流量数值大小成比例，也可注明现金流量金额。

要正确绘制现金流量图，应该把握好现金流量的大小、方向、时点三要素。绘制现金流量图可以选择年初法、年末法、均匀分布法三个规则。

7.2.1.2 现金流量的构成

影响现金流量的经济活动分为三大类：投资活动、筹资活动和经营活动。对于一般的工业生产活动来说，现金流量一般包括投资、费用和成本、销售收入、税金和利润等经济量。

（1）投资

投资是经济主体对固定资产、无形资产和其他长期资产的购建及处置活动，即以一定的资源投入某项计划，以获取报酬。所投入的资源可以是资金、人力、技术或其他资源。投资分为生产性投资和非生产性投资。

对于一般的工业投资项目来说，总投资包括建设投资和生产经营所需要的流动资金。项目建设投资包括固定资产购建费用、无形资产获取费用、开办费（递延资产）、预备费用，最终转化为相应的固定资产、无形资产和递延资产。流动资金是在生产经营活动中，以现金及各种存款、存货、应收及预付款项等流动资产形态出现，用于购买原材料、燃料动力、备品备件，支付工资和其他费用，以及被在制品、半成品、产成品和其他存货占用的周转资金。在整个项目寿命期内，流动资金以储备资金、生产资金、成品资金、结算资金、货币资金五种形态存在，并周而复始地循环。

（2）费用和成本

费用是企业在生产经营过程中发生的各项耗费。成本是企业为生产商品和提供劳务所发生的各项费用。

工业项目的总费用按其经济用途与核算层次可分为直接费用、制造费用和期间费用。直接费用包括直接材料费用、直接工资和其他直接费用。制造费用是指为组织和管理生产所发生的各项间接费用。期间费用包括销售费用、管理费用和财务费用。直接费用和相应的制造费用构成产品生产成本。

在技术经济分析中，通常按照各费用要素的经济性质和表现形态把总费用分成九项：①外购材料（包括主要材料、辅助材料、半成品、包装物、修理用备件和低值易耗品等）；②外购燃料；③外购动力；④工资及福利费；⑤折旧费；⑥摊销费；⑦利息支出；⑧修理费；⑨其他费用。

在技术经济分析中，强调对现金流量的考察分析，在这个意义上费用和成本具有相同的性质。

（3）销售收入、税金和利润

销售收入是出售商品或提供劳务取得的货币收入。

$$销售收入 = 商品单价 \times 商品销售量$$

销售收入是按出售时的市场价格计算的，是反映投资项目真实收益的经济参数。

税金是国家依据法律对有纳税义务的单位和个人征收的财政资金。国家采用的这种筹集财政资金的手段叫做税收，是国家凭借政治权力参与国民收入分配和再分配的一种形式，具有强制性、无偿性、固定性三大特点。我国工业企业纳税分为五大类：流转税类、资源税类、财产税类、所得税类、特定目的税类。

利润是企业经济目标的集中表现，是企业在一定期间的经营成果，是企业收入减去成本费用后的差额。企业利润分为销售利润和税后利润两个层次，销售利润也称为营业利润，税后利润也称为净利润。其计算公式分别为：

$$销售利润 = 销售收入 - 总成本费用 - 销售税金及附加$$
$$税后利润 = 销售利润 - 所得税$$

对于企业来说，税后利润一般按下列顺序进行分配：①弥补以前年度亏损；②提取法定公积金；③提取公益金；④向投资者分配利润。

7.2.2 资金时间价值

7.2.2.1 资金时间价值的概念

资金的时间价值就是当利率大于零时，资金随着时间推移而产生的增值量。对于投资者来说，资金的投入与收益的获得通常构成时间上的现金流量序列，资金必须与时间结合，才能表示其真正价值。

资金的时间价值可从两个方面理解：从投资者的角度看，随着时间的推移，资金价值会增加——资金增值，其实质是劳动力在生产过程中创造了剩余价值；从消费者的角度看，资金一旦用于投资，就不能用于现期消费，牺牲现期消费是为了在将来得到更多的消费，因此，资金时间价值体现为放弃现期消费所应得到的补偿。个人储蓄的动机和国家积累的目的都是如此。资金时间价值受投资利润率、通货膨胀补偿率、风险补偿率的影响。

在资本市场利率大于零的情况下，通常近期的资金比远期的资金值钱。不同时间发生的等额资金在价值上的差别称为资金的时间价值。从投资者的角度看，资金的时间价值是资金在生产和交换活动中给投资者带来的利润。从消费者的角度看，资金的时间价值是消费者牺牲现期消费把资金存入银行所得的利息回报。因此，利息和利润是资金时间价值的具体体现，利率是资金时间价值的相对衡量。

在技术经济分析中，资金的时间价值——利息、利润无严格区分，一般借贷款增值使用利息，投资增值使用利润。

7.2.2.2 利息和利率

利息和利润是体现资金时间价值的基本形式，体现了资金在参与生产经济活动过程中的增值。

利息是占用资金所付出的代价或放弃资金使用权所得到的补偿。该"补偿"包括对贷款者的补偿和对风险行为的补偿、拖延债务的补偿、价格水平变化（通货膨胀）的补偿。利息与本金数额、时间长短有关。

利率是在一个计息周期内所得的利息额与期初借贷金额（本金）的比率，一般以百分数表示，体现了资金随时间变化的增值率。

7.2.2.3 利息及计算

（1）利息的计算

如果将一笔资金——本金存入银行，经过一段时间之后，储户即可在本金之外得到一笔利息。其过程可以表示为：

$$F = P + I \tag{7.3}$$

式中，F 为该计息周期内本金、利息之和；P 为本金；I 为利息。

当计息周期数为 n 时，其过程可以表示为：

$$F_n = P + I_n \tag{7.4}$$

式中，F_n 为本利和；I_n 为 n 期的利息。

利息通常根据利率来计算。利率 i 是单位本金在一个计息周期内所得的增值额，即利息额与借贷金额（本金）之比，也称为使用资金的报酬率，其表达式为：

$$i = \frac{I}{P} \times 100\% \tag{7.5}$$

利息的计算方法有单利和复利之分。

(2) 单利和复利

单利计息是只有本金计算利息，利息不再生息。单利计息时，每个计息周期利息额相等。其计算公式为：

$$F = P \times (1 + ni) \tag{7.6}$$

式中，n 为计息周期，即计算利息的时间单位，可以是月、季度、年等。

我国国库券的利息是单利计息，计息周期为年。

复利计息是不仅本金计算利息，利息到期不付也要计算利息，即每一计息周期的利息都并入本金，再生利息。其计算公式为：

$$F = P \times (1 + i)^n \tag{7.7}$$

我国银行贷款利息是复利计息。

单利计息对已经产生的利息没有转入计息基数累计计息，用其计算资金的时间价值是不完善的。复利计息比较符合资金在社会再生产过程中运动的实际情况，因此，我国在建设项目的技术经济分析中，一般采用复利计息。复利计息有间断复利和连续复利之分。在商业活动中，都采用较为简单的间断复利计息。

表 7.1 给出年利率为 5% 时单利和复利的比较，从中可以看出单利和复利计息的差别。

表 7.1 年利率为 5% 的单利和复利的比较

周期/年	单利/元			复利/元		
	本金	利息	本利和	本金	利息	本利和
1	100	5	105	100	5	105
2	100	5	110	105	5.25	110.25
3	100	5	115	110.25	5.51	115.76
4	100	5	120	115.76	5.79	121.55
5	100	5	125	121.55	6.08	127.63

7.2.3 资金等值计算

7.2.3.1 资金等值的概念

由于存在资金的时间价值，必须借助资金等值的概念才能比较不同时点的资金。

资金等值是指考虑时间因素的情况下，绝对值不等的资金，在折算到某一相同时点时具有相等的价值。例如：100 元资金存入银行，年利率为 5%，1 年后本金和利息之和为：

$$100 \times (1 + 5\%) = 105 \text{ (元)}$$

可见，100 元与 1 年后的 105 元，资金的绝对值并不相等，但是它们具有相等的资金价值——资金等值。

影响资金等值的因素有：资金数额、利率高低、计息周期长短，其中，利率是影响资金等值的关键因素。

在资金时间价值的计算中，利用资金等值的概念，可以把一个时点的资金额换算成另一个时点的等值金额，该过程称为资金等值计算，以便于进行技术经济比较和分析。把将来某一时点的资金额换算成现在时点的等值金额称为"折现"或"贴现"。折现后的金额称为"现值"——资金"现在"的价值，现值是一个相对的概念。与现值等价的将来某时点的资金额称为"终值"或"将来值"。

7.2.3.2 资金等值计算的基本参数

在技术经济分析中，有五个基本参数——i、n、P、F、A，一定出现四个参数，四个参数中的三个参数必须已知，目的是求第四个未知参数。

i——利率、收益率或折现率。

n——期数（年）。在技术经济分析中代表工程项目的寿命，在利息计算中是指计算利息的次数。

P——现值。在利息计算中代表本金。

F——终值（将来值）。在利息计算中代表本利和。

A——等额年金或年值，即在 n 次等额的支付中，每次支出或收入的金额。

资金等值计算采用复利计息方式，以计算期起点——存款、借款或投资的初始时间为计算的基准点。

根据现金流量的状况，资金等值计算分为：一次支付类型、等额分付类型、等差数列等值计算、等比数列等值计算等类型。限于篇幅，仅介绍一次支付类型等值计算。

7.2.3.3 一次支付类型等值计算公式及应用

一次支付又称整付，是指所分析的现金流量，无论是现金流入还是现金流出，都在一个时点上一次发生。在该情况下，i、n、P、F 四个参数一定出现，其典型现金流量图如图 7.4 所示。在 $i>0$ 的条件下，现金流入能够补偿现金流出，则 F 与 P 等值。

一次支付 F 的等值计算公式有以下两个。

（1）复利终值公式

一次支付复利终值公式是等值计算的基本公式，其计算公式为：

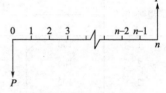

图 7.4 一次支付的典型现金流量图

$$F = P \times (1+i)^n \quad (7.8)$$

式中，$(1+i)^n$ 称为"复利终值因子"，其乘以本金即为 n 年后的终值。该公式适用于已知 P、i、n 求 F 的情况。

技术经济学中常用一种规格化代号 $(x/y, i, n)$ 来代表各种计算因子，括号中 x 代表所求的未知参数，y 是已知参数，i 是年利率，n 是计息期数。因此，一次支付复利终值公式可改写为：

$$F = P(F/P, i, n) \quad (7.9)$$

例 7.1 某企业为扩大再生产，向银行借款 1000 万元，年利率为 9%，借期 6 年。问 6 年后一次归还银行的本利和是多少？

解：6 年后一次归还银行的本利和应与现在的借款金额等值，已知：$P = 1000$ 万元，

$i=9\%$，$n=6$

根据一次支付复利终值计算公式，可得：

$$F = P(F/P, i, n) = P \times (1+i)^n$$
$$= 1000 \times (1+0.09)^6 = 1000 \times 1.677100111 = 1677.100111 \text{（万元）}$$

答：6年后应一次性归还银行本利和1677.100111万元。

(2) 复利现值公式

一次支付复利现值公式是一次支付复利终值公式的逆运算，是在利率为 i 的复利计息条件下，已知终值 F 求现值 P 的公式。其计算公式为：

$$P = F \times \left[\frac{1}{(1+i)^n}\right] \tag{7.10}$$

式中，$\frac{1}{(1+i)^n}$ 称为"复利现值因子"，也称为贴现系数或折现系数，其中 i 称为贴现率或折现率。该公式适用于已知 F、i、n 求 P 的情况。

例 7.2 如果银行年利率为 5%，按复利计息。为在 10 年后获得 1000 元款项，现在应存入银行多少钱？

解： 已知 $F=1000$ 元，$i=5\%$，$n=10$

根据一次支付复利现值公式，可得：

$$P = F(P/F, i, n) = F \times (1+i)^{-n}$$
$$= 1000 \times (1+0.05)^{-10} = 1000 \times 0.61391 = 613.91 \text{（元）}$$

答：现在应存入银行613.91元。

表7.2给出一次支付等值计算公式的汇总，可见，一次支付的复利终值因子与复利现值因子互为倒数关系。

表 7.2 一次支付等值计算公式汇总

公式类型	求	已知	因子名称	计算公式	标准代号
终值公式	F	P	复利终值因子 $(1+i)^n$	$F = P \times (1+i)^n$	$F = P(F/P, i, n)$
现值公式	P	F	复利现值因子 $\frac{1}{(1+i)^n}$	$P = F\left[\frac{1}{(1+i)^n}\right]$	$P = F(P/F, i, n)$

7.3 经济效果评价

7.3.1 经济效果评价指标

经济效果评价指标是对项目或方案进行评估常采用的一些量化的基本指标，以便从不同的角度反映项目的盈利性、清偿性和风险性。

研究评价指标的意义：经济效果评价是投资项目评价的核心内容。为了确保投资决策的准确性和科学性，研究经济效果评价的指标和方法是十分必要的。

① 指标的科学性：时间价值、全过程收益、风险性。

② 指标的应用：不同的客户、项目。

③ 指标的多样性：经济指标、非经济指标。

评价指标的分类：按是否考虑资金的时间价值，经济效果评价指标分为静态评价指标和动态评价指标。不考虑资金时间价值的评价指标称为静态评价指标；考虑资金时间价值的评价指标称为动态评价指标。

① 静态评价指标就是在不考虑资金时间价值的前提下，对项目或方案的经济效益进行计算比较的一种方法。把一个项目的费用和效益数量化，可以使我们把一系列的费用、效益概括成几个简单的指标，以便提供对一个项目进行全面的评估和决策的依据。

② 动态评价指标是指为了正确进行投资的分析与决策，考虑资金与时间关系，把不同的时间发生的现金流量进行等效值换算，然后，在相同的基准上进行比较和评价。

常用评价指标如下。

① 效率型：内部收益率、外部收益率、净现值指数、投资收益率。

② 价值型：净现值、净年值、费用现值、费用年值。

③ 时间型（兼顾经济性与风险性）：静态投资回收期、动态投资回收期。

7.3.2 经济效果评价方法

经济效果评价的基本方法包括确定性评价方法与不确定性评价方法两类。对同一个技术方案必须同时进行确定性评价和不确定性评价。经济效果评价可以按以下四种方法进行分类。

(1) 按评价方法的性质分类

按评价方法的性质不同，经济效果评价分为定量分析和定性分析。

定量分析是指对可度量因素的分析方法。在技术方案经济效果评价中考虑的定量分析因素包括资产价值、资本成本、有关销售额、成本等一系列可以以货币表示的一切费用和收益。

定性分析是指对无法精确度量的重要因素实行的估量分析方法。

(2) 按评价方法是否考虑时间因素分类

对定量分析，按其是否考虑时间因素又可分为静态分析和动态分析。

静态分析是不考虑资金的时间因素，亦即不考虑时间因素对资金价值的影响，而对现金流量分别进行直接汇总来计算分析指标的方法。

动态分析是在分析项目或方案的经济效益时，对发生在不同时间的现金流量折现后来计算分析指标。

(3) 按评价是否考虑融资分类

经济效果分析可分为融资前分析和融资后分析。一般宜先进行融资前分析，在融资前分析结论满足要求的情况下，初步设定融资方案，再进行融资后分析。

(4) 按技术方案评价的时间分类

按技术方案评价的时间可分为事前评价、事中评价和事后评价。

事前评价：是指在技术方案实施前为决策所进行的评价。

事中评价：亦称跟踪评价，是指在技术方案实施过程中所进行的评价。

事后评价：亦称后评价，是在技术方案实施完成后，总结评价技术方案决策的正确性、技术方案实施过程中项目管理的有效性等。

第8章 项目可行性研究

8.1 可行性研究概述

8.1.1 可行性研究的产生和发展

可行性研究是指在投资决策之前，对所提出的建设项目进行全面调查研究和综合论证，为项目建设的决策提供科学依据，从而保证所建项目在技术上先进可行，在经济上合理有利，是投资建设程序的重要环节，在企业投资、工程项目、研究课题、基本建设等各类问题的决策中得到了广泛的应用。

19世纪至20世纪50年代中期，国外对项目进行投资决策前，主要是通过对项目的收入和支出进行比较来判断项目的优劣，其本质就是简单的财务评价。但简单的财务评价并不能满足社会、政府和企业对项目投资决策的多元化需求。针对财务分析方法不能正确评价公共事业项目对整个社会的经济效益问题，1844年法国工程师让尔·杜比提出了"消费者剩余"的思想。后来，英国经济学家A·马歇尔从多方面研究，正式提出了"消费者剩余"的概念。这种思想发展成社会净收益的概念，成为现在费用-效益分析的基础，构成了可行性研究的雏形。20世纪30年代，美国在实施田纳西流域工程规划项目时，引入了这种分析方法，并取得了丰硕的成果。70年代，可行性研究得到了进一步的发展，联合国工业发展组织（United Nations Industrial Development Organization-UNIDO）编写了《项目评价准则》，为可行性研究的研究和发展奠定了基础。1977年，联合国工业发展组织和阿拉伯国家工业发展中心出版了《工业项目评价手册》，将项目评价分为商业获利性评价和国民获利性评价两部分，并首倡了社会分析的概念，当时其被认为是项目评价最理想的方法。在这些工作的基础上，联合国工业发展组织于1978年编写出版了《工业可行性研究编制手册》，系统地说明了工业项目可行性研究的内容和方法，为世界各国制定可行性分析标准提供依据。80年代以来，可行性研究理论逐步向各种专业领域渗透，与各专业进行理论交叉和融合。

我国从1982年开始将可行性研究列为工业投资的一项重要程序，1983年国家计委编写了《关于建设项目进行可行性研究的试行管理办法》，规定大中型工业交通项目、重大技术改造项目、利用外资项目、技术和设备引进的项目，都必须进行可行性研究。1987年国家计委颁布《建设项目经济评价方法与参数》，对经济评价的程序、方法、指标等都做了明确的规定和具体的说明，并在全国大中型基本建设项目和限额以上的技术改造项目中试行。1993年国家发布了《建设项目经济评价方法与参数》第二版，标志着我国已进入项目投资决策科学化、民主化的新阶段。进入 21 世纪以后，国家计委在 2001 年委托中国国际工程咨询公司编写《投资项目可行性研究指南》，该指南借鉴国际上可行性研究的相关理论，总结了我国自改革开放以来可行性研究工作的经验教训，是一本指导可行性研究工作方法及内容的纲领性文件。

8.1.2 可行性研究的作用

项目可行性研究的主要目的在于为投资决策从技术经济多方面提供科学依据，以及提高项目投资决策的水平，提高项目的投资经济效益。具体来说，可行性研究的作用表现在以下几个方面。

(1) 为项目投资决策提供依据

一个项目的成功与否以及效益如何，会受到自然的、社会的、经济的、技术的等诸多不确定因素的影响。而项目可行性研究，有助于分析和认识这些因素，并依据分析论证的结果提出可靠的或合理的建议，从而为项目的决策提供强有力的依据。

(2) 为项目向银行等金融机构申请贷款、筹集资金提供依据

银行是否给一个项目贷款融资，其依据是这个项目能否按期足额归还贷款本息。银行只有在对贷款项目的可行性研究进行全面细致的分析评价之后，才能确认是否给予贷款。例如，世界银行等国际金融组织都把项目的可行性研究报告作为申请项目贷款的先决条件。

(3) 为项目设计、实施提供依据

在可行性研究报告中，对项目的建设方案、产品方案、建设规模、厂址、工艺流程、主要设备和总图布置等作了详细的说明，在项目的可行性研究得到审批后，即可作为项目编制设计的依据。

(4) 为项目签订合同、协议提供依据

项目的可行性研究是项目投资者与其他单位进行谈判以及签订承包合同、设备订货合同、原材料供应合同、销售合同及技术引进合同等的重要依据。

(5) 为项目向当地政府及环保部门申请建设和施工许可提供依据

在可行性研究报告被确认并经过投资部门和计划部门审批以后，要进行项目的建设工作，在此之前还必须经过地方规划部门及环保部门的审查，其审查的依据为可行性报告中关于环境保护、三废治理以及选址对城市、区域规划布局的影响，并需判断分析报告中所拟定的以上因素的方案是否符合市政或区域规划及当地环保要求，只有全部符合要求，才颁发建设许可证书。

(6) 为项目组织管理、机构设置、劳动定员提供依据

在项目的可行性研究报告中，一般均对项目组织机构的设置、项目的组织管理、劳动定员的配置方案及其培训、工程技术和管理人员的素质及数量要求等做出了明确的说明，所以，项目的可行性研究可作为项目组织管理、机构设置及劳动定员的依据。

(7) 为项目进行后评价提供依据

要对项目的投资建设、生产活动全过程进行事后评价，就必须以项目的可行性研究作为参照物，并将其作为项目后评价的对照标准。尤其是项目可行性研究中有关效益分析的指标，无疑是项目后评价的重要依据。

8.1.3 可行性研究的内容与步骤

可行性研究的最后成果是编制成一份可行性研究报告作为正式文件,为项目投资者提供最后的决策的结论性意见。根据国家相关规定,一般工业项目的可行性研究应包括以下内容。

(1) 总论

综述项目概况、可行性研究的主要结论概要和存在的问题与建议;阐明对推荐方案在论证过程中曾有的重要争论问题和不同的意见与观点,并列表说明建设项目涉及的主要技术经济指标;还应说明投资项目提出的背景、投资环境、项目建设投资的必要性和经济意义、项目投资对国民经济的作用和重要性;提出项目调查研究的主要依据、工作范围和要求;说明项目的历史发展概况、项目建议书和相关审批文件。

(2) 市场需求研究和拟建规模

包括国内外市场近期需求情况及发展预测;国内外市场产品价格分析、销售预测分析及本企业产品竞争力分析;国内外现有工厂生产能力的估计;拟建项目的规模、产品方案的技术经济比较和分析。

(3) 资源条件及公用设施情况

包括经过全国储量委员会正式批准的资源储量、品位、成分以及开采、利用条件的评述;所需原材料、辅助材料、燃料的种类、数量、质量及其来源和供应的可能性和可靠性;有毒、有害及危险品的种类、数量和储运条件;材料试验情况;所需动力(水、电、气等)、公用设施的数量、供应方式和供应条件、外部协作条件、交通运输状况以及签订协议和合同的情况等。

(4) 建厂条件和厂址方案

建厂地点的自然条件和社会条件描述;建厂地区的地理位置与原材料场地和产品市场的距离;根据建设项目的生产技术要求,在指定的建设地区内,对气象、水文、地质、地形条件、地震、洪水情况和社会经济现状进行调查研究,收集基础资料;厂址面积、占地范围、厂区总体布置方案、建设条件、地价、拆迁及其他工程费用情况;对厂址选择进行多方案的技术经济分析和比较,提出优选意见。

(5) 项目技术方案

说明应采用的生产方式、工艺和工艺流程,重要设备及相应的总平面布置,主要车间组成及建筑物、构筑物形式等技术方案,并在此基础上估算土建工程量和其他工程量。项目组成应列出厂内外所有单项工程、配套工程,包括生产设施、后勤、运输、生活福利设施等。

生产技术方案说明产品生产所采用的工艺技术、生产方法、主要设备、测量自控设备等技术方案。内容包括:主要产品和副产品的质量标准,生产方法,技术参数和工艺流程;主要工艺设备选择,引进技术、设备的来源国别与厂商,设备的价格和技术转让费,并就多重来源途径进行比较选择。

总平面布置和运输的内容包括:总平面布置应根据项目单项工程、工艺流程、物料投入与产出、废弃物排出及原料储存、厂内外交通运输情况,按厂址的自然条件、生产要求与功能以及行业、专业的实际规范进行安排;厂内外运输方案、仓储方案、占地面积及分析。同时还需对土建工程量进行造价估算。

(6) 环境保护和劳动安全

对建厂具体地区历史和现状的环境调研,拟建项目"三废"(废气、废水、废渣)种类、成分和数量,对环境影响的预测;治理方案的选择和回收利用情况;劳动保护与安全卫生;城市规划、防震、防洪、防空、文物保护等要求及相应采取的措施方案。

(7) 企业组织、劳动定员和人员培训

根据项目规模、项目组成和工艺流程,提出相应的企业组织机构、劳动定员总额及劳动力来源和相应的人员培训计划。内容包括:全厂生产管理体制及机构设置的论述;在项目进展的各个不同时期需要的各种级别管理人员、工程技术人员、工人以及其他人员数量、水平以及来源;人员培训规划和费用的估算。

(8) 项目实施计划和进度要求

根据勘察设计、设备制造、工程施工、安装、试生产所需时间与进度要求和指定的建设工期,选择整个工程项目的实施方案和总进度,并用线条图或网络图来表述最佳实施计划的方案选择。

(9) 投资估算与资金筹措

包括估算主体工程和协作配套工程所需的投资额;营运资金的估算;资金的来源、筹措方式及贷款的偿还方式,并附上必要的表格。

(10) 项目财务评价

财务评价也称为微观的财务评价,是从企业角度出发,在国家现行财税制度和现行价格体系下,分析测算项目的效益和费用,考察项目的获利能力、清偿能力及外汇效果等财务状况,判断项目是否可行,为投资决策提供可靠的依据。

(11) 国民经济评价

国民经济评价也称为宏观的国民经济评价,它是从国家和社会的角度,按合理配置资源的原则,采用影子价格等国民经济评价参数,从国民经济的角度考察投资项目所耗费的社会资源和对社会的贡献,评价投资项目的经济合理性。

(12) 社会效益评价

内容主要包括:项目对社会影响分析;项目与所在地相互适应性;社会风险分析;社会评价结论。

(13) 不确定性分析

用盈亏平衡分析、敏感性分析、风险分析等方法,分析、说明不确定因素对项目投资经济效益指标的影响,以确定项目的可靠性。

(14) 结论与建议

在前述各项研究论证的基础上,对项目在技术、经济上进行全面的评价,对投资建设方案进行总结,提出结论性意见和建议,对推荐的拟建方案的建设条件、产品方案、工艺技术、经济效益、社会效益、环境影响提出结论性意见;对主要的对比方案进行说明,并对可行性研究中尚未解决的主要问题提出解决办法和建议;对应修改的主要问题进行说明,提出修改意见;对不可行的项目,说明不可行的理由,并对可行性研究中主要争论的问题说明评价结果。

综上所述,项目可行性研究的基本内容可概括为三部分。第一部分是市场调查和预测,说明建设项目的必要性;第二部分是建设条件和技术方案,说明项目在技术上的可行性;第三部分是经济效益的分析与评价,这是可行性研究的核心,说明项目在经济上的合理性。

项目的可行性研究要按一定的程序进行，一般可分为以下七个步骤或阶段。

(1) 明确目标和达到目标的限制条件

明确研究目标是可行性研究的首要问题，这不仅可以避免迷失方向，而且还是衡量研究成败的主要标准。同时达到目标受到资金、环境、社会等资源的限制，因此，明确达到目标的限制条件，可以帮助研究有的放矢。

(2) 资料的收集和整理

信息资料的质量决定可行性研究的质量。对信息资料的收集要力求及时、准确和全面，可行性研究不仅要掌握历史和现在的信息资料，更重要的是依此推断未来。同时，只有掌握信息资料的科学处理方法，从浩如烟海的信息资料中获取养分，才能避免信息资料相互干扰而造成判断失误。

(3) 因素分析与专题研究

根据项目的性质，对影响项目的主要因素进行分析，如一般工业项目的市场需求、产品定位、产品定价、竞争态势、原材料来源和厂址选择等。对于一些具有特殊意义的因素，可进行专题研究。

(4) 方案设计

方案设计实际上就是形成策略，它是可行性研究的关键。因此项目组成成员要会同聘请的专家智囊，根据他们的知识、经验以及项目的目标、信息资料，设计出达到目标的几个不同的技术经济方案。

(5) 方案评价

可行性研究的中心内容，就是从技术和经济两个方面对方案进行全面系统的论证。本阶段的工作是对所涉及的各个方案进行技术经济评价、科学论证。技术评价要求明确被研究项目的技术目的，把握被研究技术的要点，寻求作为对比的现有技术，拟定各种替代技术方案，估计技术带来的影响，分析对比，筛选和确定技术方案，评估结论。经济评价主要是估计项目的投资获利能力，常用方法有投资收益率法、投资回收期法、净现值法和内部收益率法等。有些项目还需要进行社会效益分析。

(6) 方案优选

设计的方案，通过评价阶段可以从技术、经济和社会效益的综合角度对方案进行优化和选择，最后提出两个或多个方案供决策者选择。对于较为复杂的项目，还需作盈亏分析和敏感性分析，以便决策者能更好地了解未来不确定因素对方案可能产生的影响。

(7) 编写可行性研究报告

根据调查研究和对项目进行论证分析后的结果，要编写可行性研究报告的正式文件，由承担可行性研究的咨询或设计单位来进行。可行性研究报告先由编制单位内部审查，然后按规定步骤，经上级有关部门审批，可行性研究报告经审查批准后，成为正式文件，作为编制设计计划任务和进行工程建设的依据。

8.2 市场需求和生产规模

不论是工程项目还是科研开发项目，其目的都是满足社会对产品的需求。因此，可行性研究首先要研究市场对产品的需求，这是确定项目有无发展前途以及确定项目生产规模的关键因素。

市场需求研究就是预测项目在试用期间的产品销售量和销售收入,以决定项目是否可行。如果对市场需求增长和市场可能变化程度分析不充分和不准确,就会造成确定的生产规模过小或过大。生产规模过小则不能满足市场需求;生产规模过大会造成产品滞销积压,甚至不能利用经济规模的优越性。所以,市场需求的研究是关系到项目前途、命运以及能否取得较优经济效益的重要评价内容。

8.2.1 影响市场需求的主要因素

影响市场需求量的因素非常多,主要因素如下。

(1) 市场因素

市场因素包括国内市场和国际市场。对国内市场,主要应了解预测产品近期及远期的市场需求量,本项目能有多大市场占有率,市场销售价格的变化趋势如何,用户对产品有什么新要求等;对国际市场,主要了解哪些国家或地区需要本项目的产品,市场情况如何,对所需产品有何特殊要求,价格高低,销售渠道是否畅通,并对出口前景做出预测。

(2) 竞争因素

要及时掌握国内外同类产品的竞争者的生产规模及动向,如产品的性能、质量、成本与价格,了解对方的市场占有率及市场策略、销售方法、销售渠道、生产能力和盈利水平等。

(3) 环境因素

经常注意国内外政治、社会、经济、军事、自然气候等方面的情况,其中任何一项因素均会对需求量产生巨大影响。

(4) 技术因素

由于技术水平的提高,当设计生产出能替代本项目的产品时,本项目产品的需求量将受到限制。

(5) 消费因素

消费者的购买力是产品销售的前提。因此,了解消费者购买动机以及影响消费行为的各种因素是极为重要的。

(6) 价格因素

产品本身的价格对需求量的变化也起主要作用;此外,替代产品的价格和互补品的价格也影响本项目产品的需求量。

8.2.2 研究市场需求的主要方法

研究市场需求、进行市场预测的方法有很多,但在实际中运用的预测方法只有很少的几种。一般可以分为三类,通常称为定性分析预测、定量分析预测和综合预测。前两者是应用最普遍的方法,而综合预测实际是定性分析预测和定量分析预测相结合的方法。

(1) 定性分析预测法

定性分析预测法也叫经验判断法。它的基础是市场调查,因为产品的社会需求量、市场占有率和技术发展预测等都要以市场调查作为基础。

社会需求量预测主要是评估市场对产品的需求量有多大及其发展趋势如何。

市场占有率预测是指企业生产的某种产品销售量(或销售额)占市场上该种产品全部销

售量（或销售额）的估比，也是对产品竞争力的预测。可用式(8.1)表示：

$$S=\frac{Q_1}{Q_2}\times100\%\tag{8.1}$$

式中　S——市场占有率；

Q_1——企业某种商品的销售量（或销售额）；

Q_2——市场上该种商品的全部销售量（或销售额）。

技术发展预测是对新技术、新工艺、新材料、新产品的出现对产品的需求影响做出估计。

市场调查是运用科学的方法，有目的、系统地收集、整理有关市场的信息，并对所获得的数据与资料进行深入分析，掌握市场现状和发展趋势的过程。市场调查是市场预测的基础。其具体方法有专家询问法和试点调查法。

定性分析预测法简便易行，能有效地综合考虑各种影响因素，有一定的实际效果，但因个人经验有一定的局限性，故准确性较差，在实际中还需结合定量分析预测法进行相互校正。

(2) 定量分析预测法

定量分析预测法主要有趋势外推法和因果分析法。

趋势外推法是用过去和现在的资料，推断未来的状态。这种方法需要大量的历史统计资料，只要有数据就能算出结果。该方法简单易行，但由于涉及因果关系，因而在有的场合使用会有较大误差，大多用于短期或中期预测。属于这类方法的如时间序列法，包括移动平均法、指数平滑法和季节指数法等。

因果分析法则强调寻找事物变化的原因，找出原因和结果之间的联系，并据此推断未来。这类方法是经济预测中常用的方法。如回归分析法、经济计量模型法、投入产出法等都属于这类方法。

定量分析预测法的特点是以数学方法为主，有数学表示的计量分析，因而具有较为严密的科学性。其优点是能够近似地反映客观事物的规律，所测的结果较为可靠，而且可以利用历史数据资料进行预测；其缺点是既要求完整、可靠的数据资料，又要求从业人员具有一定的数学基础，条件要求较为严格。

8.2.3　生产规模的确定

通过市场预测，可以初步明确市场需求及供应情况，但项目生产规模的确定并不仅仅取决于市场情况，还必须综合考虑企业内外的各种因素，研究和选择经济上合理的生产规模。确定合理的生产规模，是项目可行性研究的一项重要工作。

8.2.3.1　生产规模的概念

生产规模主要是指企业或项目装置生产能力的大小，它反映劳动力、生产资料的集中程度。确切地说，这里所指的生产规模叫做生产能力规模。

不同类型的企业具有各自的特点。一般来说，大型企业单位产品投资大，资料利用充分，产品成本低，技术比较先进，产品质量好。中小型企业投资小，建设周期短，收效快，便于利用分散的资源，生产灵活性大。在项目可行性研究中，需依据项目的技术经济特点，结合资源、资金、环境等条件来选择合理的生产规模。

8.2.3.2 确定生产规模需考虑的因素

影响生产规模的因素很多,必须通过调查研究,全面加以考虑。总的来说,主要从市场需求和技术物质两方面综合考虑,其主要因素如下。

(1) 产品的市场需求

应根据市场需求的数量、时间和地区范围,确定生产规模。对需求量大而广、又便于运输的产品,规模可以大些。一些不便于长途运输的产品,或需求量较小的产品,规模应小些。一般来讲,项目的生产规模不能大于市场预测的需求量,并根据市场内销和外销的可能性来确定产品的价格、质量和性能。

(2) 资源情况

原材料、能源等资源的来源和供应条件,对确定生产规模有很大影响。新材料企业大都是资源密集型的。一般来说,资源如煤、油、天然气、水、电等供应丰富、集中的地区,可以建大型企业;资源储量不大且分散的,适合建中小型企业。

(3) 资金和技术条件

新材料企业一般均为技术密集型、资金密集型企业。资金一般是有限的,生产规模的安排不能突破资金规模。大型企业力求采用先进的技术和较高的管理水平,在引进技术、装备有困难的地方,以先建中小企业为宜。

(4) 产品的技术经济特点

由于各工业部门有不同生产技术特点,其规模与技术经济指标的依存关系也不同,故各自有不同的规模结构。如原材料工业,生产的是大宗通用产品,需求的变化比较稳定,一般来讲,规模越大成本越低。因此,这类企业的生产规模都很大。对于产品更新较快、通用性不好的产品,规模宜小些。

(5) 人员素质和设备条件

人员素质优良、设备技术条件先进,是适应大规模生产和发挥高效率的关键因素。

(6) 社会因素和政策因素

社会因素指政治形势、民族关系、意识形态、国防等。政策因素指产业政策、投资政策、技术经济政策等。这些因素对生产规模也有一定程度的影响。

(7) 规模经济问题

根据规模经济理论,生产规模的大小对经济效益有很大影响。因此确定生产规模时应使其达到或接近部门或行业的规模经济生产能力,使得项目的投资效益提高。

8.2.3.3 规模经济

(1) 规模经济的基本理论

规模经济是指在一定的规模下或一定的规模区间,企业生产最有效率,能够取得比较好的收益,是人们根据生产力因素量态组合方式发展变化的规律,科学地、自觉地选择控制企业的规模而取得的增产或节约。规模经济又称为规模效益,它是伴随着生产能力的扩大而出现的单位成本下降和收益递增的现象。

规模经济所要研究的就是企业的生产规模对成本和利润的影响,这必然和产品的销售收入、总成本费用、利润等相关。我们把平面直角坐标系上能够表示规模收益变动以及产量、成本和利润之间的关系的曲线称为规模效果曲线,如图8.1所示。

从图8.1可以看出,当生产规模达到Q_{e_1}时,企业不赢不亏;生产规模超过Q_{e_1}时,企

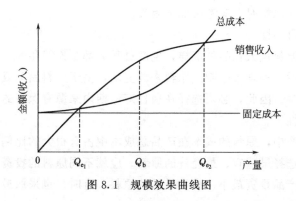

图 8.1 规模效果曲线图

业取得净收益;当生产规模达到 Q_{e_2} 时,企业又出现不赢不亏的状态;超过该生产规模,企业又开始亏损。在 Q_{e_1} 至 Q_b 之间,企业的规模收益一直是递增的,即收益的增加幅度大于生产规模增加的幅度;超过了 Q_b,企业的规模收益递减,即收益的增加幅度小于生产规模增加的幅度,甚至生产规模扩大使边际收益为负值。

(2) 规模经济理论的有关概念

在工程项目的可行性研究中,按照规模经济效益的高低,通常可以把项目生产规模分为以下四种类型。

① 亏损规模　亏损规模是指销售收入小于总成本费用的规模。在图 8.1 的规模效果曲线图中,小于 Q_{e_1} 和大于 Q_{e_2} 的规模都属于亏损规模。

② 起始规模(最小经济规模)　起始规模也称盈亏临界规模,是指销售收入等于总成本费用的保本最小规模。在图 8.1 所示的规模效果曲线图中,Q_{e_1} 点即为"起始规模"。每个行业都有一个最低生产规模界限,高于这个规模界限,企业就盈利,低于这个界限,企业就亏损。

③ 合理经济规模(适宜经济规模)　合理经济规模是指销售收入大于总成本费用,并保证一定盈利水平的生产规模,在图 8.1 规模效果曲线图中,该规模位于 Q_{e_1} 至 Q_{e_2} 之间,可见合理经济规模是一个区间。

④ 最佳经济规模　最佳经济规模是指项目产品的成本最低,而经济效益最高的生产规模,在图 8.1 规模效果曲线图中,Q_b 点即为最佳经济规模。选择企业最佳经济规模的共同目标,应从规模经济的本意出发,达到企业成本利润率的最大化,或是投入产出率的最大化。

最佳经济规模是最理想的规模,拟建项目的生产规模最好能达到这个水平。但受许多因素的制约,最佳经济规模一般很难达到,而亏损规模和起始规模都不符合企业的生产动机。通常情况下,企业一般选择合理经济规模。

8.3 原料路线和工艺技术的选择

8.3.1 原料路线的选择

产品通常可以从几种不同的原料制取,在可行性研究中,需要解决的一个重要问题就是选择哪种原料。这需要在综合考虑各种相关因素的基础上,选定最合适的原料,以取得尽可能好的经济效益。选择原料时,应考虑如下因素。

(1) 原料来源的可靠性

产品生产所用的原料量大且品种多样,生产过程大都是连续化的,生产装置和工艺的专用型比较强。若建成后原料来源中断或原料来源变动,由于原料品味或质量的不同,会给正常生产造成较大的困难。因此,必须选择在项目寿命期内来源有保障的原料。

(2) 原料的经济性

在很多产品的生产中,原料的成本在产品总成本中占有很大的比例。因此,为了取得良好的经济效益,必须选择最适宜、最经济的原料。应就不同原料的投资、成本和劳动生产率进行比较,选择单位产品投资最小、成本最低的原料。有时,也采取最小计算费用法进行方案选择,其计算公式为:

$$C = C_i + I_i r \tag{8.2}$$

式中　C——计算费用;

　　　C_i——用 i 种原料的单位产品成本;

　　　I_i——用 i 种原料时的单位产品投资;

　　　r——基准投资收益率或贷款利率。

原料的价格受供求关系变化的影响很大,要根据供求状况对原料将来的价格进行预测。此外,原料的运输距离、运输方式等也直接影响原料的到厂价格。这些因素对原料的经济性都有不可忽略的影响。

8.3.2　工艺技术的选择

在项目的可行性研究中,当原料路线初步确定后,仍存在与原料路线相应的工艺过程的选择。总的原则是技术上先进、经济上合理。具体应注意以下几个方面的问题。

(1) 技术路线先进性和可靠性

选择的技术路线应是在实践中证明是先进、可靠的技术,以保证建成投产的安全可靠。对于引进的先进工艺,也应考虑我国的消化吸收和运用能力,但也必须避免过时的技术。

(2) 原料与工艺技术的适应性

必须考虑主要原材料的性质,选择与此相适应的工艺技术。

(3) 原料供应的稳定性

以国内原料为基础的工艺过程,可能比那些主要原料必须长期依赖进口的技术可取。如果主要原料供应不稳定,不得不选择其他的原料来源,在选择工艺技术时,应注意工艺技术对原料供应来源发生变化的适应性。

(4) 主产品和副产品的价值

不仅要考虑主要产品,而且也要考虑到副产品的销售和价值。有的副产品是很有销路的,但也可能产生有害的废物。因此,工艺过程中的"三废"问题是不应忽略的。

(5) 劳动力与资金的配合

应从劳动和资金两种角度出发进行考虑。在缺乏劳动力或劳动力费用较高的国家或地区,选择资金相对密集的技术,可能是经济的。而在资金筹措不易、劳动力过剩的国家或地区,选择相对劳动密集的工艺技术可能更合适。

8.4 厂址选择

8.4.1 厂址选择的概念和重要性

厂址选择是指在一定的范围内,选择和确定拟建项目建设的地点和区域,并在该区域内具体地选定项目建设的坐落位置。厂址选择包括两个层次:选点和选址。选点又称建厂地区的选择,是确定工厂所在的地理区域;选址就是确定拟建企业的具体厂址,确定工程项目具体坐落位置。项目发起人身份不同,考虑侧重面不同。国家级投资项目往往投资金额大,对国民经济的影响大,建厂地区研究时考虑的范围是全国性的,而地方级投资项目建厂地区研究的范围相对较窄,往往直接与厂址联系起来。同时,项目发起人突出的投资意向常常限制厂址和建厂地区的选择。因此,建厂地区和建厂地点选择不一定要分两步走。扩建由于受到老企业影响,厂址选择余地较小。

厂址选择既是技术问题又是经济问题,是技术与经济的结合。一个好的厂址不仅要满足生产的需求,而且在项目投产以后要有好的经济效益。厂址选择不当,对工业布局、基建投资、产品生产成本、生态环境乃至建成后的正常生产,都将产生不利影响,有些影响甚至是长期的。

8.4.2 厂址选择的原则及影响因素

建厂地区和建厂地址的选择原则,根据项目的特点应有所区别,概括起来可归纳为三个方面:符合国家政策和社会经济布局规划要求;满足生产技术的规模安全要求;综合成本(包括土地费用、场地整理费用、生产期各种原材料的运输费用、劳动力成本)最低。

建厂地区的选择要考虑很多因素,如材料资源、市场、运输、工业基础、行业特点、环境影响、场址条件、地区发展、经济规模及地区的财税政策等。这些因素对选择结果的影响是不同的,最重要的是在许多因素之间权衡利弊。

8.4.3 厂址选择的步骤

建厂地点的选择一般可按以下步骤进行。

(1) 拟定建厂条件指标

根据拟建工厂的产品特点和生产规模,拟定建厂条件指标。指标内容包括:占地面积;原材料、燃料的种类、数量;副产品的种类、数量;各类货物的运输量及运输方式;各种货物的储存量及储存方式;用水量及对水质的要求;用电量及用电要求;全厂定员及生活环境;废渣的种类、性质、数量;排放的废水、废气量及性质;其他工业协作及社会协作等。

(2) 现场勘察及选厂基础资料的收集

进行现场勘察前,先根据建厂条件指标选定厂址基础材料的收集提纲,主要内容包括:气象、水文、地质、地形资料;原料、燃料供应条件;供电、给水排水条件;交通运输状况;协作条件及工农业生产情况;施工材料,用水、用电条件;生活条件及文化生活设施等。

(3) 厂址方案比较和分析论证

根据现场勘察结果,对所收集到的资料加以鉴定,对各个厂址方案进行比较,经过综合论证，提出推荐方案。

(4) 选址报告

厂址选择的最后工作是提出选址报告。选址报告的基本内容包括以下几个方面：选址依据、建厂的条件指标、选址的主要经过；建设地区的概况（包括自然、社会、经济方面）；厂址条件概述；厂址方案比较，包括厂址的技术条件、建设投资、经营费用的比较；各厂址方案的综合分析论证，提出推荐方案；当地领导部门对厂址的意见；存在的问题及解决的办法。

8.5 投资估算和资金筹措

8.5.1 投资估算

项目的总投资是指工程项目建设上所花费的全部物化劳动和活劳动的总和。它由固定资产投资和流动资金投资两大部分构成。固定资产投资是指用于购置和建造固定资产的投资。一般包括建筑工程投资、设备投资、其他投资和不可预见费。流动资金投资是指用于购买生产所需原材料、半成品、燃料动力、支付工资及其他有关生产自营费用等的投资。

投资估算是对项目的建设规模、技术方案、设备方案、工程方案及项目实施进度等进行研究并在基本确定的基础上，估算项目投入总资金（包括固定资产投资和流动资金投资），并测算建设周期内分年资金需要量。

投资估算是经济分析与评价的基础，是投资决策的重要依据，也是项目可行性研究的一项重要内容。由于项目经历设想、机会研究、初步可行性研究、详细可行性研究、初步设计、施工图设计等若干阶段，每阶段的工作范围和深度都在增加，因而，对不同阶段的投资估算精度也有相应的要求。

国外将投资估算分为五级。

① 数量级估算，或称为比例法估算，以过去同类工厂的数据为基础，适用于机会研究阶段，精度低于±30%。

② 研究性估算，或称为系数法估算，以对主要设备的了解为基础，适用于初步可行性研究，精度为±30%。

③ 初步估算，或称为概算级估算，以能使概算得到批准的数据为基础，精度为±20%。

④ 确切估算，又称为控制用估算，以完整的数据为基础，但全部图纸和说明书尚未完成，精度为±10%。

⑤ 详细估算，又称为承包商估算，以完整的工程图纸说明书和厂址地质勘测资料为基础，用于投标。

8.5.2 资金筹措

在可行性研究中，投资费用估算完成后，需要落实资金的来源。新材料项目具有资金密集型的特点。项目通常需要较大量的资金，这就需要认真进行资金的筹措。资金筹措也叫"资金规划"，它包括资金筹集、资金使用和贷款偿还三方面。资金筹集主要解决资金来源和选择问题。资金筹措不恰当或资金运用不合理，将对项目的经济效益产生很大的影响。

(1) 资金来源

项目建设的资金来源，按大范围可以分为：国内和国外资金来源两大类，国内资金通常是人民币的形式，国外资金也称为外汇资金。国内资金来源主要有政府拨款、国内集资、企业自筹和银行贷款等。国外资金来源主要有供货方商业信贷、发行国外债券或股票、国外商业银行贷款、外国政府贷款和国际金融机构贷款等。

在资金来源可能是多样化的条件下，应慎重地选择资金的来源。对于国内资金，目前除极少数大中型企业可以谋求少部分财政拨款外，大多数靠国家投资银行和商业银行的贷款、债券集资和股票集资几种渠道。

银行贷款，特别是国家政策性投资银行贷款，是最优的来源。但能否取得银行贷款，主要取决于项目的性质、意义和效益，以及当时国家基本建设的方针和政策。发行债券也是外部集资的一种形式，但利率通常较高。股票集资是由多方共同集资、共担风险的股份制形式，有可能成为企业集资的一种主要手段。

国外资金的来源和性质较为多样化。从国外银行贷款，利率较高，但贷款的用途通常不限定。利用外国政府贷款，这种贷款大多数是低息或者无息的，应努力争取。不过，这与本国政府部门当时的方针、政策和重点资助项目的范围有着密切的关系。另外，有些国外贷款称之为出口信贷，是工业发达国家银行为了鼓励本国设备出口而提供的贷款，一般条件也比较优惠。但是，购买设备的来源甚至范围会受到一定的限制，因此，在贷款前需认真研究其详细条款。

(2) 资金使用

在可行性研究中，如何合理地使用资金，是需要考虑的重要问题。应根据用款的需要，分批提款，以减少利息。借款利率有浮动利率和固定利率之分，在可能的条件下，在当时固定利率较低时，争取采用固定利率。对于有多种资金来源，利率各不相同时，原则上是先利用利率低的；先用自有资金，后用人民币贷款，必要时采用外币贷款。

(3) 贷款偿还

合理选择偿还方式，尽量降低企业负担。一般先偿还利息高的贷款，后偿还利息低的贷款。对国内贷款，可用项目投产后取得的利润和回收折旧来偿还，国外贷款则根据双方商定的方式偿还。

在我国的可行性研究中，一般要求拟定项目的财务平衡表。对于每年的资金投入、资金来源、偿还利息和本金的各年度计划，都要给予说明。

8.6 项目的财务评价

8.6.1 财务评价的概念与特点

(1) 财务评价的概念

财务评价是按照国内现行市场价格和国家现行财税政策，从企业的角度分析预测项目的效益和费用等财务预测数据，计算出项目在财务上的获利能力，即衡量项目给企业带来的净财务收益、项目贷款的清偿能力及外汇效果等财务状况，以判别建设项目财务上的可行性。

(2) 财务评价的特点

① 动态性　除计算一些静态数据外，更强调运用等值的观点，将不同时点的资金流入和流出，折算到同一时点，进行动态比较。这不仅能反映项目未来时期的发展变化情况，还能为不同项目之间以及同一项目不同方案的对比分析提供可比的基础。

② 预测性　除进行科学的预测外，还应对某些不确定因素和风险因素做出估计，常用的预测方法有盈亏平衡分析、敏感性分析和概率分析。

③ 全过程性　强调全过程分析，为项目取舍提供的判断依据，应是经过综合计算项目寿命周期全过程所得到的净现值、净现值率以及内部收益率等。

④ 可比性　强调价值量分析与实物分析相结合，以价值量分析为主。尽量将时间因素、物质因素、劳动因素转化为资金价值因素，这样为不同项目、不同方案的取舍提供的价值尺度，具有可比性。

8.6.2　财务评价的任务与作用

(1) 财务评价的任务

对拟建项目进行财务评价的任务主要有两个方面。

首先，考察和论证拟建项目的获利能力。通过对建设项目的财务评价来判断拟建项目是否值得投资，考察该建设项目各个技术方案预期盈利情况，考察拟建项目建设投产后各年盈亏状况，论证拟建项目建成投产后财务上能否自负盈亏，能否具有自我发展和完善的能力等。

其次，考察和论证拟建项目对贷款的偿还能力。也就是对用贷款进行建设的项目，必须从财务上分析其有无偿还贷款的能力，要测算贷款偿还期限。尤其是利用外资贷款的项目或技术引进的项目，更要注意项目建成投产后的创汇能力、外汇贷款利率高低、偿还方式以及偿还能力等。

(2) 财务评价的作用

财务评价能初步考察项目投资的可靠性和可接受的前景。它是项目经济评价的第一步，也是项目可行性研究的核心内容，作为决定建设项目投资的重要决策依据。

① 考察项目的盈利能力　项目的财务盈利水平如何，能否达到国家规定的基准收益率，项目投资主体能否取得预期的投资收益，项目的清偿能力如何，是否低于国家规定的投资回收期，项目债权人收益是否有保障等，是项目投资主体、债权人以及国家、地方各级决策部门、财政部门共同关心的问题。因此，一个项目是否值得兴建，首先要考察项目的财务盈利能力和各项经济指标，进行财务评价。

② 为项目制定适宜的资金规划　确定项目实施所需资金的金额，根据资金的可能来源及资金的使用收益，安排恰当的用款计划及选择合适的筹资方案，都是财务评价要解决的问题。项目资金的提供者据此安排各自的出资计划，以保证项目所需资金能及时到位。

③ 为协调企业利益和国家利益提供依据　有些投资项目是国计民生所需，其国民经济评价结论好，但财务上不可行。为了使这些项目具有财务生存能力，国家需要用经济手段予以调节。财务分析可以通过观察有关经济参数（如价格、税收、利率等）变动对分析结果的影响，寻找经济调节的方式和幅度，使企业利益和国家利益趋于一致。

④ 为中外合资项目提供双方合作的基础　对中外合资项目的外方合作者而言，财务评价是做出项目决策的重要依据。项目的财务可行性是中外双方合作的基础。中方合营者视审

批机关的要求，需要时还要进行国民经济评价。

8.6.3 财务评价的内容及评价指标体系

项目的财务评价包括项目的盈利能力分析、清偿能力分析、外汇平衡能力分析和不确定性分析等内容。

项目的盈利能力分析主要是考察项目投资的盈利水平。盈利能力分析要分别考察项目全部投资盈利能力、自有资金盈利能力以及总投资盈利能力。全部投资盈利能力分析是不考虑资金来源的不同，假定全部投资均为自由资金，以项目自身为系统进行评价，考察其全部投资的经济性，为项目的各个投资方案（不论其资金来源及利息多少）进行比较建立共同基础。自有资金盈利能力分析是站在项目投资主体角度，考察项目的现金流入和流出情况，分析项目自由资金的经济性，为项目投资主体进行投资决策提供依据。总投资盈利能力分析是反映全部投资与建设期借款利息综合的盈利能力。项目财务盈利能力分析要计算财务内部收益率、财务净现值、投资回收期、投资利润率、投资利税率等指标。

项目的清偿能力分析主要是考察项目计算期内各年的财务状况及偿债能力，须计算借款偿还期、资产负债率、流动比率、速动比率等评价指标。

项目的外汇平衡能力分析主要考虑涉及外汇收支的项目在计算期内各年的外汇平衡及余缺情况。

不确定性分析主要是评估项目可能承担的风险及抗风险能力，以考核项目在不确定情况下的财务可靠性，包括盈亏平衡分析、敏感性分析和概率分析三种方法。

财务评价内容与评价指标体系如图 8.2 所示。

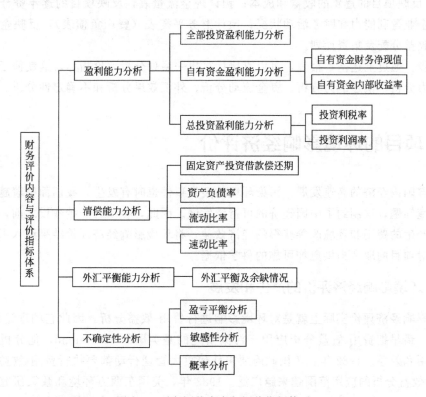

图 8.2 财务评价内容与评价指标体系

8.6.4 财务评价的步骤

项目的财务评价一般可分为如下三个步骤,如图 8.3 所示。

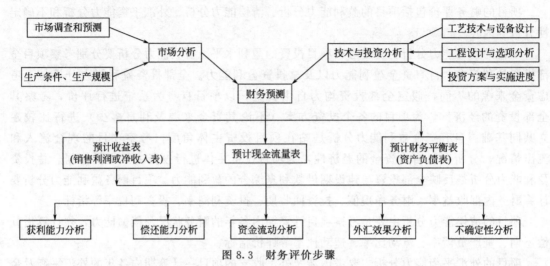

图 8.3 财务评价步骤

第一步,通过市场分析和技术与投资分析,确定合理的生产规模,选择生产工艺方案、设备选型、工程设计方案、建设地点和投资方案,拟订项目实施进度计划,据此进行财务预测,获得项目投资、生产成本、销售收入和利润等一系列财务基础数据。

第二步,将上述财务预测数据汇总,编制出三个基本报表:预计收益表(销售利润或净收入表),反映项目的逐年的收益和成本;预计现金流量表,反映项目的逐年资金来源和运用,体现企业盈利能力和财务活动状况;预计财务平衡表(资产负债表),反映企业逐年财务盈亏和收益分配及集资计划。

第三步,通过上述基本报表,可以直接计算出一系列分析评价指标,这就便于进行项目的获利能力分析、偿还能力分析、资金流动分析、外汇效果分析和不确定性分析。

8.7 项目的环境影响经济评价

伴随着国内经济的高速发展,污染环境的突发事件也时有发生,我们面临着越来越严峻的生态环境问题,这制约了中国经济的可持续发展。因此,在项目开始建设之前,充分考虑环境破坏产生的费用和环境改善获得的经济效益,将环境影响经济评价结果纳入项目可行性分析,将对项目的取舍提供更加可靠的科学依据。

8.7.1 环境影响经济评价的产生和发展

环境影响经济评价实际上就是对环境影响进行费-效益分析,因此它的理论源于费-效益分析。最早把费-效益分析应用于污染研究的是美国的 Hammond,他分析了水污染控制的费用和效益。1982 年,美国政府要求任何重大管理行动都要执行费-效益分析,从此,费-效益分析的应用范围越来越广泛。1983 年,美国东西方环境和政策研究所环境经济学家 Maynard M. Hufschmidt 和 John Dixon 撰写了《环境、自然资源与开发:经济评价指南》《环境的经济评价方法-实例研究手册》等著作,第一次较为系统地介绍了环境影响经济评价的理论和方法,并且进行了相关案例的研究。1994 年,J. A. Dixon 等编写的《环境影响经济分析》对 1988 年出版的《开发项目环境影响评价》进行了修订,进一步阐述了环境影响经济评价的理论和方法。

20 世纪 90 年代起,英国伦敦大学全球环境社会经济研究中心围绕可持续发展和全球环境问题,进行了环境经济问题的大量研究,在环境价值计量和实现代际公平的途径等方面进行了探索,并出版了很多重要的著作,如《自然资源与环境经济学》《绿色经济的蓝图》等。

世界银行已连续多年对项目开展环境影响经济评价,并对包括如何考虑经济因素在内的分析建立了指南。经济合作与发展组织(OECD 组织)关于环境评价的成功经验就是,要求尽可能从经济的角度、用货币的形式来衡量和辨识项目可能产生的有利和不利影响。欧盟环境手册也要求进行环境影响经济评价。

我国在 1989 年《中华人民共和国环境保护法》中就要求,在我国进行的建设项目都必须在可行性研究阶段进行项目的环境影响评价,其中一项重要内容就是环境影响经济损益分析。1998 年我国颁布实施的《建设项目环境保护管理条例》第 8 条进一步指出,建设项目环境影响报告书中必须包括环境影响经济损益分析。2003 年 9 月 1 日起施行的《中华人民共和国环境影响评价法》第三章第 17 条明确规定了对建设项目环境影响进行经济损益分析,这为我国的环境影响经济评价工作提供了强有力的法律依据。

8.7.2 环境影响经济评价的必要性

对环境影响的经济评价进行研究具有重要的理论意义和实践意义,主要体现在以下几个方面。

(1) 实施可持续发展战略的需要

我国在 20 世纪 90 年代就制定了可持续发展战略,并在《21 世纪议程》中特别指出"要将环境成本纳入各项经济分析和决策过程,改变过去无偿使用环境并将环境成本转嫁给社会的做法"。具体而言,就是在项目投资、区域开发或政策制定中开展环境影响经济评价。以此进行综合的评估和判断,从而确定这些活动能否达到可持续发展的要求,并提出相应的对策和建议。

(2) 有助于对传统的国民经济核算体系进行改造

要想真实地反映国民财富状况,就必须将环境的变动状况综合地反映到国民经济核算体系当中,对现有的国民经济核算体系进行改造,从而为国民经济管理提供一个经济运行的真实显示和总体绩效考核标准。而只有通过对环境资源进行货币化估算,才有可能用货币价值这一共同的量度将环境资源与其他经济财富统一起来。

(3) 环境管理科学化的需要

一般来说,如果环境管理的目标是为了追求与使用环境和自然资源相联系的净经济效益的最大化,那么费用-效益分析就可以成为一种最佳的管理规则。但在对环境系统提供的服务进行货币化估价时,有些是比较简单的,有些是比较困难的,如生物多样性的损失、舒适性的改善和视觉享受等。这些曾经没有被认识到的或者被认为与经济分析无关的事物,现在已经被认为是非常重要的价值资源,它们往往成为环境管理过程中政策分析的核心问题。为了对这些环境服务进行有效地评估,我们必须进行环境影响的经济评价研究。

(4) 为生态补偿提供明确的依据

生态补偿是由生态建设的特殊性、环境保护的迫切性决定的，也是企业布局调整、产业结构升级过程中协调利益关系的需要。要实行生态补偿，首先面临的问题就是如何确定生态补偿的数额，其基础就是对生态环境进行经济评价，确定生态环境影响的货币化价值。

(5) 提高环境影响评价的有效性

为进一步提高目前环境影响评价的有效性，就必须将有关的经济学理论融入传统的环境影响评价之中，使环境影响评价和国民经济评价有机结合起来，其结合点就是环境影响的经济评价，即需要更多地运用经济学手段对缺乏市场价格的自然资源和环境质量进行定量分析。

(6) 有利于环境保护的公众参与

我国已经明确规定公众参与是建设项目环境影响评价中的重要内容，但目前，公众的参与度不高，参与意识不强烈。如果我们能够将环境影响进行经济评价，将环境影响的具体物理量转换为价值量，在市场经济体制下，这些货币化的指标必然更能引起人们的共识。

8.7.3 环境影响经济评价的基本要素

环境影响经济评价必须包括评价主体、评价目的、评价标准、评价程序、评价方法和评价客体等几个要素。

① 环境影响经济评价工作必须由相应的评估人员操作。在市场经济条件下，环境影响经济评价人员必须具有一定的专业知识，取得相应的资格后方可从事环境影响经济评价业务，没有取得相应资格的人员不得进行环境影响经济评价工作。

② 环境影响经济评价的目的必须十分明确。

③ 环境影响经济评价必须执行统一的标准，这些标准主要是剂量-反应关系标准、价格标准和事件标准。

④ 环境影响经济评价必须按照法定的程序进行，不能随意进行。

⑤ 环境影响经济评价必须采用科学的评估方法。

⑥ 环境影响经济评价的结果是被评估环境影响的现时经济价值。

环境影响经济评价的关键在于评价主体如何获取有关评价客体的信息以及采用何种评价方法对这些信息进行处理。环境影响经济评价是对被评估环境影响的评定和估算的统一。因此，环境影响经济评价的结果与环境影响的客观价值之间总是存在一定的误差，而不可能是完全正确的；而且对于被评估环境影响而言，客观价值总是未知的，否则，环境影响经济评价就变得毫无意义。从这个角度来看，环境影响经济评价就是探求被评估环境影响实际价值的过程，是主观与客观计算的统一。环境影响经济评价工作是一种跨学科、跨层次的综合性工作，它既要求社会科学与自然科学的综合，又要求决策层、执行层和研究层的结合。

8.7.4 环境影响经济评价的基本原则

环境影响经济评价的最终目的是为有关决策提供信息支持，而如果评估结果不具有说服力，甚至不能为人们所接受，那么环境影响经济评价工作就是失败的。为了保证环境影响经济评价结果的真实、准确，在评价过程中必须遵循环境影响经济评价的工作原则和环境影响经济评价的经济原则。

① 环境影响经济评价的工作原则是指评价机构和评价人员在对环境进行经济评价时所遵循的基本原则，主要有客观公正原则、科学性原则、独立性原则和专业性原则。

② 环境影响经济评价的经济原则是指评价机构和评价人员在对环境影响进行经济评价过程中进行具体技术处理的原则。它是环境价值评估原则的具体体现，是在总结环境影响经济评价工作经验、国际惯例以及市场能够接受的评估准则的基础上形成的，主要有可持续利用原则、替代原则、预期原则和贡献原则。

8.7.5 环境影响经济评价的影响因素

由于影响环境经济评价的因素多而杂，因此需要对其进行分类归纳。一般而言，可以将环境影响经济评价的影响因素分为环境资源特性、社会经济条件、制度条件和技术条件等四个方面。

(1) 环境资源特性的影响

环境资源既是自然资源，又是经济资源。自然资源涉及利用与保护，有明确的价值内涵；经济资源涉及效率配置和收益，意味着资源价值的市场实现。因此，环境资源特性又分别包含自然属性和经济属性两个方面。

(2) 社会经济条件的影响

环境影响经济评价的结果，是一定社会经济条件的产物，其在总体上和大趋势上是与特定的社会经济发展水平相适应的。对于中国这样一个发展中国家，必须以经济发展为核心，在发展中解决好环境问题。随着经济的发展、人们的收入和生活水平的不断提高，对生活质量的期望值会越来越大，从而会带动人们对环境物品支付意愿的不断提高。因此，社会经济条件对环境影响经济评价的影响体现在以下几个方面：经济增长模式、收入分配、贴现率的选择、经济发展水平的差异以及历史文化条件等。

(3) 制度条件的影响

价值流绝不是物流的简单投影，它还取决于社会经济活动所发生的制度背景。尽管在一般的情况下，人们对价值流的讨论暂时还局限在直观的价格层次上，但在现实经济系统运行中，它与有关制度安排的密切联系则是显然的。不同市场的干预都是制度因素对价值流产生影响的证明。

(4) 技术条件的影响

要想对环境影响进行经济评价，首先必须明确环境质量与环境服务功能之间的关系。往往在一个系统中，一个参数值的增加在消极地影响某一可供选择的用途的同时，还会积极地影响另一用途。

8.7.6 环境影响经济评价的操作程序

一般来说，环境影响经济评价的具体程序包括：确定和筛选影响、影响的量化、影响的货币化、估算因素分析及把评估结果纳入项目经济分析。

(1) 确定和筛选影响

影响的确定和筛选就是要决定项目的哪些影响是最重要的。在对环境影响进行经济评价之前，要做两项工作：第一项工作是根据影响因子和影响的方式，确定一个项目所有实际和潜在的环境后果。影响因子是经济活动的结果，能够影响人和敏感的生态系统。例如从发电厂排放（一项活动）的颗粒物（影响因子）可能引起肺部疾病（一种影响）。

第二项工作是筛选出最重要的影响。用于筛选影响的因素包括影响的规模、影响是否被控抑或内部化、影响是否能被定量评价或货币化。通过筛选，可以把一些影响因子或影响从下一步的经济评价的考虑中剔除。筛选关键环境影响的工作经常在项目的环境预评估阶段就已完成了。筛选过程能够帮助分析人员决定是否需要环境预评估没有提供的信息。

理想的环境影响评价将包括这两项工作的结果。然而，因为人们是在不同的事件、资金以及其他约束条件下执行建设项目环境影响评价的，所以这些工作是根据不同的理解来完成的。

（2）影响的量化

量化影响，即用一个合理的物理量化单位来表述每一种影响的大小。这是数据整理与数据校准的一步。量化应确保量化结果的一致性，从而使这些结果之间可以相互比较，并能用来确定各种经济价值。

在环境预评估或环境影响评价中，应将环境影响采用剂量-反应函数予以量化，将环境污染物的预期剂量与受体的量化影响联系起来。如果在环境影响评价的结论中能找到量化的物理影响，这些量化应该经过检验以确保其精确性及一致性，影响特征与评价方法一致。如果影响没有经过统一的量化，那么，在经济评价之前应先做到这一步。

（3）影响的货币化

环境影响的货币化就是将每种环境影响的量级从物理单位转换为货币单位。为了获得环境影响的货币化价值，通常采用一种或多种"基本"的环境影响经济评价方法对其进行估算。

（4）估算因素分析

有关环境影响经济评价的各种方法，无论是基本评估法还是成果参照法，均包含一定的估算成分。环境影响的货币价值只是真实价值的近似值，其中包括省略、偏差和不确定因素。采用的贴现率即其他因素也影响货币价值的估算。

（5）把评估结果纳入项目经济分析

最后是如何使用经济评价的结果。也即是，如何将环境影响经济评价结果纳入项目经济分析之中。

第9章
技术改造和设备更新

9.1 技术改造概述

9.1.1 技术改造的概念

技术改造是指在坚持科学技术进步的前提下,把先进的技术应用于企业生产的各个领域,用先进的技术改造落后的技术,用先进的工艺和装备代替落后的工艺和装备,以改变现有落后的生产,达到提高产品质量、促进产品更新换代、提高生产效率、节约能源、减少排放、降低消耗、全面提高企业经济效益和社会综合经济效益的目的。

技术改造分为广义和狭义两个方面。广义的技术改造是以先进的技术成果对生产力要素进行改革,包括对劳动工具、劳动对象、劳动条件、劳动组织和管理系统以及劳动者本身技能等方面的改进。广义的技术改造包括国民经济各部门、各行业的技术改造以及对企业进行全面的更新改造,以增强自我发展能力,实现可持续发展。狭义的技术改造通常只限于用先进技术对现有企业机器设备和生产工艺等进行改革。

9.1.2 技术改造的目的和特点

技术改造的主要目的是为了降低能耗和物耗、节约成本、增加产品品种、提高产品质量、治理"三废"(即废水、废气和固体废弃物)和提高劳动保护安全,它的资金来源以固定资产折旧及无形资产摊销、留存收益等企业自有资金和银行技术改造专门贷款为主,主要通过设备更新与技术提升来实现。

技术改造的特点主要表现为以下几个层次:

① 以技术进步为前提,强调技术进步,改造涉及设施、设备、技术、工艺等内容,以先进技术改造落后技术为技术改造的核心。

② 强调内涵扩大再生产的道路,改变过去以装备、厂房、设施的更新为主要内容的改造方式。以现有生产过程、设备为对象,减小土建工程,通过技术改造提高效益,重点在扩大再生产。

③ 不仅要注重提高企业的经济效益,而且更注重全面提高社会综合效益。不仅强调企业本身的经济效益,而且同时强调社会效益(节能、环境保护、生态平衡、就业等),为了提高产品质量、降低能耗、治理污染,可能要额外增加投资和生产成本,但会给社会带来明显的经济效益。

④ 技术改造费用(代价)复杂多样,不仅包括新增投资、新增运营费用、原有固定资

产、流动资金，而且包括项目建设可能带来的停减产损失，以及原有固定资产拆除费等。

⑤ 强调持续的、系统的技术改造。技术的含义包括实物形态的硬技术，也包括智力形式的软技术。技术改造就是更新原来较落后的设备、技术和产品为较先进的设备、技术和产品，同时使技术人员的职业素质和技能不断提高，适应新设备、新工艺的运用和新产品的更高要求。

9.1.3 技术改造的分类

技术改造按照程度规模可分类如下。

① 全局的技术改造：企业对生产过程的各个环节和单元进行整体的技术改造。

② 专业的技术改造：企业以专业性的项目，如环保、节能、增产、扩大品种、降低原材料消耗等为内容的技术改造。

③ 局部的技术改造：企业在局部进行的小规模技术改造。例如，挖潜、填平改造。

技术改造按照内容可分类如下。

① 新产品开发：生产一种或多种全新产品的技术改造项目。

② 扩能和降耗：a. 扩大生产规模、产量的技术改造项目；b. 提高产品质量的技术改造项目；c. 降低物料和能源消耗的技术改造项目。

③ 改善作业：a. 改善劳动条件的技术改造项目；b. 治理环境污染的技术改造项目。

9.1.4 技术改造的内容

技术改造的主要内容包括以下方面：

① 设备和工具的更新改造。针对在技术上、经济上不宜继续使用的设备，用新的设备更换或用先进的技术对原有设备进行局部改造或研制高效专用设备和仪器，以改变设备的结构和性能，扩大设备的使用范围，如改变劳动工具的几何形状，改变其工作速度、加工精度、工具的硬度、强度、韧性等，从而改善劳动资料的质量，提高设备效率。设备和工具的技术改造是技术改造的重点。

② 生产工艺的改革。生产工艺改革是指对工艺配方、工艺流程、操作方法等进行改进和革新。通过改变劳动资料对劳动对象的加工过程和作用形式，来优化工艺过程，简化工序，从而提高生产能力和产品质量，实现高效化生产。

③ 产品改造。产品改造包括老产品改造和新产品开发两个方面。围绕国民经济和市场需要来调整产品种类和结构，提高产品质量，进行产品升级换代，达到提高产品性能、增加产品用途、提高产品可操作性等目的。

④ 厂房、建筑物和公用工程的改造。厂房、建筑物是保证生产进行的重要场所，是重要的劳动资料。随着技术的发展和生产情况的变化，应当采取必要的措施加固返修危险厂房建筑，并按照工艺、设备和荷重等级要求，对厂房进行局部改造，调整不合理的厂房设备布局，使建筑物坚固耐用，使其功能更好地适应生产发展的需要，还要保证公用工程更好地适应生产发展的需要。

⑤ 原材料、燃料的综合利用方面的技术改造。通过改造，提高原材料、能源的利用率，科学地采用代用品，合理地利用资源，开展综合利用，实行多层次加工，做到物尽其用。

⑥ 劳动条件、生产安全和污染防治、环境保护方面的技术改造。劳动条件和生产安全设施、规章的改善有利于提高劳动效率和劳动安全性，降低劳动强度，增加劳动积极性。控

制污染物的产生，减少"三废"排放，可以妥善地解决环境污染问题。

⑦ 改进和完善企业管理手段和方法。通过充实理化实验、技术测试、生产控制、信息手段等方式来实现科学管理。

9.1.5 技术改造的基本原则

技术改造直接关系到企业的产品质量和生产能力，需始终围绕提高综合效益来进行。搞好技术改造，必须遵循以下基本原则：

① 以安全生产为基础，以科技进步为动力，以经济效益为中心，对影响安全、可靠、经济、环保的项目要有规划、有重点、有步骤地进行。

② 技术改造应从产品入手，通过采用新技术、新工艺改革装备，从而求取最佳的综合经济效益，而不是在老产品、老技术的条件下，单纯依靠增加设备、厂房来扩大生产能力。

③ 技术改造要有重点、有步骤地按照规划进行。a. 选择"适用的技术"，在不脱离当时、当地具体条件下，选择相对先进的生产技术。b. 注意技术发展的寿命周期，在技术衰退期前实施技术改造。c. 充分进行投资经济效益评估，量力而行，从人、财、物的实际出发，充分发挥资金的使用效益，有重点地进行技术改造，注重整体改造效果。

④ 全面规划，抓好解决企业关键问题、薄弱环节和重点项目的技术改造，引进技术以"软件"为主，加强引进技术的消化吸收工作，促进和带动本企业整体水平的提高，处理好当前和长远的关系。

⑤ 技术改造项目既要注重本企业的技术经济效益，也要注重社会综合效益，包括提高产品质量、降低能源、原材料消耗和提高环保意识，满足环境保护的要求。

⑥ 把技术先进性、生产适用性、经济合理性、环保性等结合起来，统筹安排，优化综合改造效果。

⑦ 技术改造要严格执行国家制定的各项方针政策、法规和本行业及企业的标准、规定等。从我国实际情况出发，采用适合我国资源条件、科技水平、管理水平的技术，制定正确的技术改造方针，贯彻技术经济优化的思想，定好战略，搞好规划。

9.2 技术改造项目的经济评价

9.2.1 技术改造的可行性分析概述

项目在实施前都必须进行可行性分析，通常分为技术可行性分析、经济可行性分析（即经济评价）及不确定性分析。技术可行性分析主要是对技术方案的评估，评估当前的技术改造方案是否具有价值，当前限制条件下是否可以实现等。经济可行性分析通常包括市场需求预测、增量费用识别和增量效益及经济效益指标计算三方面。不确定性分析包括了盈亏平衡分析和敏感性分析。

技术改造的经济评价是可行性研究的中心，并贯穿整个可行性研究的始终。经济性评价是根据国家现行财务制度和会计体系，分析计算项目直接发生的财务效益和费用，根据财务报表，计算评价指标，考察项目的盈利能力、资产回收能力等，对项目投入产出进行综合性分析，从而对项目实施及如何实施做出评价。经济评价实质上是评价项目的经济效益，将项目在整个寿命期内的"所得"和"所费"进行比较分析，并按照一定标准进行评价，从经济效益的角度得出此技术改造项目是否可行的结论。

技术改造项目经济效益评价的原则如下。

(1) 全面性原则

企业的经济效益是评价的重点,但技术改造的实施涉及社会问题时,该技术改造的社会效益评价就显得很重要,需要全面考虑企业经济效益和社会经济效益。

当技术改造的实施涉及外贸等因素,应着重进行国民经济评价,以求客观科学地评价技术改造的效果。

定量和定性评价相结合,其中包括可用货币值表示的效益以及不能用货币值表示的效益。

(2) 统一性原则

应以新增收益计算经济效益,如新增收益与企业原有收益能够明确区分,应用企业技术改造后的全部投资和全部收益进行经济效益计算。

应遵循收益和费用的计算方式一致的原则,应将项目的实际收益和实际投资进行比较,避免将该项目投资引起的收益计入项目的技术改造收益。

(3) 相关性原则

对技术改造项目收益的计算范围,遵循一次相关原则,即只计算直接收益,不计算二次或多次相关收益。

9.2.2 技术改造的企业经济评价指标及计算

技术改造的基本目的是全面提高社会综合经济效益,而社会综合经济效益是以企业经济效益为基础的,企业经济效益应采用一套综合的指标体系进行评价,分为基本指标体系和辅助指标体系两部分。

9.2.2.1 基本指标体系(主要财务评价指标)

每一项技术改造项目都需进行基本指标体系的评价,该指标体系包括三个最重要的指标。

(1) 投资回收期

使累计的经济效益等于最初的投资费用所需的时间,即以项目的净收益抵偿全部投资所需要的时间,称投资回收期(总投资/折旧净利润)。技术改造项目的投资回收期短于标准投资回收期,该项目才可行。技术改造项目的标准投资回收期与行业、生产性质和技术特点相关,具体由国家有关部门确定。

(2) 投资收益率

投资收益率指投资方案在达到设计的一定生产能力后一个正常年份的年净收益总额与该方案投资总额的比率。它表明投资方案正常生产年份中,单位投资每年所创造的年净收益额。技术改造项目的投资收益率应大于等于标准投资收益率,其指标越高越好。通常标准投资收益率可参考行业的平均投资收益率,或者保证技术改造项目投资收益率高于银行贷款利率。

(3) 贷款偿还期

当技术改造投资是利用贷款或部分投资利用贷款进行时,应计算贷款偿还期。贷款偿还期=(借款总额+建设期利息+还款期利息)/(净利润+折旧+减免税金)。该偿还期应比出贷方要求的偿还年限短,越短越好。

9.2.2.2 辅助指标体系

辅助指标体系是根据技术改造的具体情况而选用的辅助性指标，在技术改造决策中起到参考作用，对于辅助性指标，需因时因地因项目而做出适当的选择。通常采用如下几个指标。

(1) 技术改造后增加品种、提高产量的收益

这种收益可用增加的总产值计算：

$$S = \sum_{i=1}^{n} Q_i p_i - S_0 \tag{9.1}$$

式中，S 为技术改造后增加的总产值（销售收入或利润）；Q_i 为第 i 种产品的年产量或年销售量；p_i 为第 i 种产品的不变价格或单位利润；S_0 为技术改造前的实际总产值（销售收入或利润）；n 为产品种类数。

(2) 技术改造后提高劳动生产率、节约劳动力和工时的收益

如果技术改造前后产品品种相同，则收益为：

$$R = \left(\frac{q_1}{q_0} - 1\right) \times 100\% = \left(\frac{h_0}{h_1} - 1\right) \times 100\% \tag{9.2}$$

式中，R 为技术改造后劳动生产率提高的百分率；q_0 为技术改造前的产量定额；q_1 为技术改造后的产量定额；h_0 为技术改造前的工时定额；h_1 为技术改造后的工时定额。

如果技术改造前后产品种类不同，则收益为：

$$R = \left[\frac{(S_1/N_1)}{R_0} - 1\right] \times 100\% \tag{9.3}$$

式中，S_1 为技术改造后的总产值；N_1 为技术改造后的平均职工人数；R_0 为技术改造前的劳动生产率。

对于劳动力和工时的节约，由于技术改造前后的产量和产值不同，应以相对节约量来计算：

$$M = N_0(1 + \Delta S) - N_1 \tag{9.4}$$

式中，M 为技术改造后的劳动力（或工时）相对节约量；N_0 为技术改造前所用工人数；N_1 为技术改造后所用工人数；ΔS 为技术改造后产值增加的百分率。

(3) 技术改造后提高产品质量和减少废品带来的节约收益

由下式计算：

$$G = \left(\frac{r_0}{1-r_0} - \frac{r_1}{1-r_1}\right) \times (c' - w) \tag{9.5}$$

式中，G 为产品合格率提高带来的单位产品节约额；r_0 为技术改造前的废品率；r_1 为技术改造后的废品率；c' 为单位废品平均成本；w 为单位废品回收价值。

产品合格率提高所带来的年节约额 A 可如下计算：

$$A = Q_1 G \tag{9.6}$$

式中，Q_1 为技术改造后年合格产量。

(4) 技术改造后节约原材料和能源所带来的单位产品原材料和能源的消耗降低率

由下式计算：

$$K = \left(\frac{E_0}{E_1} - 1\right) \times 100\% \tag{9.7}$$

式中，K 为技术改造后，单位产品原材料和能源的消耗降低率；E_0 为技术改造前原材料和能源的消耗定额；E_1 为技术改造后原材料和能源的消耗定额。以绝对量表示：

$$V = E_0 P_0 - E_1 P_1 \tag{9.8}$$

式中，V 为技术改造后单位产品原材料和能源节约金额；P_0 为技术改造前所用原材料和能源单价；P_1 为技术改造后所用原材料和能源单价。

(5) 技术改造后降低成本的收益

由下式计算：

$$C_R = \left(1 - \frac{C_1}{C_0}\right) \times 100\% \tag{9.9}$$

式中，C_R 为技术改造后可比产品成本降低率；C_1 为技术改造后预计单位产品成本；C_0 为技术改造前单位产品成本。

上述五项辅助指标尚不能涵盖所有的情况，应根据具体情况选择合适的辅助指标进行评价。

9.2.3 技术改造的社会经济效益

技术改造经济效益的评价除了上述企业的经济效益评价外，还应包括社会的经济效益评价。技术改造项目的社会经济效益评价可以从如下方面展开。

① 替代进口产品，节约国家外汇支出。

通过技术改造研制出新产品，减少或停止国家对同类产品的进口，减少外汇支出。这些外汇节约额不计入企业效益中，但带来了可观的社会经济效益。

② 进入国际市场，为国家创汇。

技术改造后产品竞争能力增强，可以销售进入国际市场或扩大原有国际市场的份额，增强了国家的创汇能力，取得更多的外汇收入。

③ 降低消耗，提高原材料和能源利用率。

技术改造后可以降低生产消耗，提高原材料的利用率，节约能源，企业不仅具有经济效益，也节约了社会资本，具有社会经济效益。

④ 产品质量改善，使用成本降低，使用寿命延长。

通过技术改造，改善产品质量，降低产品维护保养费用，延长产品使用寿命。为产品的使用者带来新增的经济效益，也提高了企业的声誉。

⑤ 减少环境污染，提高废旧物质综合利用率。

通过技术改造，可以减少或消除生产对环境的污染，改善人居生活环境，有利于企业的可持续发展，也给社会创造收益。

⑥ 改善劳动生产条件，有利于劳动者的身心健康。

技术改造使劳动条件和劳动强度改善，有利于提高劳动者的积极性和能动力，提高工作效率，也有利于劳动者的身心健康，既带来企业的经济效益，也带来积极的社会经济效益。

⑦ 增加产品品种，更好地满足社会的需求。

通过及时改造，增加产品品种，可以提高企业自身的市场竞争力，也能更好地满足用户需求，适应社会经济发展的要求，给相关行业和社会带来经济效益。

⑧ 推广新技术，促进行业技术进步。

采用新技术、新工艺和新设备，对本企业带来良好的经济效益，同时，对行业的新技术推广起到了示范作用,客观上促进同类企业进行技术改造,从而有利于行业的技术进步和创新。

9.3 设备磨损与设备的寿命

9.3.1 设备磨损

9.3.1.1 设备磨损的概念

设备磨损即设备购置以后,无论使用或闲置均会发生不同形式的磨损,当设备因物理损坏或者陈旧落后不能继续使用时,就需要进行更新。为了促进技术进步和提高经济效益,需要对设备在整个运行期间的技术经济状况进行分析和研究,评价磨损情况以及明确是否需要更新,以做出正确的决策。

9.3.1.2 设备磨损的分类及定量分析

设备在使用(闲置)过程中由于内在与外在的多种因素会逐渐发生磨损,造成其价值与使用价值的不断降低,而磨损分为有形磨损和无形磨损两种形式。

(1) 有形磨损

设备在使用或者闲置过程中发生的实体磨损,称为有形磨损,也称物质磨损。根据磨损的成因,设备的有形磨损又可以分为以下两类:

运转过程中,机器设备在外力下,其零部件会发生摩擦、振动、冲击、疲劳等,以致设备的实体发生磨损。这类磨损称为第一类有形磨损。它通常表现为:设备尺寸、形状及粗糙度的改变、公差配合性质降低或者零部件损坏。其造成的后果是使机器设备综合性能下降,效率和精准度降低,劳动生产率降低。这类磨损通常与使用强度和使用时间相关,当磨损量累积到一定程度会造成设备故障,导致设备使用费用剧增,甚至难以继续工作,丧失使用价值。

自然力的作用是造成有形磨损的另一个原因,因此产生的有形磨损称为第二类有形磨损。这种磨损和生产过程中的使用无关,甚至一定程度上还与使用程度成反比。设备在闲置或封存过程中不用,会因金属件生锈、腐蚀和橡胶老化等产生有形磨损,使设备自然丧失精度和工作能力,失去使用价值。这类磨损和闲置时间及保存管理条件相关。

无论第一类或第二类有形磨损,都会危害设备的安全生产,造成严重后果,因此,需要对设备的磨损程度进行定量分析,消除设备的有形磨损,使之局部恢复或完全恢复使用价值。采用技术性指标度量设备的有形磨损程度比较复杂,在技术经济分析中一般采用经济指标进行度量,其表达式为:

$$\alpha_p = \frac{R}{K_1} \tag{9.10}$$

式中,α_p 为设备的有形磨损程度;R 为恢复全部磨损零件(包括未拆装)所需的修理费;K_1 为在确定机械设备磨损时,该设备的重购价值或再生产价值。从经济角度分析,设备的有形磨损程度 α_p 不能大于1。

由多个零件组成的整机设备的平均磨损程度应综合各个零件的磨损程度综合确定,整机的平均磨损程度为:

$$\alpha_p = \frac{\sum_{i=1}^{n} \alpha_i k_i}{\sum_{i=1}^{n} k_i} \tag{9.11}$$

式中，k_i 为零件 i 的重置价值；α_i 为零件 i 的磨损程度，其计算公式为 $\alpha_i = R_i / k_i$；R_i 为零件 i 所需的修理费用。

(2) 无形磨损

设备的无形磨损不是设备在使用或者闲置期间由于外力或者自然力作用而形成的，所以它不表现为设备尺寸、形状等的实体改变，而是由于技术进步而不断出现性能更完善、功能更合理、效率更高的新型设备或者生产同样结构的设备价值不断降低而使原有设备贬值。根据磨损的成因，设备的无形磨损也可以分为以下两类：

第一类无形磨损是指由于设备制造工业不断改进，劳动生产率不断提高，成本不断降低，生产同样机器设备所需的社会必要劳动减少，机器设备的市场价格降低，造成原有设备的贬值。这种无形损耗的后果是设备的原始价值贬值，但设备本身的技术特性、功能、使用价值并未发生变化，故而不会影响设备的使用。

第二类无形磨损是指由于技术进步与创新，出现了结构更合理、功能更完善、操作更简便、成本更低廉、维护更容易、对原材料和能源耗费更少的新型设备，使得原有设备显得陈旧落后而可能提前退出历史舞台所造成的经济磨损。虽然原有设备还没有达到物理使用寿命，能正常工作，但是由于行业中更先进新设备的发明和应用，继续使用原有设备就会使生产效率大大低于社会平均生产效率，使生产成本大大高于社会平均成本，原设备在经济、生态、效率等方面缺乏竞争力或受到限制而局部或全部丧失其使用价值，原有设备将会被淘汰。第二类无形磨损和技术进步的具体形式有关。如果加工方法不变，仅仅是出现性能更完善、效率更高的新设备，原设备使用价值大幅减低，虽然不经济但仍可用。如果技术进步带来了新的原材料，原设备如果不适应该材料必然要被淘汰。如果技术进步带来的是生产工艺方法的进步，原设备若只能适用于旧工艺则也会失去使用价值。如果产品更新换代，不能生产新产品的原有设备也将被淘汰。

设备的无形磨损也可通过经济价值来定量描述。若设备的原始价值为 K_0，在某一时刻考虑到两种无形磨损时等效设备的再生产价值为 K_1，则设备无形磨损程度 α_1 可用下式表示：

$$\alpha_1 = \frac{K_0 - K_1}{K_0} = 1 - \frac{K_1}{K_0} \tag{9.12}$$

式中，K_1 的确定比较困难，也是准确度量无形磨损程度的关键。K_1 的确定应综合考虑以下因素：

① 由于生产效率提高，使得相同设备的生产价值降低。

② 采用功能更齐全、性能更优良的新设备替代原有旧设备会使企业的产量与成本发生变化。

故 K_1 可用下式表示：

$$K_1 = K_n \left(\frac{Q_0}{Q_n}\right)^\alpha \left(\frac{C_n}{C_0}\right)^\beta \tag{9.13}$$

式中，K_n 为新设备的价值；Q_0、Q_n 为使用旧设备与使用新设备所对应的年产量；C_0、C_n 为使用旧设备与使用新设备所对应的单位产品成本；α 为设备产量提高指数（$0 < \alpha < 1$）；

β 为成本降低指数（$0<\beta<1$）。α、β 可以根据具体情况确定。

旧设备不符合我国环保政策与产业政策时，设备必须关停，此时 $Q_0 \to 0$，$K_1=0$，$\alpha_1=1$，表明设备无使用价值，旧设备必须淘汰。

当 $Q_0=Q_n$，$C_0=C_n$，则说明采用旧设备和新设备生产，其产量与单位生产成本并无变化，意味着设备仅发生第一类无形磨损，而未发生第二类无形磨损。

下面对第二类无形磨损的情况进行简单分析：

① $Q_0<Q_n$，$C_0=C_n$，$K_1=K_n(Q_0/Q_n)^\alpha$，说明使用新设备与旧设备的单位生产成本相同，但产量有所提高。

② $Q_0=Q_n$，$C_0>C_n$，$K_1=K_n(C_n/C_0)^\beta$，说明使用新设备比旧设备的单位生产成本有所降低，但产量相同。

③ $Q_0<Q_n$，$C_0>C_n$，$K_1=K_n(Q_0/Q_n)^\alpha(C_n/C_0)^\beta$，说明使用新设备比旧设备的单位生产成本降低，产量提高。

④ $Q_0 \ll Q_n$，$C_0<C_n$，$K_1=K_n(Q_0/Q_n)^\alpha(C_n/C_0)^\beta$，说明使用新设备比旧设备的单位生产成本有所增加，产量大幅提高，最终 $K_1<K_n$，说明有第二类无形磨损。

⑤ $Q_0>Q_n$，$C_0 \gg C_n$，$K_1=K_n(Q_0/Q_n)^\alpha(C_n/C_0)^\beta$，说明使用新设备比旧设备虽然产量有所下降，但单位生产成本大幅下降，最终 $K_1<K_n$，发生第二类无形磨损。

⑥ $Q_0=0$，$C_0=\infty$，$K_1=0$，说明旧设备已经不符合国家的环保政策与产业政策，被迫关停与淘汰，此时 $\alpha_1=1$。

(3) 设备的综合磨损

设备在使用期内会同时发生有形磨损和无形磨损，它们都会引起设备原始价值的贬值，这点是相同的。但是不同的是，遭受严重有形磨损的设备在修理前常常不能工作，而遭受无形磨损的设备即使无形磨损很严重也仍然可以使用，但继续使用它在经济上可能不合算，需要进行经济性分析。采用经济价值指标，对设备综合磨损的度量可以按如下方式进行：

老设备的原始价值为 K_0，设备遭受有形磨损后其价值变为 $K_0(1-\alpha_p)$；设备遭受无形磨损后其价值变为 $K_0(1-\alpha_p)(1-\alpha_1)$；即设备的综合磨损度 α（用占设备原始价值的比率表示）为：

$$\alpha = 1-(1-\alpha_p)(1-\alpha_1) \tag{9.14}$$

这样，设备经过同一时期遭受经济磨损后，其净值 K 为：

$$K=(1-\alpha)K_0 \tag{9.15}$$

进一步整理得：

$$\begin{aligned} K &= (1-\alpha)K_0 = \{1-[1-(1-\alpha_p)(1-\alpha_1)]\}K_0 \\ &= (1-\alpha_p)(1-\alpha_1)K_0 \\ &= \left(1-\frac{R}{K_1}\right)\left(1-\frac{K_0-K_1}{K_0}\right)K_0 \\ &= K_1 - R \end{aligned} \tag{9.16}$$

这表明，在一定时期内，设备遭受有形磨损和无形磨损后的净值等于等效设备的再生产价值减去修理费用。

可以分以下三种情况考虑：

① 当 $K_1>R$ 时，$K>0$，说明设备经过维修后继续使用比重置新设备合算，设备还有价值，可以使用。

② 当 $K_1=R$ 时，$K=0$，说明设备经过维修后继续使用与重置新设备所付出的代价一样，此时可以继续使用旧设备，亦可重置新设备。

③ 当 $K_1<R$ 时，$K<0$，说明设备经过维修后继续使用比重置新设备费用高，设备没有维修的必要，应重置设备。

9.3.2 设备磨损的补偿

9.3.2.1 设备磨损的补偿的概念

由于设备在使用或闲置过程中发生多种磨损，为了维持生产的正常运行，就需要采取多种措施，对磨损进行补偿。一台设备由某些零件组成，而在使用或闲置过程中，每个零件的磨损程度与磨损特性总是不同的，有些零件容易发生磨损，而有些零件不易磨损；有些零件的磨损易消除，而有些零件的磨损不易消除。因此，要针对不同的零件磨损特性采取相应的补偿方式。

9.3.2.2 设备磨损的补偿的分类

一般地，按照补偿方式，设备磨损的补偿分为三类，即修理、更换、现代化改装。

① 修理。当设备或零件所发生的磨损易消除时，例如，零件的弹性变形、表面粗糙度增大、局部磨痕、泄露、硬度降低等，可通过修理与技术处理，使得磨损得到一定程度的恢复与补偿。

例如，轧辊是轧机的主要消耗工艺件，在轧钢过程中消耗量大，占轧制成本一定比例。轧辊质量对轧机作业率、质量和产量、轧辊消耗影响较大，所以大部分轧辊使用高合金，单价非常高。轧辊消耗的主要是表层一定深度的工作层，大型支承辊工作层一般为半径方向100mm左右，大型工作辊一般为半径方向50mm。正常情况下轧辊使用到报废极限时（即工作层消耗完）或者出现较大的缺陷时，轧辊就整体报废，辊芯部分按照废钢处理，对成本影响很大。常用的修复方法有：辊身表面和辊颈的堆焊；轧辊表面缺陷的车削和磨削；辊身和辊颈的镶套（红装或粘接法）；断裂辊颈的熔接或铝热焊接；机械修补法。最常用的轧辊修复就是将工作层（轧面）进行修复，通常采取堆焊方式，当轧辊使用到报废极限时或者轧辊出现较大缺陷时，进行堆焊修复工作层。这样轧辊芯就可以实现重复利用，从而能够大幅降低轧辊消耗，降低生产成本。

② 更换。对某些设备或零件，所发生的磨损不易消除时，例如材料老化、零件损坏等，此时必须更换新的设备与零件，这种磨损的补偿方式为更换。例如发生塑性变形的金属垫片、铆钉，密闭容器的老化橡胶圈等，通常不易修复，且更换成本相对较低，通常采取更换的方式。

③ 现代化改装。当设备或零件的磨损属于第二类无形磨损时，即有更先进、更可靠的设备来取代原有设备时，需要采用现代化技术改装的方法来进行无形磨损的补偿。

以上三种磨损的补偿方式是相辅相成的，并没有绝对的界限。例如，一般在进行设备的修理时，对其中的一些易耗品、磨损程度严重的零件则需要更新，如果有更加先进、耐用、经济的新零件时，也可以考虑对这些零件进行现代化改装。同样，对设备更新时，一般是指对设备的核心部件与重要部件进行更新，而对旧设备中的部分零部件还可以通过修理来继续使用。对于给定的设备或零件，究竟采用哪一种方法进行补偿，需要根据磨损的性质与程度采用经济评价的方法来确定，如图9.1所示。

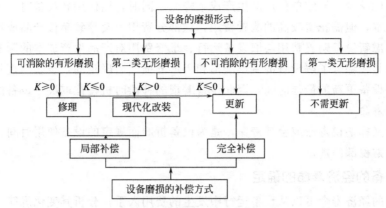

图 9.1 设备磨损与设备磨损补偿

在设备补偿中无论采用哪种方式都要从多方面考虑,既要考虑技术类指标,例如该方式是否成熟可靠,对原材料和能源是否具有节约和高效利用的能效,以及设备的可维修性是否较好;还要考虑经济类指标,比如投资、经营成本是否合适,是否能得到良好的经济效益等;同时还要考虑社会类指标,即该方式对环境是否良好,是否有利于保护和改善生态环境。

9.3.3 设备的寿命

9.3.3.1 设备的寿命的概念

由于设备磨损的存在,使得设备的性能不断下降,使用价值与经济价值也不断下降,设备不会一直使用下去,因而设备都具有一定的寿命。

在技术经济分析中,设备寿命有以下几种。

(1) 自然寿命

设备的自然寿命也称设备的物理寿命或物质寿命,是指设备从全新状态开始全新使用,在正常条件下一直使用到因磨损累积不能修复而报废为止所经历的全部时间。自然寿命取决于设备的有形磨损,有形磨损程度越严重,设备自然寿命越短。设备的自然寿命受到设备设计水平、材料性能、运转时间、维护水平、外部环境等综合因素的影响。

(2) 技术寿命

技术寿命是指设备能在市场上维持其价值先进性而不显陈旧落后的时间,也就是设备从全新状态投入使用,到市场上出现了会使这种设备被替代、淘汰的新设备所经历的时间。技术寿命取决于技术进步的速度,技术进步越快,新出现的设备越先进,性能越优异,生产效率越高,原设备的技术寿命越短。

(3) 经济寿命

经济寿命是从经济角度来确定设备最合理的使用期限,是指一台设备的年平均使用成本最低的年数,即新设备投入使用到因继续使用不经济而提前更新所经历的时间,超过经济寿命继续使用,设备年均成本会不断增加。一方面,设备在使用或闲置过程中,或遭有形磨损或无形磨损,或二者兼而有之,随着使用年限的延长,设备不断磨损,其维修费用不断上升,分摊到每年的维护费用随着使用年限的延长而增加,同时技术性能下降,造成运行成本的不断增加,导致单位产品生产成本提高;另一方面,因为使用年限的延长,分摊到每年的设备投资费用就越少,导致单位产品生产成本降低。同时,当使用新设备时,虽然可以降低运行与维护成本,但需花费较高的购置费用,这部分费用也会导致单位产品成本的提高。因此,应综合考虑新设备购置费用与旧设备运行、维修费用对产品生产成本的影响。

经济寿命是在综合了解设备的有形磨损和无形磨损之后确定的,设备出现年平均成本最低的时间就是设备更新的最佳时间,因此设备磨损的补偿时机往往取决于设备的经济寿命。

(4) 折旧寿命

折旧寿命又称纳税寿命或会计寿命,是为设备折旧而规定的设备使用时间,它对纳税有影响,因而由财税部门规定。

9.3.3.2 设备的经济寿命的确定

计算设备的经济寿命可以从设备运行中发生的费用入手,分析其变化规律。整个设备的寿命周期中,使用费用主要包括一次性设备购置费和经常性的运行成本两部分。运行成本包括能源动力费、维护保养费、大修费等。设备使用过程中,运行和维护费用随着使用时间而逐年递增,而分摊到每年的一次性设备购置费逐年降低。在寿命周期内总的年均费用在某最适应年份会出现最低值。

为简化起见,假定运行成本以每年劣化值线性递增,即每年运行成本的劣化值是均等的,设为 λ,若设备使用 T 年,则设备的年运行成本状况如图 9.2 所示。

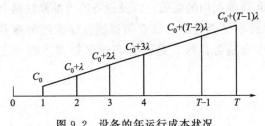

图 9.2 设备的年运行成本状况

第 T 年的设备运行成本为:

$$C_T = C_0 + (T-1)\lambda \tag{9.17}$$

式中,C_0 为运行成本的初始值;T 为设备使用年数。

则 T 年内运行成本的平均值为:

$$\overline{C_T} = C_0 + \frac{(T-1)}{2}\lambda \tag{9.18}$$

除运行成本外,设备使用的年总费中逐年分摊的设备购置费金额 K_T 为:

$$K_T = \frac{K_0 - K_L}{T} \tag{9.19}$$

式中,K_0 为设备原始价值;K_L 为设备处理时的残值。

因此,年均总费用 C_A 为:

$$C_A = \frac{K_0 - K_L}{T} + C_0 + \frac{(T-1)}{2}\lambda \tag{9.20}$$

随着设备使用时间的延长,逐年分摊的设备购置费递减,年均运行成本递增,当某一时间年均运行成本上升超过了逐年分摊的设备购置费,年均总费用就停止下降,转而上升,如图 9.3 所示。

因此,可用求极值的方法计算设备的经济寿命,即设备更新的最佳时期。设 K_L 为一常数,令 $\dfrac{\mathrm{d}C_A}{\mathrm{d}T} = 0$,则经济寿命 T_E 为:

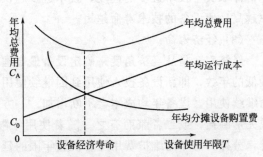

图 9.3 设备使用年限与年均总费用变化关系

$$T_E = \sqrt{\frac{2(K_0 - K_L)}{\lambda}} \tag{9.21}$$

(1) 新设备经济寿命确定

新设备的经济寿命确定可以直接按照设备的购置费用,即设备的原值进行计算。

例 9.1 某设备原值 5200 元,预计残值为 1200 元,年运行成本劣化值为 300 元/年,则设备的经济寿命为:

$$T_E = \sqrt{\frac{2 \times (5200 - 1200)}{300}} = 5.164(年)$$

如果设备的残值不为常数,运行成本不呈逐年线性增加,且无规律可循,则可根据设备的使用记录或对设备实际运行的预测,用列表法计算设备的经济寿命,这里不再举例。

(2) 旧设备经济寿命确定

旧设备的剩余经济寿命是指已经使用过若干年的旧设备,还能继续经济合理地使用的年限。旧设备的剩余经济寿命取决于继续使用的费用支出状况,其确定的基本原则仍然是年运行费用的最小值原则。

要确定旧设备的剩余经济寿命,首先必须确定旧设备的价值。旧设备的价值并非设备折旧后的剩余价值,而是分析问题时旧设备的市场价值,并将其视为旧设备继续使用时的原始价值。旧设备的剩余经济寿命,是用分析问题时旧设备的市场价值,与旧设备继续使用的年运行费用进行比较而得出的。所以,其剩余经济寿命计算方法与新设备相同,根据继续使用旧设备的使用成本,求出能使年平均成本最低的设备使用年限作为旧设备的剩余经济寿命。

例 9.2 四年前购置的设备现在估价值 1000 元,若继续使用,预计未来的第一年需支付运行费用 100 元,以后每年递增 20 元,不计残值,基准折现率 10%,求设备的剩余经济寿命。

旧设备的年运行费用采用以下公式:

$$C_A = K_0 \left(\frac{A}{P, i, T}\right) + C_0 + \lambda \left(\frac{A}{\lambda, i, T}\right)$$

式中,$\left(\frac{A}{P, i, T}\right)$ 为资金回收系数;$\left(\frac{A}{\lambda, i, T}\right)$ 为均匀梯度系数。

计算结果如表 9.1 所示,由计算结果可知,旧设备的剩余经济寿命为 12 年。

表 9.1 经济寿命计算表 单位:元

T	K_0	$\left(\dfrac{A}{P,i,T}\right)$	$K_0\left(\dfrac{A}{P,i,T}\right)$	C_0	λ	$\left(\dfrac{A}{\lambda,i,T}\right)$	$\lambda\left(\dfrac{A}{\lambda,i,T}\right)$	C_A
①	②	③	④=③×②	⑤	⑥	⑦	⑧=⑦×⑥	⑨=④+⑤+⑧
1	1000	1.100	1100	100	20	0	0	1200
2	1000	0.576	576	100	20	0.476	9.52	685.52
3	1000	0.402	402	100	20	0.937	18.74	520.74
4	1000	0.315	315	100	20	1.138	22.76	437.76
5	1000	0.264	264	100	20	1.810	36.20	400.20
6	1000	0.230	230	100	20	2.224	44.48	374.48
7	1000	0.205	205	100	20	2.622	52.44	357.44

续表

T	K_0	$\left(\dfrac{A}{P},i,T\right)$	$K_0\left(\dfrac{A}{P},i,T\right)$	C_0	λ	$\left(\dfrac{A}{\lambda},i,T\right)$	$\lambda\left(\dfrac{A}{\lambda},i,T\right)$	C_A
①	②	③	④=③×②	⑤	⑥	⑦	⑧=⑦×⑥	⑨=④+⑤+⑧
8	1000	0.187	187	100	20	3.004	60.08	347.08
9	1000	0.174	174	100	20	3.372	67.44	341.44
10	1000	0.163	163	100	20	3.726	74.52	337.52
11	1000	0.154	154	100	20	4.064	81.28	335.28
12	**1000**	**0.147**	**147**	**100**	**20**	**4.389**	**87.78**	**334.78**
13	1000	0.141	141	100	20	4.699	93.98	334.98
14	1000	0.136	136	100	20	4.996	99.92	335.92
15	1000	0.132	132	100	20	5.279	105.58	337.58

9.4 设备更新的经济分析

9.4.1 设备更新的基本概念

9.4.1.1 设备更新的概念

设备更新是指对技术上或经济上不宜继续使用的设备,用新的、先进的设备进行更换,或用先进的技术进行改造。设备更新和技术改造有着密切的联系,它是技术改造的主要内容,当技术改造是以生产设备的更新改造为基本内容时,两者就趋于一致。但一般来说技术改造的含义比设备更新更加广泛,设备更新可以认为是技术改造的一类形式。

9.4.1.2 设备更新的意义

设备是现代工业生产的重要物质和技术基础。从第一次工业革命以来,机器设备的质量和技术水平成了一个国家工业化水平的重要衡量标志,它是判断一个企业技术能力、开发创新能力的重要标准,同时也是影响企业和国民经济各项经济技术指标的重要因素。所以,设备更新具有重要的意义。

① 设备更新是有效提高生产技术水平的重要途径。采用设备更新的方式对老企业进行改造,投资少、见效快,是一条最为有效的途径。

② 设备更新是提高企业经济效益的重要手段。适时地进行设备更新,比较和选择最适宜的新设备,可以提高生产率和经济效益,为更新技术提供依据。

③ 设备更新为经济继续发展奠定物质基础。技术装备是现代工业生产的重要物质和技术基础,过分依赖陈旧但仍可使用的设备,不愿投入现代化更新所需的投资,其结果往往导致生产停滞不前。经济的发展要求必须不断进行设备更新,增强发展的实力,为社会经济的快速发展提供重要的物质和技术保障。

9.4.2 设备更新的经济评价

9.4.2.1 设备原型更新的决策方法

有些设备在其使用期内并不过时,但设备在使用过程中,由于避免不了有形磨损的作用，将引起维修费用增加，这时即使进行原型设备替换，在经济上往往也是合算的。在这种情况下，是否要进行设备原型更新可以通过分析设备的经济寿命进行决策。

9.4.2.2 出现新设备条件下的更新决策方法

随着技术不断进步，由于第二类无形磨损的存在，很可能在设备运行成本尚未升高到改用原型设备替代之前，就已经出现了工作效率更高和经济效果更好的设备。这时就要比较在继续使用旧设备和购置新设备这两种方案中，哪一种方案在经济上更为有利，选择更有利的方案进行设备更新。

新型设备出现的情况下，对比新、旧设备的经济效果来进行设备更新的决策方法主要有：年费用比较法和更新收益率法。

(1) 年费用比较法

年费用比较法是在原有旧设备现有状态的基础上，分别计算并比较旧设备再使用一年的总费用和备选新设备在其预计的经济寿命期内的年平均总费用，根据年费用最小原则决定是否应该更新设备。

① 旧设备年总费用的计算　旧设备再使用一年的总费用可由下式求得：

$$AC_0 = V_{00} - V_{01} + \frac{V_{00} + V_{01}}{2}i + \Delta C \tag{9.22}$$

式中，AC_0 为旧设备下一年运行的总费用；V_{00} 为旧设备在决策时可出售的价值；V_{01} 为旧设备一年后可出售的价值；ΔC 为旧设备继续使用一年在运行费用方面的损失（即使用新设备相对使用旧设备的运行成本的节约额和销售收入的增加额）；i 为最低期望收益率；$\frac{V_{00} + V_{01}}{2}$ 为因继续使用旧设备而占用自己的时间价值损失，资金占用额取旧设备现在可售价值和一年后可售价值的平均值。

② 新设备年均总费用的计算　新设备年均总费用主要包括以下几个方面。

第一，由于设备的使用时间越长，设备的有形磨损和无形磨损越加剧，从而导致设备的维护修理费用越会增加，这种维护修理费用逐年递增的现象称为设备劣化。随着使用时间的延长，新设备同样也存在设备劣化的问题，劣化程度将随着使用年数的增多而增加，具体的劣化值取决于设备的性质和使用条件。假定劣化值逐年按同等数额增加，如果设备使用年限为 T 年，T 年间劣化平均值为 $\frac{\lambda(T-1)}{2}$。其中，λ 为设备年劣化值增量。

新设备的 λ 值难以预先确定。一般根据旧设备的耐用年数和相应的劣化程度来估算新设备的年劣化值增量 λ。

第二，新设备在使用过程中，其价值会逐渐损耗，表现为设备资产折旧后的剩余价值，即设备残值逐年减少，假定设备残值每年以同等的数额递减，则 T 年内每年的设备价值损耗为 $\frac{K_n - V_L}{T}$。其中，K_n 为新设备的原始价值；V_L 为新设备使用 T 年后的残值。

第三，资金的时间价值，是指一定量资金在不同时点上的价值量的差额。资金时间价值随着时间的增长也在发生损失。新设备在使用期内平均资金占用额为：$\frac{K_n + V_L}{2}$。

故因使用新设备而占用资金的时间价值损失为：$\left(\frac{K_n + V_L}{2}\right)i$。

以上三项费用总计，得到新设备年均总费用：

$$AC_n = \left(\frac{K_n + V_L}{2}\right)i + \frac{K_n - V_L}{T} + \frac{\lambda(T-1)}{2} \qquad (9.23)$$

对上式进行微分，令 $\dfrac{\mathrm{d}(AC_n)}{\mathrm{d}T} = 0$，则：

$$T = \sqrt{\frac{2(K_n - V_L)}{\lambda}} \qquad (9.24)$$

式中，T 为新设备的经济寿命。

所以按经济寿命计算的新设备年均总费用：

$$AC_n = \sqrt{2(K_n - V_L)\lambda} + \frac{(K_n + V_L)i - \lambda}{2} \qquad (9.25)$$

若残值 $V_L = 0$，则简化为：

$$AC_n = \sqrt{2K_n \lambda} + \frac{K_n i - \lambda}{2} \qquad (9.26)$$

当年劣化值增量 λ 不易求得时，可根据经验决定新设备的合理使用年数 T，然后再求年劣化值增量 λ。这时

$$AC_n = 2\left(\frac{K_n - V_L}{T}\right) + \frac{K_n + V_L}{2}i - \frac{K_n - V_L}{T^2} \qquad (9.27)$$

（2）更新收益率法

更新收益率法是计算更新与不更新两种方案的差额投资的收益率，判别是否应该进行设备更新。由于这种方法给出的是一个收益指标，可以用于同其他各种投资方案比较以寻求最有利的方案，因此有更广泛的适用性。公式如下：

$$i^* = [B_1 - (K - V_1)]/K \qquad (9.28)$$

式中，B_1 为设备更新后一年内使用新设备相对于使用旧设备收入增额与费用节约额的合计；V_1 为第一年末更新净投资未回收部分，即第一年末新设备的残值；K 为更新与不更新两种方案的投资差额，即购置安装新设备所需投资减去旧设备的可售价值与继续使用旧设备当年必须追加的投资；i^* 为更新收益率。只有更新收益率 i^* 大于等于给定的标准折现率时进行更新在经济上才是合理的。

其他还有差额投资回收期法、技术耗损率比较法等，在考虑设备更新时应先决定更新的最佳时间，然后结合机器运行状况和资金安排对不同更新方案进行分析比较，综合预期的使用年限、成本、产品质量等进行选择。

9.5 设备现代化改装的经济分析

9.5.1 设备现代化改装的基本概念

设备超过最佳使用期限以后，就存在更换问题。但市场上能否及时提供更换所需的新设备，以及陈旧设备一律更换是否是最佳的选择，这两个问题是必须先明确的。实际设备从构思到批量生产周期一般较长，要在周期内更换掉所有旧设备并不现实，可以通过对现有设备进行现代化改装来解决这个问题。

设备现代化改装即应用现代的技术成就和先进经验，改变现有设备的结构（比如，给旧设备换新部件、新装置、新附件），改善现有设备的技术性能，使之全部达到或局部达到新设备的水平。大多情况下，通过设备现代化改装使陈旧设备达到需要的水平所需的投资往往比更换新设备的投资要少。因此，设备现代化改装在经济上有很大的优越性。同时，设备现代化改装具有很强的针对性和适应性，经过现代化改造的设备更能适应生产的具体要求。某些情况下，其适应具体生产需要的程度，甚至可以超过新设备。

9.5.2 设备现代化改装的经济评价

设备现代化改装是广义设备更新的一种方式，因此，设备现代化改装的经济性应该与设备更新的其他方法相比较，来确定最终方案。一般情况下，与现代化改装并存的可行方案有：旧设备原封不动地继续使用，对旧设备进行大维修，用相同结构新设备更换旧设备或用效率更高或结构更好的新设备更新旧设备。通常可以用下面的方法进行方案决策。

（1）最低总费用法

分别计算各种方案在不同服务年限内的总费用，并加以比较，根据所需要的服务年限，按照总费用最低的原则，进行方案选择。

（2）最少追加投资回收期法

追加投资回收期又称差额投资回收期、追加投资返本期指标，是指用投资大的方案所节约的年经营成本来偿还其多花的追加投资（或差额投资）所需要的年限。多个方案进行比较时，以"追加投资回收期"最小者为优，选出一个最佳方案。

9.6 设备租赁的经济分析

9.6.1 设备租赁的基本概念

设备租赁是指按照租赁契约的规定，设备的承租者定期向出租者支付一定数额的租赁费用从而取得设备的使用权，设备的所有权不发生改变，仍然归出租者所有。从出租方看，由于出租设备的所有权不发生改变，所以没有资金贷款形式那么大的投资风险，并且可以避免设备闲置。同时，出租所得到的租金常常高于出售设备的价值，这使得出租者可得到更多的经济收益；从承租方来看，可以迅速解决购买设备资金不足、借款受限等问题，可以将由于租赁而节省下来的资金快速投入到生产经营中。承租方在通过租赁提高了生产能力、获得更多的收益的同时，避免了未来因技术进步造成的设备过时报废的风险。

租赁投入相对较少，避免大量资本支出，适合于经济能力一般的中小型企业；租赁的是使用权，不存在购买设备的投入，所以也就可以避免无形磨损带来的风险；同时租赁设备具有灵活的维修方式，对承租人非常友好。但是，通常租赁的初期付款额度通常比较大，而且在租赁期间不管企业的现金流和经营状况，都要按时付租金，这是租赁过程中要注意的。

（1）租赁费用

租赁合同一旦签订，承租人便开始支付所需的费用。租赁费用主要包括租赁保证金、租金、租赁担保费等。

租赁保证金是为了确认租赁合同并保证其执行，承租人必须先交纳的费用。当租赁合同结束时，租赁保证金将被退还给承租人或在偿还最后一期租金时加以抵消。保证金一般是合同金额的 5%，或是某一基期数的金额。

租金直接关系到出租人与承租人双方的经济利益，是签订租赁合同的一项重要内容。影响租金的因素很多，如设备的价格、融资的利息及费用、各种税金、租赁保证金、运费、租赁期起算日、各种费用的支付时间、支付币种和支付方式以及租金采用的计算公式等。出租人从取得的租金中除了要收回租赁设备的原价、贷款利息、营业费用等，还要保证一定的利润。承租人也要根据租金核算成本，使租赁设备生产的产品收入在抵偿租金之外，也要保证一定的利润，所以如何计算租金对租赁关系的双方都非常重要。

租赁担保费是出租人要求承租人请担保人对该租赁交易进行担保，万一承租人有财务危机无法支付租金时，由担保人代为支付租金。一般情况下，承租人需要付给担保人一定数目的担保费。

(2) 租金的计算

① 附加率法。附加率法是在租赁资产的设备货价或概算成本上再加上一个特定的比率来计算租金。每期租金（R）的表达式为：

$$R = PV(1+Ni)/N + PVr \tag{9.29}$$

式中，PV 为租赁资产的价格，元；N 为还款期数，可按月、季、半年、年来计；i 为与还款期数相应的折现率；r 为附加率，根据设备的技术经济性和租让、付费条件确定。

② 年金法。年金法是将一项租赁资产价值按相同比率分摊到未来各租赁期间内计算租金，有先付和后付之分。后付方式是在每期期末等额支付租金，先付方式是在每期期初等额支付租金。后付租金的等额年金法每期租金的表达式为：

$$R = P_v \frac{i(1+i)^N}{(1+i)^N - 1} \tag{9.30}$$

式中，R 为年金或每期租金；P_v 为本金；i 为利率；N 为租赁期数。

9.6.2 设备租赁的经济评价

对承租人最关键的问题是决定租赁还是购买设备。在假设所得设备的收入相同的条件下，最简单的方法是将租赁成本和购买成本进行比较，一般寿命相同时可采用净现值法，设备寿命不同时可采用年值法。无论哪种方法，都以选择收益最大或者成本最小的方案为原则，如果方案要考虑设备产生的收入，方案的选择就要以收益效果为准。需要注意的是，租赁成本不仅包括租金的支付，而且包括在租赁设备期间的运转费；购买成本不仅包括设备的价格，还包括使用设备所发生的运转费和维修费。

不考虑税收的情况下，是选择一次性用自有资金购买设备还是租赁设备，可以用以上方法直接进行比较。实际上，由于每个企业都要上交所得税，按财务制度规定，租赁设备的租金、购买设备每年计提的折旧费以及借款购买设备每年支付的利息都可以计入成本。在其他费用保持不变的情况下，成本越多则利润总额越少，企业缴纳的所得税也越少。因此应充分考虑各种方式的税收优惠影响，然后选择税后收益更大或税后成本更小的方法。

第10章 材料技术创新与产品开发

10.1 技术创新

10.1.1 技术创新的概念

创新是以新思维、新发明和新描述为特征的一种概念化过程。创新意味着更新、创造新的东西或改变。经济学家约瑟夫·熊彼特最早在其1912年出版的《经济发展理论》一书中界定了这一概念。所谓"创新"就是"建立一种新的生产函数",也就是把关于生产要素和生产条件的"新组合"引入生产体系。这种"新组合"包括以下五种情况:

① 引进新产品或提供一种产品的新的质量;
② 引用新技术,即新的生产方法;
③ 开辟一个新市场;
④ 采用新的原材料或控制原材料的新供应来源;
⑤ 实现企业的新组织。

技术创新是指由一定程度的科技变革所带来的产品改进或创造,并被推向市场的过程。可见,技术创新同科技发明不同,发明创造是科技行为,而技术创新则主要是经济行为,新的技术实现了商业运作、商品化,才能称之为技术创新。技术创新从市场需求开始,到满足市场需求为一个循环。技术创新是技术与经济的某种联系,并贯穿于科技、经济、社会诸多领域的社会现象。技术创新归根到底是一种经济行为,它虽然是借助于技术手段而实现的,但其成败和绩效的最终评判标准是经济指标。

技术创新往往伴随着管理、制度、组织、观念、市场等方面的创新。一个国家的技术创新活动与社会体制、产业结构、资源配置、科学研究、技术开发、金融、教育以及国际合作等都有密切联系。技术创新能力是国家经济活力和企业竞争力的决定性因素,从而成为当今国家发达程度的重要标志之一。

10.1.2 技术创新的作用和意义

加速技术创新,促进科技成果转化为现实生产力,是我国科技发展的重要战略措施。对于企业来说,创新绝不仅仅意味着技术创新,还可能涉及组织、制度、文化等诸多方面的创新。对于大多数工业类企业而言,技术创新的重要性尤为突出。

(1) 技术创新是企业获得核心竞争优势的决定因素

随着世界经济一体化的形成,企业面临着更加激烈的市场竞争环境。企业要想在市场竞争中占有一席之地，必须从市场环境的变化出发，调整自己的发展战略，在调整过程中进行创新，包括技术、管理、制度、市场、战略等诸多方面的创新，其中技术创新是核心。

只有进行创新，企业才能实现调整的目的，企业才能真正获得竞争的优势。因为创新成功了，企业不断向市场推出新产品、不断提高产品价值中的知识含量和高科技含量，不仅可以大大提高产品和服务的市场竞争力及市场占有量，还可以开拓出新的市场领域。

(2) 技术创新是企业求得生存和发展的灵魂

在市场竞争尤为激烈的态势下，企业要想生存和发展，就必须要改革、要变化，这种变化就是创新。只有创新，才能赶上时代的新潮流，才能站到科技领域的前沿，才能占领市场。

由此可知，改革、创新才能使企业生存，并由此得到发展。有了改革的思想、改革的精神，就会去创造新的产品、新的市场，开拓新的领域，企业也就有了生存和发展的基础。

(3) 技术创新是企业实现持续发展的重要源泉

企业持续发展是指不仅能在特定的条件下实现发展，而且能在变化的条件下发展；不仅在短时间内实现发展，而且能在较长时间内实现持续发展。企业能否实现持续发展，关键在于能否不断调整自身行为，跟上时代的潮流。

企业不仅要能在顺境中实现发展，而且要善于在逆境中实现发展。为此，只有通过创新达到与企业生存环境的协调，从而在竞争中取得胜利，并获得发展。

(4) 技术创新是企业提高经济效益的根本途径

企业作为一个经济组织，必须以实现效益最大化为自身的追求目标，而创新正是实现这一目标的有效途径。创新的过程，是企业实现发展的过程，是企业优化自身行为的过程，是适应社会进步趋势的过程，这也是追求更大效益的过程。

一个企业的创新是否成功，其检验标准就是看创新行为是否使企业获得了明显的收益。从现实效果来看，一个有效的创新，可以使企业在市场销售、产品成本、运行方式等方面立即见到效果。从战略性的创新行为来看，创新资金的投入、创新人才的开发、新产品的研制、企业市场形象塑造等，都不会在短时间内见到效果。一旦时机成熟，其收益将是成倍的，远远大于其投入的数额。

10.1.3 技术创新的分类和模式

根据不同的划分标准和角度，企业技术创新有如下分类。

(1) 以技术创新的内容为标准

按照企业技术创新的内容不同，企业技术创新可以分为产品创新、工艺创新、服务创新和组织创新。产品创新是指生产出新产品的技术创新活动；工艺创新是指对企业生产过程中的工艺流程及制造技术的改善或变动的技术创新活动；服务创新是指新的设想、新的技术手段转变成新的或者改进的服务方式；组织创新是指通过调整优化管理要素，人、财、物、时间、信息等资源的配置结构，提高现有管理要素的效能，并随着生产的不断发展而产生新的企业组织形式。

(2) 以技术创新的性质为标准

英国学者弗里曼（C. Freeman）根据创新的性质将技术创新分为渐进创新、基本创新、技术体系的变革、技术-经济范式的变革（技术革命）四种类型。渐进创新是指建立在现有技术、生产能力基础之上并满足现有市场和顾客需求的一种改进性创新；基本创新是指企业首次引入的、能对经济发展产生重大影响的创新;技术体系的变革一般是由一系列基本的、渐进的和组织上的创新共同作用的结果;技术-经济范式的变革(技术革命),是指能够带来技术经济规范的变化、意义深远的重大技术创新,其中伴随着众多根本性的技术创新群,又包含着多个技术系统的变革。

(3) 以技术创新的组织方式为标准

按照技术创新的组织方式不同,可以分为自主创新、合作创新和引进创新。自主创新是指企业依靠自己的力量,通过拥有自主知识产权的独特的核心技术以及在此基础上实现新产品的价值的过程。自主创新包括原始创新、集成创新和引进技术再创新。合作创新是指企业通过与其他企业、科研机构、高等学校等建立技术合作关系,在保持各自相对独立的利益及社会身份的同时,在一段时间内开展协作,从事技术或产品的研究开发,在共同确定研究开发目标的基础上实现各自目标的技术创新活动。引进创新是指企业对引进的技术和产品进行消化、吸收和再创新的过程。企业通过逆向工程等手段,对原设计或原产品进行不断改进,其中包含着渐进创新,不同于简单的模仿。

(4) 其他分类方法

中国学者远德玉、王海山在总结和归纳以往学者对于技术创新类型划分的文献中,按照明确的分类标准,对技术创新进行类型学结构分析,提出了企业技术创新的类型结构,如表10.1所示。

表10.1 企业技术创新的类型结构 (1)

序号	分类标准	创新类型
1	创新的技术形态和内容	产品创新 工艺创新
2	创新的内在发生机制和独创性程度	基本技术创新 渐进技术创新
3	创新的来源和技术途径	自主技术创新 引进技术创新 国内技术转让创新 模仿改进创新
4	创新活动的组织机制和活动方式	独立性创新 合作性创新
5	创新进入生产过程对生产要素组合的影响	资本节约型技术创新 劳动节约型技术创新 中性型技术创新

中国学者陈文化在总结国内外技术创新分类的基础上,提出了更详细的分类体系(见表10.2),并提出了整合创新概念。

表10.2 企业技术创新的类型结构 (2)

序号	分类标准	创新类型
1	创新内容	意识创新 技术性创新 市场营销创新 制度创新 组织管理创新

续表

序号	分类标准	创新类型
2	技术形态	产品创新 工艺创新 设备创新 材料创新 服务创新
3	创新程度	基本技术创新 渐进技术创新 模范技术创新
4	创新的技术来源	自主技术创新 引进技术创新
5	创新对生产要素组合的影响	资本节约型技术创新 劳动节约型技术创新 中性型技术创新
6	创新活动方式	独立型创新 合作型创新
7	当代技术创新的整合特征	技术性整合创新 结构性整合创新 功能性整合创新

10.1.4 技术创新能力的评价

为了评价产业技术创新能力,需分析影响产业技术创新能力的构成要素。

企业技术创新能力是企业依靠技术力量推动自身不断发展的持续能力。从技术创新的过程,可以找到影响企业技术创新能力的主要因素。约瑟夫·熊彼特在《经济发展理论》中描述了技术创新的过程,以"存在与科学最新发展相关但不确定的成果,它们基本上独立于现有的市场结构以外,不受市场需求的影响"为前提,这一过程被称为"熊彼特创新模型"。其机理如图10.1所示。

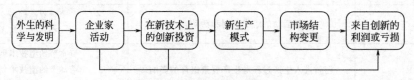

图10.1 熊彼特创新模型Ⅰ

后来经过不断研究,熊彼特又对大企业的创新过程做出了新的解释,确认技术来自企业内部的创新部门。外生的科学技术同内生的科学技术相互之间存在信息交换。图10.2所示为模型Ⅱ机理。

技术创新过程按照阶段可以划分为研究开发阶段、设计试制阶段、生产阶段和市场实现阶段。从企业行为的角度可以划分为决策、实施、投入产出、信息传递和管理。由此可见影响技术创新能力的因素,主要包括以下几方面。

(1) 技术创新资源投入要素

企业为技术创新而投入的所有有形和无形的物质资源,其投入的大小表现为投入数量的多少和质量的高低。资源投入要素包括整个产业内所有企业技术创新的资源投入。国际上一

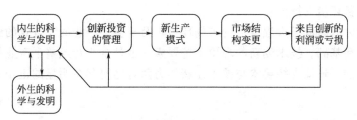

图 10.2 熊彼特创新模型 Ⅱ

般将资源投入划分为 R&D（Research & Development，简称 R&D）投入和非 R&D 投入。主要从人员投入、资金投入以及除投入以外的技术引进、市场研究等方面来进行衡量。

（2）技术创新产品产出要素

技术创新的产出，是指通过采用新技术以及新工艺，生产出来的有形产品，以及经过科学研究和技术开发所产出的研究成果等无形产品。反映了新技术、新工艺转化为现实生产力的能力。因此技术创新产出要素能够最直接反映技术创新能力的高低，主要可以从新产品的销售收入以及专利、论文数量方面来衡量。

（3）生产制造能力要素

生产制造是指把实验室中的研究开发成果转化为符合设计要求的产品的过程。生产过程中的各个生产要素是直接影响新技术和新工艺能否成功转化为新产品的主要因素之一，因此也是影响技术创新能力高低的要素之一。企业生产水平的高低主要取决于技术装备的先进程度，同时也包括技术工人的素质和适应性。只有将先进的技术装备和素质较高的技术人员相结合，才能充分发挥创新技术的先进性。因此，生产要素主要通过技术装备水平和工人技术水平两方面进行衡量。

（4）技术创新扩散要素

技术创新扩散是指技术创新通过一定的渠道在潜在使用者之间传播采用的过程。它包括三种形式，即企业之间的扩散、企业内部的扩散和总体扩散。这里所说的技术创新扩散主要是企业之间的扩散，它指的是技术创新在产业中各个企业之间传播采用的过程。技术扩散是能够实现整个产业持续创新的过程。因此，将技术创新扩散能力作为影响产业技术创新能力的要素之一。

企业之间的扩散可以分为国际企业间技术扩散和国内企业间技术扩散。国际企业间技术扩散对于某一产业来讲，主要指新技术的引进和吸收。国内企业间技术扩散过程包括很多影响因素，主要有经济体制、经济结构、管理机制等方面，但是多数难以用定量指标进行衡量。

（5）市场结构要素

市场结构要素在很多方面对技术创新具有推动作用，成为技术创新能力大小的决定因素之一。莫尔顿·卡曼和南赛·施瓦茨研究了技术创新与市场结构之间的关系，揭示了决定技术创新的主要因素。包括三个方面：①竞争程度。技术创新强度的高低随市场竞争强度的不同而不同，竞争激烈时，创新强度大。②企业规模。企业规模越大，企业的技术创新能力就越强，通过创新开辟的市场也越大。③垄断程度。垄断程度越高，垄断企业对市场的控制能力越强，则创新也不容易被模仿，从而使技术创新发挥效力的时间增长。此外，对于企业规模大小对于技术创新的影响作用，理论界也进行过激烈的讨论，有些学者认为规模较小的企业更容易产生技术创新，因为其创新动力要远远大于规模较大的企业。

(6) 技术创新环境支持要素

技术创新能力的高低很大程度上受市场环境，乃至整个产业的大背景的影响，并成为其技术创新的平台和基础。技术创新的环境支持要素，也是企业乃至整个产业技术创新的后劲所在。产业技术创新环境支持要素与技术创新能力两者之间存在明显的正相关关系。

10.2 产品创新——新产品开发

10.2.1 创新管理与新产品开发

新产品是创新过程的产物，新产品开发过程是创新的子过程。管理创新主要是管理环境，这种环境必须确保组织从总体上能获得开发新产品的机会。实际的新产品开发是把商业机会转变成有形产品的过程。图10.3有助于说明创新和新产品开发之间的联系。

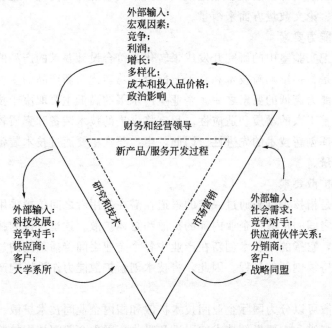

图 10.3 联系新产品开发和创新管理的概念框架

新产品开发涉及相关学科的管理。生产管理从生产角度分析新产品开发，也就是怎样才能非常有效地制造研究中的产品。另一方面，市场营销关注的是努力了解顾客的需要，以及如何才能最好地满足这些需要。因此，多种因素影响了新产品的开发（如图10.4所示）。

图 10.4 从多个角度分析新产品开发

10.2.2 制定新产品开发战略要考虑的因素

(1) 持续的公司计划

在大型组织内，这应该是非常正规的活动，它涉及战略策划者、制定公司未来经营方向的高层管理人员。在较小的组织内，这一活动可能由业主以一种非正式的方式，甚至是即兴的方式来完成。许多公司则介于两者之间。任何公司的计划所产生的效果都极其重要并且影响长远。

（2）持续的市场规划

市场策划者的决策有同样重要的效果。竞争者开始投产的一种新产品，这可能促使公司制定多个新产品开发项目。

（3）持续的技术管理

在大多数技术密集型行业，如医药和计算机软件行业，持续的技术管理可能比持续的市场规划更重要。

（4）机会分析/运气

其他的因素通常被描绘成或归纳为机会或运气。

10.2.3 作为成长战略的新产品开发

图10.5为安索夫（Ansoff）的指导策略矩阵，该矩阵结合了与公司成长密切相关的两个关键变量：市场机会增长和产品机会增长。在这个矩阵中，新产品开发被作为四个方法之一。在每一个象限中都有产品—市场的不同组合。通过内部有机地发展或者外部获得达到成长。下面简要讨论矩阵中的每一象限。

	当前产品	新产品
当前市场	(1) 市场渗透战略	(3) 产品开发战略
新市场	(2) 市场开发战略	(4) 多样化战略

图 10.5　安索夫矩阵

（1）市场渗透

在公司的现有市场中，通过增加销量能产生机会。公司采取的一般做法是，充分利用全面的营销组合活动，从而增加公司现有产品的市场份额。

（2）市场开发

公司产品出现在新市场的时候，就产生了增长机会。公司通过打开新的市场而达到市场开发的目的。

（3）产品开发

通过向现有市场提供新的或改进的产品，可以带来成长机会。所有公司都会定期地改进和更新它们现有的产品，以努力确保产品竞争力。

（4）多样化

成长机会存在于现有产品和市场之外。多样化的选择意义重大，使公司可能进入新的产品领域和市场。通过横向、纵向多样化也能产生多样化成长的机会。

参 考 文 献

[1] 李全林.前沿领域新材料[M].南京:东南大学出版社,2008.
[2] 国家发展和改革委员会高技术产业司,中国材料研究学会编.中国新材料产业发展报告(2009)[M].北京:化学工业出版社,2010.
[3] 徐晓虹.材料概论[M].北京:高等教育出版社,2008.
[4] 郑子樵.新材料概论[M].长沙:中南大学出版社,2009.
[5] 许并社.材料概论[M].北京:机械工业出版社,2015.
[6] 赵修建,蔡克峰.新材料与现代文明[M].武汉:湖北教育出版社,1999.
[7] 常州市科学技术协会组编,胡静主编.新材料[M].南京:东南大学出版社,2011.
[8] 杜彦良,张光磊.现代材料概论[M].重庆:重庆大学出版社,2009.
[9] 郑明新,朱张校,姚可夫.工程材料[M].北京:清华大学出版社,2009.
[10] 马红丽.我国新材料产业发展回顾与展望[J].中国科技投资,2011,(2):35-37.
[11] 陈强.常州新材料产业技术路线图研究报告[M].常州:常州市科学技术局,2013.
[12] 黄金,张海燕,毛凌波.新材料技术现状与应用前景[M].广州:广东经济出版社,2015.
[13] 国务院.关于印发"十三五"国家科技创新规划的通知:国发〔2016〕43号[A/OL].(2016-08-08)[2018-10-20]. http://www.gov.cn/zhengce/content/2016-08/08/content_5098072.htm.
[14] 石振武.道路经济与管理[M].武汉:华中科技大学出版社,2007.
[15] 宁凌,唐楚生.现代企业管理[M].北京:机械工业出版社,2011.
[16] 刘燕娜,宁凌.管理学:2版[M].北京:中国农业出版社,2013.
[17] 王红梅.现代工业企业管理[M].南京:东南大学出版社,2007.
[18] 吴振顺.现代企业管理:2版[M].北京:机械工业出版社,2012.
[19] 陈良猷.生产管理系统工程[M].北京:北京航空航天大学出版社,1990.
[20] 巩维才.现代企业管理教程[M].徐州:中国矿业大学出版社,2008.
[21] 宋航,付超.化工技术经济[M].北京:化学工业出版社,2002.
[22] 杨善林.企业管理学:3版[M].北京:高等教育出版社,2015.
[23] 李丽华,周惠兴.现代企业管理学[M].重庆:重庆大学出版社,2001.
[24] 田建军.现代企业管理实践与创新[M].哈尔滨:哈尔滨工程大学出版社,2008.
[25] 李华鹏.关于建设电子材料企业安全生产标准化达标工作的分析与思索[J].天津科技,2016,43(6):29-32.
[26] 张智利,潘福林.企业管理学[M].北京:机械工业出版社,2007.
[27] 付春雨,袁秋霞,刘永礼.现代企业管理[M].北京:化学工业出版社,2007.
[28] 郑煜.现代企业管理——理念、方法与应用[M].北京:清华大学出版社,北京交通大学出版社,2011.
[29] 胥悦红,顾建平,彭赓,等.企业管理学[M].北京:经济管理出版社,2008.
[30] 姜真,袁博,董华.现代企业管理:2版[M].北京:清华大学出版社,2013.
[31] 劳动部职业安全卫生监察局组织编写.企业安全生产管理[M].北京:中国劳动出版社,1993.
[32] 安维洲,刘利军.工厂安全生产管理[M].北京:中国时代经济出版社,2008.
[33] 高鸿业.西方经济学:4版[M].北京:中国人民大学出版社,2007.
[34] 姜国刚,赵东安.经济学教程[M].北京:清华大学出版社,2015.
[35] 卢峰.经济学原理[M].北京:北京大学出版社,2002.
[36] 许纯祯.西方经济学[M].北京:高等教育出版社,1999.
[37] 梁小民.经济学教学指导[M].北京:中国社会科学院出版社,1996.
[38] 厉以宁.西方经济学[M].北京:高等教育出版社,2000.
[39] 缪代文.微观经济学与宏观经济学[M].北京:高等教育出版社,2000.
[40] 蔡继明.微观经济学[M].北京:人民出版社,2002.

[41] 黎诣远. 西方经济学: 2版 [M]. 北京: 高等教育出版社, 2005.
[42] 黄卫平, 彭刚. 国际经济学教程 [M]. 北京: 中国人民大学出版社, 2004.
[43] 黄亚钧, 袁志刚. 微观经济学 [M]. 北京: 高等教育出版社, 2000.
[44] 宋承先. 现代西方经济学: 2版 [M]. 上海: 复旦大学出版社, 2002.
[45] 杨连波. 微观经济学基础 [M]. 北京: 经济科学出版社, 2003.
[46] 牛国良. 西方经济学 [M]. 北京: 高等教育出版社, 2002.
[47] 刘东, 梁东黎. 微观经济学 [M]. 南京: 南京大学出版社, 2004.
[48] [美] 戴维·弗里德曼. 生活中的经济学 [M]. 赵学凯, 等译. 北京: 中信出版社, 2004.
[49] [美] 保罗·萨缪尔森. 微观经济学: 17版 [M]. 萧琛, 译. 北京: 人民邮电出版社, 2004.
[50] [美] 平狄克, 等. 微观经济学: 4版 [M]. 张军, 译. 北京: 中国人民大学出版社, 2004.
[51] [美] R·格伦·哈伯德. 经济学 [M]. 张军, 译. 北京: 机械工业出版社, 2007.
[52] [美] 保罗·克鲁格曼. 国际经济学: 5版 [M]. 海闻, 等译. 北京: 中国人民大学出版社, 2002.
[53] [英] 伊特韦尔, 等. 新帕尔格雷夫经济学大辞典: 第2卷 [M]. 陈岱孙, 译. 北京: 经济科学出版社, 1992.
[54] [美] 曼昆. 经济学原理 [M]. 梁小民, 译. 北京: 北京大学出版社, 2007.
[55] 杨克磊. 技术经济学 [M]. 上海: 复旦大学出版社, 2007.
[56] [美] 布莱恩·阿瑟著. 技术的本质 [M]. 曹东溟, 等译. 杭州: 浙江人民出版社, 2014.
[57] 徐莉. 技术经济学: 2版 [M]. 武汉: 武汉大学出版社, 2007.
[58] 张宜松. 建筑工程经济与管理 [M]. 北京: 化学工业出版社, 2009.
[59] 林晓言, 王红梅. 技术经济学教程 [M]. 北京: 经济管理出版社, 2000.
[60] 高百宁, 王凤科, 郭新宝. 技术经济学: 方法、技术与应用 [M]. 北京: 北京理工大学出版社, 2006.
[61] 杨青, 胡艳, 喻金田. 技术经济学 [M]. 武汉: 武汉理工大学出版社, 2003.
[62] 万君康, 蔡希贤. 技术经济学 [M]. 武汉: 华中科技大学出版社, 1996.
[63] 刘晓君. 技术经济学: 2版 [M]. 北京: 科学出版社, 2013.
[64] 傅家骥, 仝允桓. 工业技术经济学: 3版 [M]. 北京: 清华大学出版社, 1996.
[65] 刘秋华. 技术经济学: 2版 [M]. 北京: 机械工业出版社, 2010.
[66] 邵仲岩, 董志刚. 技术经济学 [M]. 哈尔滨: 哈尔滨工程大学出版社, 2008.
[67] 刘颖春, 刘立群. 技术经济学 [M]. 北京: 化学工业出版社, 2010.
[68] 陈伟, 韩斌, 张凌. 技术经济学 [M]. 北京: 清华大学出版社, 2012.
[69] 赵维双, 宋凯. 技术经济学 [M]. 北京: 机械工业出版社, 2015.
[70] 王柏轩. 技术经济学 [M]. 上海: 复旦大学出版社, 2007.
[71] 曾贤刚. 环境影响经济评价 [M]. 北京: 化学工业出版社, 2003.
[72] 胡玲珑. 技术经济学 [M]. 哈尔滨: 哈尔滨工业大学出版社, 2004.
[73] 肖鹏. 技术经济学 [M]. 北京: 对外经济贸易大学出版社, 2013.
[74] 刘家顺, 粟国敏. 技术经济学 [M]. 北京: 机械工业出版社, 2002.
[75] 叶远胜, 聂名华. 技术改造经济学 [M]. 上海: 上海社会科学院出版社, 1987.
[76] 周广平. 技术改造经济学 [M]. 北京: 经济管理出版社, 1992.
[77] 周敏, 魏厚培, 张华. 现代设备工程学 [M]. 北京: 冶金工业出版社, 2011.
[78] 肖大文. 企业的技术改造及其可行性研究 [M]. 西安: 西北电讯工程学院出版社, 1985.
[79] 冯金华, 胡海鸥. 初级工商管理 [M]. 上海: 复旦大学出版社, 2012.
[80] 许志扬. 设备技术改造项目的可行性研究 [D]. 青岛: 中国海洋大学, 2008.
[81] 杜振华. 工业企业技术改造项目后评估的研究 [D]. 上海: 上海交通大学, 2010.
[82] 汤细元. 国有企业技术改造管理问题的研究 [D]. 长沙: 国防科学技术大学, 2004.
[83] 张有达. 试析技改项目经济性评价 [J]. 财会研究, 2012, (21): 49-51.
[84] 侯永贵. 攀煤公司选煤厂技改项目管理的研究 [D]. 成都: 西南交通大学, 2006.

[85] 王方华. 现代企业管理 [M]. 上海:复旦大学出版社,1996.
[86] 熊彼特. 熊彼特:经济发展理论 [M]. 邹建平,译. 北京:中国画报出版社,2012.
[87] 杨建华. 产品技术创新 [M]. 长沙:中南大学出版社,2006.
[88] 远德玉. 技术创新的特质与功能 [J]. 求是,2002,(6):392-394.
[89] 王海山. 技术创新与经济的持续发展 [J]. 科学经济社会,1992,10 (3):4-9.
[90] 庄卫民,龚仰军. 产业技术创新 [M]. 上海:东方出版中心,2005.
[91] [美] 本·斯太尔,戴维·维克托,理查德·内尔森. 技术创新与经济绩效 [M]. 浦东新区科学技术局,浦东产业经济研究院组织翻译. 上海:上海人民出版社,2006.
[92] 冯勤,池仁勇,欧阳仲健. 工业技术创新管理 [M]. 北京:中国水利水电出版社,2005.
[93] 远德玉. 企业技术创新概说 [M]. 沈阳:东北大学出版社,1997.
[94] 陈文化. 腾飞之路——技术创新论 [M]. 长沙:湖南大学出版社,1999.
[95] 任君卿,周根然,张明宝. 新产品开发 [M]. 北京:科学出版社,2005.
[96] 盛亚,朱贵平. 企业新产品开发管理 [M]. 北京:中国物资出版社,2002.